权威·前沿·原创

皮书系列为
"十二五""十三五""十四五"时期国家重点出版物出版专项规划项目

BLUE BOOK

智 库 成 果 出 版 与 传 播 平 台

北京市科学技术研究院首都高端智库研究报告

文化科技蓝皮书

BLUE BOOK OF CULTURE AND TECHNOLOGY

北京文化科技融合发展报告

（2023~2024）

ANNUAL REPORT ON BEIJING'S CULTURE AND TECHNOLOGY
INTEGRATED DEVELOPMENT (2023-2024)

主 编／方 力 伊 彤
副主编／刘 兵 江光华 张国会

社会科学文献出版社
SOCIAL SCIENCES ACADEMIC PRESS (CHINA)

图书在版编目（CIP）数据

北京文化科技融合发展报告 . 2023~2024 / 方力，
伊彤主编 . --北京：社会科学文献出版社，2024.12.
（文化科技蓝皮书） . --ISBN 978-7-5228-4807-5

Ⅰ . G127. 1

中国国家版本馆 CIP 数据核字第 2024Y10A01 号

文化科技蓝皮书

北京文化科技融合发展报告（2023~2024）

主　　编/方　力　伊　彤
副 主 编/刘　兵　江光华　张国会

出 版 人/冀祥德
责任编辑/柳　杨　路　红
文稿编辑/程丽霞
责任印制/王京美

出　　版/社会科学文献出版社·皮书分社（010）59367127
　　　　　地址：北京市北三环中路甲 29 号院华龙大厦　邮编：100029
　　　　　网址：www. ssap. com. cn
发　　行/社会科学文献出版社（010）59367028
印　　装/天津千鹤文化传播有限公司

规　　格/开　本：787mm×1092mm　1/16
　　　　　印　张：18.75　字　数：278 千字
版　　次/2024 年 12 月第 1 版　2024 年 12 月第 1 次印刷
书　　号/ISBN 978-7-5228-4807-5
定　　价/158.00 元

读者服务电话：4008918866

编　委　会

主编简介

  方 力 北京市科学技术研究院党组书记。曾任北京航空航天大学团委书记，北京市朝阳区科学技术协会主席，共青团北京市委员会副书记，北京市青年联合会主席，北京市环保局党组书记、局长。主要研究方向为科技创新生态与文化建设。先后在《人民日报》《光明日报》《经济日报》《科技日报》《前线》等主流媒体发表多篇理论文章。研究成果多次受到领导肯定性批示。

  伊 彤 北京市科学技术研究院创新发展战略研究所所长、研究员，第十四届全国人大代表，北京市第十六届人大代表、教科文卫委员会委员，北京科技政策与管理研究会副理事长兼秘书长。主要研究方向为科技战略、科技政策和科技管理。承担各级各类软科学研究项目百余项，发表学术论文、递送各级政府内参百余篇。研究成果多次获省部级以上领导批示和科技奖励。

摘　要

党的十八大以来，以习近平同志为核心的党中央高度重视文化产业繁荣发展。习近平总书记深刻指出，推动高质量发展，文化是重要支点。大力发展文化产业、不断激发全民族文化创新创造活力，是提升国家文化软实力和中华文化影响力的关键支撑，对于全面建设社会主义现代化国家、全面推进中华民族伟大复兴具有重大而深远的历史意义。

当前，人工智能、虚拟现实、5G、大数据等数字技术正在快速发展，必将给文化产业的发展带来深远影响。2023年以来，文化产业数字化获得世界各国政府的广泛关注，元宇宙逐步从概念走向现实，人工智能等数字技术愈加成为文化产业发展的重要引擎。我国对文化科技融合的顶层设计进一步加强，推进实施文化数字化已成为国家战略。2023年，北京市积极构建有助于文化产业科技创新的政策体系，积极运用5G、VR、元宇宙等新一代信息技术，不断拓展文化载体和传播渠道，推动文化产业创新发展，取得了显著成效。

本书基于《北京文化科技融合发展报告（2022~2023）》建立的区域文化科技融合发展评价指标体系4.0版，对2014~2021年北京文化科技融合发展指数以及2021年相关省市文化科技融合发展指数进行了测算。结果表明，北京文化科技融合总体优势突出，发展态势向好；融合基础不断夯实，科技发展基础日益坚固，文化场馆设施尚有完善空间；融合投入近两年略微走低，特别是文化制造业领域相对明显；融合产出持续增长，人才和技术优势较为明显；融合环境逐步改善，同时也面临区域竞争带来的挑战。

2023 年以来，北京在互联网信息服务、创作表演服务、数字内容服务、景区游览服务等重点领域实现了较快发展。在互联网信息服务领域，以精准监管有力推动产业走深走实。在创作表演服务领域，聚焦"演艺之都"建设，打造多元新空间，"演艺+"、数字 IP、沉浸式体验正成为重要的产业发展新引擎。在数字内容服务领域，借助数字化优势，不断创新应用场景，数字品牌渐成规模。在景区游览服务领域，立足数字化，发轫线上线下双通道，以夜游、短视频创新景区游览服务模式，微度假目的地建设路径以及景区主体文化路径逐渐清晰，助力打造首都旅游精品体系。

未来，北京要进一步以文化科技融合促进文化产业高质量发展。一是要加强政策引领，大力推进文化数字化建设；二是要强化创新驱动，提升文化科技融合发展效应；三是要加强科技赋能，促进重点文化产业提质升级；四是要发挥首都优势，提升文化科技品牌影响力。

关键词： 文化科技融合　文化产业　数字技术　北京

目 录 ⌐⊐

Ⅰ 总报告

Ⅱ 评价篇

Ⅲ 产业篇

Ⅳ 案例篇

Ⅴ 专题篇

附　录

皮书数据库阅读**使用指南**

总 报 告

B.1

北京文化科技融合发展报告
（2023~2024）

江光华 伊 彤*

摘 要： 本报告结合全球文化科技融合发展的总体态势和国内文化科技融合发展的政策取向与产业发展特点，重点对北京地区文化科技融合发展的政策环境、产业走向、行业科技创新的现状、特点以及面临的问题和挑战等进行归纳阐述。在科技创新的驱动下，北京文化产业规模稳步增长，产业结构不断优化升级，市场主体日益壮大，互联网信息服务、创作表演服务、数字内容服务、景区游览服务等重点文化产业取得可喜成绩。同时，北京也还面临文化科技融合相关配套政策缺乏、融合程度有待进一步增强等问题。今后北京应进一步加强政策引领，大力推进文化数字化建设；强化创新驱动，提升文化科技融合发展效应；加强科技赋能，促进重

---

* 江光华，博士，北京市科学技术研究院创新发展战略研究所研究员，研究方向为文化科技融合、文化产业、科技政策；伊彤，北京市科学技术研究院创新发展战略研究所所长、研究员，研究方向为科技战略、科技政策、科技管理。

点文化产业提质升级；发挥首都优势，提升文化科技品牌影响力。

关键词： 文化科技融合　文化产业　数字技术　北京

随着数字技术的快速发展，文化科技融合越来越成为文化产业发展的重要方式。近年来，文化产业数字化获得世界各国政府的广泛关注，元宇宙也在逐步从概念走向现实，人工智能等数字技术愈加成为文化产业发展的重要引擎。我国对文化科技融合的顶层设计进一步加强，推进实施文化数字化已成为国家战略。

新的时代背景下，北京地区文化科技融合政策环境持续改善，文化产业活力加快释放。在科技创新的驱动下，北京文化产业规模稳步增长，产业结构不断优化升级，市场主体日益壮大，互联网信息服务、创作表演服务、数字内容服务、景区游览服务等重点文化产业取得可喜成绩。同时，北京也还面临文化科技融合相关配套政策缺乏、融合程度有待进一步增强等问题。今后北京应进一步加强政策引领，大力推进文化数字化建设；强化创新驱动，提升文化科技融合发展效应；以科技赋能互联网信息服务、创作表演服务、数字内容服务、景区游览服务等重点文化产业提质升级；充分发挥首都优势，努力提升文化科技品牌影响力。

一　全球文化科技融合发展总体态势

通过跟踪研究近年来美、英等发达国家文化科技融合发展现状，分析国外促进文化科技融合的有效做法及政策走向，把握世界文化科技融合的发展动态及前沿趋势。

（一）数字经济发展政策助推文化科技深度融合

随着全球数字化进程的不断加快，新一轮数字革命日益受到各国重视。

许多国家纷纷出台数字化发展战略，大力发展数字技术，促进数字经济发展。2022年，美国、中国、德国、日本、韩国等5个世界主要国家的数字经济总量为31万亿美元，数字经济占GDP比重为58%，较2016年提升约11个百分点；数字经济规模同比增长7.6%，高于GDP增速5.4个百分点。① 随着数字经济时代的到来，文化产业的竞争进入了数字赛道，加速了文化科技融合。

近年来，许多国家和地区陆续出台了更为全局性的专门政策。

美国政府出台了《关键和新兴技术国家战略》《维持美国在人工智能领域的领导地位》《国家5G安全战略》《数字战略2020—2024》。2021年正式颁布了《2020年国家人工智能倡议法案》，试图在全球范围构建以美国为主导的数字生态系统。2022年，美国总统拜登签署了《确保数字资产负责任发展的行政命令》，还发布了《数字资产负责任发展框架》，为美国数字文化等数字资产生态系统的发展提供了方向指引。

英国政府先后出台了多项政策，2022年数字、文化、媒体与体育部推出了最新版的《英国数字战略》（UK Digital Strategy），将"创意与知识产权（IP）"列为六大关键领域之一，突出对数字科技与创意内容深度结合的重视。

德国政府出台了《数字化战略2025》《德国人工智能发展战略》《数字化实施战略（第五版）》等政策文件。德国政府发布的"中小企业4.0数字化生产及工作流程"为企业数字化转型搭建了框架体系并提供了政策保障。

日本将"文化立国"作为国家战略，十分重视文化产业的数字化发展。近几年出台的"知识产权推进计划"相继提出了以强化文化创意产业为核心的发展战略、新经济增长战略、"酷日本"战略以及使日本经济恢复活力的文化创意产业综合战略等。2023年，日本决定实施"知识产权2023推进计划"，将重点对生成式AI侵权进行界定，其中有4个关键点，即决定AI

---

① 《〈全球数字经济白皮书（2023年）〉发布　主要国家数字经济发展持续提速》，光明网，2023年7月12日，https://digital.gmw.cn/2023-07/12/content_36692059.htm。

生成的图片文章的版权归属、通过大学与大企业向初创企业提供专利的机制建立、针对内容创作者是否收到应有回报的现状掌握以及为了支援内容创作者的政府与公众的沟通。①

韩国也将"文化立国"作为国家战略，2022年9月出台了《大韩民国数字战略》，提出"与国民携手建设世界典范的数字强国"的愿景，将"再飞跃、共同生活、实现数字经济社会"作为战略目标，明确将"加快发展数字经济"和以数字化促进数字文化产业等服务业竞争力提升列为重要内容。② 这些政策为促进文化和科技深度融合、推动文化产业数字化发展提供了引导和支撑。

（二）元宇宙正在落地促进文化产业发展

近年来，"元宇宙"成为风靡世界的热点概念，受到世界各国的广泛关注。世界科技巨头纷纷入场布局元宇宙，促使文化元宇宙进入实质性探索阶段。美国头部企业 Facebook 更是改名为"Meta"，它希望创建一个人人都可以访问的"元宇宙"，专注于元宇宙 VR/AR 硬件、软件系统等研发，坚持元宇宙不动摇，认为好日子还在后头。③ 2023年，美国 3D 内容行业的 5 家头部公司皮克斯、Adobe、苹果、Autodesk、英伟达宣布联合成立 OpenUSD 联盟（AOUSD）。④

元宇宙不是一个纯虚拟的世界，其核心价值在于它能够跟现实世界、物理空间形成联动发展，利用数字技术的高精准、高效能、高可信、低成本、可交互等特性，实现反向映射、跃迁和升维，推动真实世界的场景化应用，

---

① 《日本政府决定实施"知识产权 2023 推进计划"》，钛媒体，2023年6月9日，https：//www.tmtpost.com/nictation/6566082.html。

② 《韩国发布数字战略》，中国科学院科技战略咨询研究院网站，2023年2月20日，http：//www.casisd.cn/zkcg/ydkb/kjzcyzxkb/2022/zczxkb202211/202302/t20230220_6680442.html。

③ 《业界 | Facebook 将更名为 Meta，预示扎克伯格将全面押宝元宇宙??》，搜狐网，2021年10月29日，https：//www.sohu.com/a/497993676_121080079。

④ 《苹果等巨头成立联盟，制定元宇宙 3D 图形标准》，科学网，2023年8月2日，https：//news.sciencenet.cn/htmlnews/2023/8/505898.shtm。

从而赋能实体产业。为了促进元宇宙落地发展，韩国首尔市政府 2021 年 11 月发布了《元宇宙首尔五年计划》，宣布在经济、文化、旅游、教育、信访等市政府所有业务领域打造元宇宙行政服务生态。①

英国政府非常重视元宇宙及其场景打造。据悉，英国新成立的科学、创新和技术部将负责推进该国的元宇宙和 Web3 战略，将会研究与元宇宙和 Web3 等概念相关的潜在经济增长机会、投资和商业模式以及对监管的影响。② 同时，英国也非常注重元宇宙的应用与打造。2023 年 7 月，元宇宙平台 The Sandbox 宣布与大英博物馆达成合作，将为其自 1753 年创立以来的馆藏物品创建数字藏品（digital collectibles），这也是大英博物馆迈入虚拟世界的第一步。③ 当前，随着数字技术的发展，"博物馆+元宇宙"成为文博行业的新业态，为文博行业带来了更大的发展空间和更多的发展机遇。

在 2023 年 ChatGPT 大热之下，元宇宙的车轮仍在滚滚向前。2023 年 2 月，日本的三菱、富士通和其他科技公司联合发布关于建立"日本元宇宙经济区"的协议，表示将联手从角色扮演游戏的角度创建开放的元宇宙基础设施，以推动日本的 Web3 战略。④ 未来，随着 5G/6G、人工智能、区块链、云计算和虚拟现实等数字技术的蓬勃发展，元宇宙将会逐渐展现出脱虚向实的态势，促使众多文化产业应用场景实现落地，并有望产生一批标杆性的文化产品和文化服务案例。

（三）人工智能成为文化产业发展的重要引擎

当下，人工智能技术的快速发展为人类开启了一个全新的智能互联网时

---

① 《元宇宙城市要来？首尔发布"五年计划"最晚 2026 年实现》，"CNMO 手机中国"百家号，2021 年 11 月 24 日，https://baijiahao.baidu.com/s? id = 1717304611795400925&wfr = spider&for = pc。

② 《英国政府将推进元宇宙和 Web3 战略》，元宇宙界，2023 年 4 月 17 日，https://www.yuanyuzhoujie.com/2023/0417/21177.shtml。

③ 《"博物馆+元宇宙"，大英博物馆迈入虚拟世界第一步》，搜狐网，2023 年 7 月 31 日，https://www.sohu.com/a/707756315_121754516。

④ 《再度聚焦"元宇宙"，中日交流合作如何在当中寻找适当入口》，新浪网，2023 年 6 月 18 日，https://finance.sina.com.cn/jjxw/2023-06-18/doc-imyxteca2399629.shtml。

代。随着 AIGC、ChatGPT 的火爆，越来越多的技术应用让人们感受到了人工智能技术的强大，也让更多的人开始关注和了解人工智能技术，并认识到它在文化产品和服务中的潜在价值。人工智能技术作为文化产业的新技术趋势之一，势必给文化产业的发展和转型带来机遇和挑战。

AIGC（Artificial Intelligence Generated Content）指的是人工智能自动生成内容，被认为是继专业生产内容（PGC）、用户生成内容（UGC）之后的新型内容创作方式。AIGC 目前主要应用于文字、图像、视频、音频、游戏以及虚拟人等领域。它不仅可覆盖文本、音频、图像、视频等基本内容模态，还可综合图像、视频、文本进行跨模态生成，并应用于各类细分行业成为具体的生产力要素，例如游戏行业中的 AI、NPC、虚拟人的视频制作与生成等。[①]

ChatGPT（Chat Generative Pre-Trained Transformer）是美国人工智能研究公司 OpenAI 于 2022 年 11 月底研发的一种聊天机器人程序。其一经推出，立即成为科技领域的"顶流"，并成功出圈。比尔·盖茨评价说，这种人工智能技术出现的重大历史意义，不亚于互联网和个人电脑的诞生。[②] 2023 年 3 月，OpenAI 又发布了升级版的 ChatGPT，即 GPT-4，该款具有更强大的多模态模型，拥有更强大的语言能力，能够理解多种形式的问题和提示，模仿人类进行往复交流。ChatGPT 是 AIGC 的一个子集，ChatGPT 上线后的火爆，让 AIGC 这一赛道受到高度关注。

AIGC 等人工智能技术已成为文化产业转型发展的重要引擎。随着 AIGC 在文化产业领域的广泛应用，AIGC 已不断融入文化产业体系，加速文化产业数字化。比如，在内容表达上，ChatGPT 能够以对话方式实现文化内容创作升级；在内容表现上，数字交互引擎能够以沉浸方式助推文化内容生产升级；在内容传播上，Web3 能够以去中心化的方式让每个人都有权利和机会

---

① 《传媒行业深度研究：AIGC 最新应用与场景研究（附下载）》，搜狐网，2023 年 6 月 14 日，https://www.sohu.com/a/684781800_121656383。

② 《比尔·盖茨：ChatGPT 表明人工智能历史意义不亚于"PC 或互联网诞生"》，新浪网，2023 年 2 月 4 日，https://finance.sina.com.cn/tech/roll/2023-02-04/doc-imyenzxv6745367.shtml。

参与到信息发布和传播中来；在内容交互上，AR/VR 技术可以提升文化体验性，构筑文化消费新场景。

（四）跨界融合成为文化科技创新的新特点

在全球化的大背景下，跨界交流合作成为世界各国推动文化创新的关键因素。不同领域的文化企业和科技创新机构通过合作，创造出更具有创意和多元性的文化产品。

美国以活跃的市场经济为主要融合动力，通过政府引导，推动科技与广播影视、艺术表演、传媒娱乐、图书出版等产业融合发展。2022 年，美国白宫发布了全球首个综合性的《数字资产负责任发展框架》，对消费者、投资者、企业、国家金融稳定、负责任创新等多个方面加以引导，要求各政府部门协调合作，协同推进数字资产发展和监管。这对营造数字技术与文化产业跨界融合生态环境具有促进作用。

加拿大以推动产业集聚形式推进文化与科技领域的跨界协同发展。2021年，为推动数字技术创新发展，加拿大实施"创新与技能计划"，鼓励企业与科研机构、高校、商业活动区等集聚，构建以企业为主导的超级创新集群，共享基础设施与科技，释放集群效应，强化人才培育，为文化与科技跨界融合、协同创新提供动能。

日本近年来制定和实施了"日本屋"项目。该项目以日本外务省为主导、官民协调为机制、文化产业为载体、商业化运营为模式，是当前日本政府运营的规模最大的海外文化宣传据点和政府推动地方与国际经贸合作的平台。通过"日本屋"平台，日本将动漫、游戏、影视等文化产品不断推向国际市场，并通过多种商业模式及与他国开展线上、线下相结合的合作，进一步推进文化科技融合，培育和拓展日本文化产业的海外市场。[①]

总体来看，跨界融合已成为文化科技创新的重要趋势。随着数字时代的

---

① 闫坤、吴限：《"日本屋"项目助推日本文化输出的启示》，《经济导刊》2024 年第 1 期。

到来，文化产业发展将越来越与科技创新密切相关，现代科技也将不断地与动漫游戏、广播影视、图书出版等文化产业进行融合创新。这种跨界融合创新不仅可以丰富文化产业的内容形态，还可以拓展其商业模式及消费渠道，进而为文化产业发展注入新的活力。

二　我国文化科技融合发展现状与特点

（一）数字化政策引领文化科技融合新方向

1. 实施国家文化数字化战略

习近平总书记指出，"要顺应数字产业化和产业数字化发展趋势，加快发展新型文化业态，改造提升传统文化业态，提高质量效益和核心竞争力"。[①] 2024 年 3 月，习近平在湖南考察时指出，"探索文化和科技融合的有效机制，加快发展新型文化业态，形成更多新的文化产业增长点"。[②] 同年 5 月，习近平在山东考察时强调，"要繁荣发展文化事业和文化产业，创新实施文化惠民工程，大力推进文化数字化，让社会主义先进文化为经济发展增动能增效益、为旅游休闲增内涵增魅力、为城乡社会增正气增活力"。[③]

党的二十大报告明确提出实施国家文化数字化战略。2022 年，中共中央办公厅、国务院办公厅印发了《关于推进实施国家文化数字化战略的意见》，明确提出"加快文化产业数字化布局"等 8 项重点任务；[④] 工业和信

[①] 《习近平谈治国理政》第四卷，外文出版社，2022，第 311 页。

[②] 《习近平在湖南考察时强调：坚持改革创新求真务实 奋力谱写中国式现代化湖南篇章》，中国政府网，2024 年 3 月 21 日，https：//www.gov.cn/yaowen/liebiao/202403/content_6940751.htm。

[③] 《习近平在山东考察时强调：以进一步全面深化改革为动力 奋力谱写中国式现代化山东篇章》，中国政府网，2024 年 5 月 24 日，https：//www.gov.cn/yaowen/liebiao/202405/content_6953437.htm。

[④] 《关于推进实施国家文化数字化战略的意见》，经济形势报告网，2022 年 5 月 23 日，http：//www.china-cer.com.cn/zhengcefagui/2022052318622.html。

息化部、教育部、文化和旅游部、国家广播电视总局、国家体育总局五部门联合印发了《虚拟现实与行业应用融合发展行动计划（2022—2026年）》，提出"推动文化展馆、旅游场所、特色街区开发虚拟现实数字化体验产品，让优秀文化和旅游资源借助虚拟现实技术'活起来'""鼓励一二级博物馆、具有条件的旅游活动场所设置沉浸式体验设施设备"①。

2023年2月，中共中央、国务院印发的《数字中国建设整体布局规划》提出推进数字技术与经济、政治、文化、社会、生态文明建设深度融合，将"打造自信繁荣的数字文化"作为其中的重要内容。②

2. 加强文化元宇宙布局

元宇宙是数字经济与实体经济融合的高级形态。2023年是推进元宇宙的关键之年，元宇宙正在从概念进入应用落地阶段。2023年8月，工业和信息化部办公厅、教育部办公厅、文化和旅游部办公厅、国务院国资委办公厅、国家广播电视总局办公厅联合印发《元宇宙产业创新发展三年行动计划（2023—2025年）》，从构建先进元宇宙技术和产业体系、培育三维交互的工业元宇宙、打造沉浸交互数字生活应用、构建系统完备产业支撑、构建安全可信产业治理体系等5个方面提出了14条重点任务，明确提出"建设文旅元宇宙，围绕文化场馆、旅游景区和街区、节庆活动等应用场景，提供数字藏品、数字人讲解、XR导览等产品和服务。打造数字演艺、'云旅游'等新业态，打造数智文旅沉浸式体验空间"。③ 这是国家层面首次颁布关于元宇宙产业的发展方针，具有标杆性意义。

自元宇宙成为火爆概念以来，全国各地纷纷密集发布关于元宇宙的政策

---

① 《工业和信息化部　教育部　文化和旅游部　国家广播电视总局　国家体育总局关于印发〈虚拟现实与行业应用融合发展行动计划（2022—2026年）〉的通知》，中国政府网，2022年10月28日，https://www.gov.cn/zhengce/zhengceku/2022-11/01/content_5723273.htm。

② 《中共中央国务院印发〈数字中国建设整体布局规划〉》，《人民日报》2023年2月28日，第1版。

③ 《工业和信息化部办公厅　教育部办公厅　文化和旅游部办公厅　国务院国资委办公厅　广电总局办公厅关于印发〈元宇宙产业创新发展三年行动计划（2023—2025年）〉的通知》，中国政府网，2023年8月29日，https://www.gov.cn/zhengce/zhengceku/202309/content_6903023.htm。

措施，如北京、上海、重庆、成都、济南、南京、郑州、武汉、厦门等城市从不同的角度出台了相关政策。从政策类型上看，有综合性的政策，也有文旅元宇宙专项政策。上海市文化和旅游局于 2023 年 6 月发布了《上海市打造文旅元宇宙新赛道行动方案（2023—2025 年）》，提出力争到 2025 年，上海"文旅元宇宙"品牌初步打响，产业规模突破 500 亿元，形成 2~3 个新内容创制产业集聚发展区，在数字文化、智慧旅游、虚拟演艺、数字艺术品、内容创作等领域形成 30 个以上虚实融合的元宇宙创新示范应用等。①目前来看，在所有出台元宇宙政策的城市中，上海市是唯一一个针对文化科技攻关、文旅元宇宙单独发布行动方案的城市。

3. 若干省市加快推进文化数字化战略

为促进文化数字化，许多省市还率先出台了相关政策。福建省文化改革发展工作领导小组 2022 年 10 月印发了《关于推进福建文化数字化战略实施方案》②；江苏省委办公厅、省政府办公厅 2022 年 11 月印发了《江苏省关于贯彻落实国家文化数字化战略的实施意见》③。2023 年，更是有许多省市相继出台了相关政策。四川省委办公厅、省政府办公厅 2023 年 1 月印发了《四川省推进国家文化数字化战略实施方案》，围绕关联汇入中华文化数据库、建设文化数字化基础设施、搭建文化数据服务平台、加快文化机构数字化转型升级、发展数字化文化消费新场景、提升公共文化服务数字化水平、加快数字文化产业发展 7 个方面，明确了统筹利用文化资源普查成果、建设全省一体化数据体系、建设文化数据交互平台等 22 项重点任务，并提出了确保数据安全、激发建设动力、鼓励多元投入、完善要素保障 4 个方面的保

---

① 《上海领跑全国，率先发布〈上海打造文旅元宇宙新赛道行动方案〉》，上观网，2023 年 6 月 21 日，https：//export. shobserver. com/baijiahao/html/624890. html。
② 《推进福建文化数字化战略实施方案印发》，福建省人民政府网站，2022 年 10 月 22 日，http：//www. fj. gov. cn/xwdt/fjyw/202210/t20221022_6021357. htm。
③ 《〈江苏省关于贯彻落实国家文化数字化战略的实施意见〉印发取"数"前行，江苏文化数字化有了"领航员"》，新浪网，2022 年 12 月 8 日，https：//cj. sina. com. cn/articles/view/5675440730/152485a5a02001im67。

障措施。①

甘肃省 2023 年 1 月印发了《甘肃省推进国家文化数字化战略的实施方案》，加快推进甘肃省公共文化服务和文化产业数字化发展，构建数字化文化产品和服务供给体系，满足人民日益增长的精神文化需要，推动文化强省建设。要求全省各地区各部门结合实际认真贯彻落实。②

上海市委办公厅、上海市人民政府办公厅 2023 年 12 月联合印发《上海市贯彻落实国家文化数字化战略的实施方案》，明确了七项 14 条重点任务，聚焦供给侧和需求侧，夯实文化资源数据和文化数字化新基建"两个基础"、推动搭建上海文化数据服务"一个平台"，重点推进数字技术在提升公共文化服务、激发文化产业活力、促进文化消费、增强文化交流互鉴、优化文化发展环境等"五个领域"深度应用，持续推出线上线下融合、虚实融合、数网融合的"N 个应用场景"，形成具有带动性、示范性、标识性的文化数字化成果，文化数字资源全球配置能力显著增强，打造面向全球、面向未来的文化数字化转型上海标杆，成为全球数字文化发展高地。③

这些政策文件对于促进文化数字化、引领文化科技融合发展具有重要指导意义和实践价值。

（二）文化科技融合加速文化产业数字化

文化科技融合是文化数字化的重要途径。在文化科技融合的驱动下，我国文化产业日趋网络化、数字化、智能化，文化产品、文化服务的科技含量逐步增加，文化消费也在不断升级。

---

① 《省委办公厅、省政府办公厅印发〈四川省推进国家文化数字化战略实施方案〉》，四川省人民政府网站，2023 年 1 月 11 日，https://www.sc.gov.cn/10462/10464/10797/2023/1/11/96015d3237c5494e9607cf78a2b4754c.shtml。
② 《甘肃省推进国家文化数字化战略实施方案出台》，"中国甘肃网"百家号，2023 年 1 月 17 日，https://baijiahao.baidu.com/s？id=1755200321606890837&wfr=spider&for=pc。
③ 《一图读懂〈上海市贯彻落实国家文化数字化战略的实施方案〉》，上观网，2023 年 12 月 28 日，https://export.shobserver.com/baijiahao/html/698513.html。

1. 科技推动文化产业规模持续增长

在大数据、人工智能、云计算、5G、3D建模、AR/VR等数字技术的驱动下，我国的文化产业规模保持稳步增长。据统计，2022年全国文化及相关产业增加值为53782亿元，比上年增长2.7%（未扣除价格因素），占国内生产总值（GDP）的比重为4.46%，比上年下降0.1个百分点。分行业看，2022年，文化服务业增加值为35166亿元，占文化及相关产业增加值的比重为65.4%，比上年提高1.4个百分点；文化制造业增加值为13165亿元，占比为24.5%，比上年下降1.6个百分点；文化批发和零售业增加值为5451亿元，占比为10.1%，比上年提高0.2个百分点。①

2012~2022年，我国的文化及相关产业增加值不断增长，从2012年的18071亿元增长到2022年的53782亿元，文化及相关产业增加值占同期GDP的比重也从2012年的3.48%提高到2022年的4.46%，上升了0.98个百分点（见图1）。2020~2022年，由于疫情，文化产业受到一定冲击，2022年文化及相关产业增加值的增速进一步放缓，文化及相关产业增加值占GDP的比重还出现了下降。

2. 数字文化新业态快速发展

随着国家文化数字化战略的深入实施，以数字化、网络化、智能化为主要特征的文化新业态行业快速发展，已成为推动我国文化产业高质量发展的重要支撑。据统计，2023年，文化新业态特征较为明显的16个行业小类实现营业收入52395亿元，比上年增长15.3%，高于全部规模以上文化企业7.1个百分点；文化新业态行业对全部规模以上文化企业营业收入增长的贡献率为70.9%，其中，可穿戴智能文化设备制造、数字出版、多媒体游戏动漫和数字出版软件开发、互联网搜索服务、娱乐用智能无人飞行器制造、互联网其他信息服务6个行业小类营业收入增速较快，分别为24.0%、

---

① 《2022年全国文化及相关产业增加值占GDP比重为4.46%》，国家统计局网站，2023年12月29日，https://www.stats.gov.cn/xxgk/sjfb/zxfb2020/202312/t20231229_1946077.html。

图1 2012~2022 年全国文化及相关产业增加值及其占同期 GDP 的比重

资料来源：国家统计局网站。

21. 6%、19. 4%、19. 3%、17. 9%和 16. 5%。①

在数字技术的驱动下，数字文化新业态的发展壮大有力地推动了我国文化产业的转型升级和结构优化。2023 年，文化企业实现营业收入 129515 亿元，比上年增长 8. 2%；分领域看，文化核心领域实现营业收入 83978 亿元，比上年增长 12. 2%；文化相关领域实现营业收入 45537 亿元，比上年增长 1. 5%。②

2023 年 7 月，文化和旅游部发布了 20 个沉浸式文旅新业态示范案例，主要包括：7 个沉浸式演艺案例（又见平遥、重庆·1949、知音号、遇见大庸、寻梦牡丹亭、天酿、不眠之夜）；5 个沉浸式夜游案例（西安大唐不夜城、夜游锦江、北京国际光影艺术季"万物共生"、奇妙·夜德天、梦境光雾山）；4 个沉浸式展览展示案例〔扬州中国大运河博物馆、北京世园公园植物历险记探索体验展、上海天文馆（上海科技馆分馆）、新四军

---

① 《国家统计局社科文司高级统计师张鹏解读 2023 年全国规模以上文化及相关产业企业数据》，国家统计局网站，2024 年 1 月 30 日，https：//www. stats. gov. cn/xxgk/jd/sjjd2020/202401/t20240130_1946975. html。

② 《2023 年全国规模以上文化及相关产业企业营业收入增长 8. 2%》，国家统计局网站，2024 年 1 月 30 日，https：//www. stats. gov. cn/xxgk/sjfb/zxfb2020/202401/t20240130_1946973. html。

江南指挥部纪念馆]；4 个沉浸式街区/主题娱乐案例（长安十二时辰、花山世界·花山谜窟主题园区、沈阳中街步行街、teamLab 无界美术馆）。①这20 个示范案例代表了沉浸式业态发展的最新成果，涵盖沉浸式演艺、沉浸式夜游、沉浸式展览展示、沉浸式街区/主题娱乐四大领域，呈现了植根中华文化、场景丰富多样、技术深度应用、实现双效统一等文化科技深度融合的特征。

3.国家文化和科技融合示范基地建设取得新成效

2023 年，为推进文化和科技深度融合，科技部、中宣部会同中央网信办、文旅部、国家广电总局启动了第五批国家文化和科技融合示范基地认定工作。按照《党和国家机构改革方案》，原科技部高新技术司转隶至工业和信息化部，国家文化和科技融合示范基地相关工作改由工业和信息化部高新技术司牵头负责。2024 年 1 月，工业和信息化部、中宣部会同中央网信办、文旅部、国家广电总局等部门共同研究，对第五批拟认定基地进行了公示，认定了北京大兴经济开发区等 6 家集聚类基地、智者四海（北京）技术有限公司等 16 家单体类基地为国家文化和科技融合示范基地（见表1）。②

表1　第五批国家文化和科技融合示范基地名单

序号	示范基地名单	类别
1	北京大兴经济开发区国家文化和科技融合示范基地	集聚类
2	合肥包河国家文化和科技融合示范基地	
3	景德镇(陶溪川)国家文化和科技融合示范基地	
4	开封国家文化和科技融合示范基地	
5	重庆云谷·永川大数据产业园国家文化和科技融合示范基地	
6	西藏文化旅游创意园区国家文化和科技融合示范基地	

---

① 《文旅部发布20个沉浸式文旅新业态示范案例》，"CTDU 中旅联"百家号，2023 年 7 月 7 日，https：//baijiahao. baidu. com/s? id=1770723731398946995&wfr=spider&for=pc。

② 《五部门关于认定第五批国家文化和科技融合示范基地的通知》，工业和信息化部网站，2024 年 1 月 18 日，https：//www. miit. gov. cn/zwgk/zcwj/wjfb/tz/art/2024/ar t_d5142ee3c 66941029d5183804272619e. html。

续表

序号	示范基地名单	类别
7	智者四海（北京）技术有限公司国家文化和科技融合示范基地	单体类
8	中国数字文化集团有限公司国家文化和科技融合示范基地	
9	中图云创智能科技（北京）有限公司国家文化和科技融合示范基地	
10	京东方科技集团股份有限公司国家文化和科技融合示范基地	
11	河北金音乐器集团有限公司国家文化和科技融合示范基地	
12	上海阅文信息技术有限公司国家文化和科技融合示范基地	
13	上海风语筑文化科技股份有限公司国家文化和科技融合示范基地	
14	江苏凤凰出版传媒股份有限公司国家文化和科技融合示范基地	
15	杭州万事利丝绸文化股份有限公司国家文化和科技融合示范基地	
16	世纪开元智印互联科技集团股份有限公司国家文化和科技融合示范基地	
17	山东金东数字创意股份有限公司国家文化和科技融合示范基地	
18	湖北长江云新媒体集团有限公司国家文化和科技融合示范基地	
19	湖南广播影视集团有限公司国家文化和科技融合示范基地	
20	深圳华侨城文化旅游科技集团有限公司国家文化和科技融合示范基地	
21	秦始皇帝陵博物院国家文化和科技融合示范基地	
22	读者出版集团有限公司国家文化和科技融合示范基地	

截至 2024 年 8 月，科技部、中宣部会同相关部门分别于 2012 年、2013 年、2019 年、2021 年、2024 年分五批共认定了 107 家国家文化和科技融合示范基地，其中集聚类基地 50 家，单体类基地 57 家，基本形成了以文化内容为核心、以科技创新为重要支撑、文化和科技深度融合的产业业态，重点聚焦于文化大数据、公共服务、数字出版、文化装备制造、媒体融合、文旅综合服务等方向，构建了以集聚类基地服务于地方产业发展与实体经济、以单体类基地服务于行业技术研发与集成应用的全方位、多层次、开放式创新发展格局。

4. 数字化创新推动文化和旅游高质量发展

为促进文化和旅游数字化建设，2023 年 10 月，文化和旅游部公布了文化和旅游数字化创新示范"十佳案例"和"34 个优秀案例"[①]，集中示范推

[①] 《文化和旅游部办公厅关于公布 2023 年文化和旅游数字化创新示范案例的通知》，文化和旅游部网站，2023 年 10 月 9 日，https://zwgk.mct.gov.cn/zfxxgkml/kjjy/202310/t20231009_949024.html。

广文化和旅游领域数字化创新的最新成果。此次公布的示范案例主要包括文化和旅游数字化创新的五个重点领域：一是创新文化表达方式，运用数字化手段创新艺术表现形态，应用数字化工具助力艺术创作生产；二是提升公共文化服务数字化水平，加强公共数字文化资源建设，优化基层公共数字文化服务网络；三是促进文化机构数字化转型升级，将文化资源数据采集、加工、挖掘与数据服务纳入经常性工作；四是发展数字化文化消费新场景，充分利用文化设施、旅游服务场所搭建数字化文化体验场景，拓宽文化内容数字分发渠道，强化智慧旅游场景应用；五是构建文化数字化治理体系，提高文化数字化政务服务效能。

示范案例聚焦文化和旅游数字化共性问题，充分应用人工智能、虚拟现实等数字新技术，在引领、支撑文化和旅游行业发展方面取得了实效。如百度文心大模型应用生成式人工智能技术，个性化生成美术和音乐产品，创新文化产品生产方式；沉浸式戏曲《黛玉葬花》应用虚拟现实技术，将虚拟的越剧表演与真实的舞台装置有机结合、叠加显示，创新观演模式；"永乐大典高清影像数据库"应用三维复原技术，沉浸式展示《永乐大典》40册75卷内容，促进文化资源全民共享；"文管在线"系统应用智能识别技术，实时监测网络主播的直播，提高文化和旅游市场监管执法效能。①

5. 数字化拓展文化消费新空间

据悉，截至2023年9月，国内已有近40个地区发布元宇宙产业发展规划文件，全国包括上海、北京、郑州等13个地方将成立元宇宙相关产业基金，计划基金总规模近900亿元人民币，其中既包含社会资本，也包含国有资本。②

随着数字技术的日新月异，从互联网到元宇宙、从数据库到人工智能、从云计算到AI超算，面对一条条科技振兴经济的"绿色通道"，文化产业

---

① 《数字化创新推动文化和旅游高质量发展》，"中国日报网"百家号，2023年10月11日，https://baijiahao.baidu.com/s? id=1779447593313961697&wfr=spider&for=pc。
② 《总规模近900亿元! 13地区计划成立元宇宙专项基金》，财联社，2023年9月14日，https://www.cls.cn/detail/1463696。

正积极布局数字产业，拥抱"元宇宙"。数字文化新业态带领大众进入沉浸式实景体验新时代，推动文旅消费新升级。

为了进一步释放旅游消费潜力，推动文化和旅游产业的数字化、网络化和智能化发展，政府部门采取了一系列措施。文化和旅游部不仅印发了《国内旅游提升计划（2023—2025年）》《关于开展智慧旅游沉浸式体验新空间推荐遴选暨培育试点工作的通知》等文件，而且公布了第一批全国智慧旅游沉浸式体验新空间培育试点名单。全国共有24个项目入选，涵盖了休闲街区、度假区、文博场馆、主题公园、工业遗产等文化和旅游场所，分布于17个省（区、市），其中北京、上海、江苏各有3个项目入选，河南有2个，河北、山西、辽宁、吉林、浙江、江西、山东、湖北、广东、重庆、四川、陕西、新疆各有1个。① 这些项目注重文化科技融合，在规划建设、投资运营、管理服务、制度规范、装备技术等方面进行积极创新，为全国智慧旅游沉浸式体验新空间的产业化、标准化、规模化发展切实发挥了引领性标杆性作用，有利于探索新模式、积累新经验。

（三）科技驱动我国重点文化行业增效升级

以互联网信息服务、创作表演服务、数字内容服务、景区游览服务四个重点文化产业领域为代表，从文化科技融合的视角对其进行研究，归纳概括我国科技促进、支撑文化产业发展的特点与趋势。

1.数字技术促进互联网信息服务行业持续发展

互联网信息服务行业是随着互联网技术和各类网络平台、新媒体的发展而产生的，主要包括数字文娱、数字医疗、人工智能、新零售、电子商务、互联网教育等细分行业。《世界互联网发展报告2023》显示，中国的互联网发展水平仍处于领先地位，仅次于美国，位列世界第二。这既得益于数字技术的发展及相关基础设施的建设，也得益于政策的大力支持。

---

① 《文化和旅游部关于公布第一批全国智慧旅游沉浸式体验新空间培育试点名单的通知》，文化和旅游部网站，2023年8月3日，https：//zwgk. mct. gov. cn/zfxxgkml/zykf/202308/t2023 0803_946380. html。

一是加大政策支持与管理力度。近两年来,我国出台了一系列相关政策。例如,2022年11月国家互联网信息办公室、工业和信息化部、公安部联合发布了《互联网信息服务深度合成管理规定》;2023年2月,工业和信息化部发布了《关于进一步提升移动互联网应用服务能力的通知》;2023年2月,国家市场监督管理总局发布了《互联网广告管理办法》;2023年11月,文化和旅游部办公厅印发了《互联网上网服务行业上云行动工作方案》;等等。这些政策文件给互联网信息服务行业提供了指引与保障。

二是互联网和相关服务业呈现向好发展态势。据悉,2023年,我国规模以上互联网和相关服务企业完成互联网业务收入17483亿元,同比增长6.8%;实现利润总额1295亿元,同比增长0.5%。① 从分领域运行情况来看,信息服务领域企业收入基本稳定,2023年以信息服务为主的企业(包括新闻资讯、搜索、社交、游戏、音乐视频等)互联网业务收入同比增长0.3%;从分地区运行情况来看,东部和中部地区互联网业务收入增长较快,西部和东北地区增长承压。2023年,京津冀地区完成互联网业务收入6777亿元,同比增长6.4%,占全国互联网业务收入的比重为38.8%;长三角地区完成互联网业务收入6624亿元,同比增长12.9%,占全国互联网业务收入的比重为37.9%。② 京津冀互联网业务收入的总量虽然高于长三角地区,但其增速明显低于长三角地区,可见京津冀互联网业务还有较大的发展空间。

三是短视频等互联网信息服务新业态加速发展。第54次《中国互联网络发展状况统计报告》显示,截至2024年6月,我国网民规模近11亿,较2023年12月增长742万人,互联网普及率达78%;微短剧用户占网民整体的52.4%,短视频用户占网民整体的95.5%,长视频用户占网民整体的

① 《2023年我国规上互联网企业业务收入同比增6.8%》,产业发展研究网,2024年2月14日,http://www.chinaidr.com/tradenews/2024-02/235112.html。
② 《2023年我国规上互联网企业业务收入同比增6.8%》,产业发展研究网,2024年2月14日,http://www.chinaidr.com/tradenews/2024-02/235112.html。

65.2%。① 未来，随着互联网等数字技术的发展以及抖音、快手等电商平台的建设与完善，短视频等文化新业态将会不断向前发展，用户黏性也会日益增强。

四是互联网技术激发数字文化消费新潜能。随着数字技术的应用和互联网的普及，"互联网+"成为文化消费升级的新动力，既不断培育新兴数字文化业态，也改变了人们的消费习惯、消费内容、消费模式，使文化消费日益呈现数字化、多元化等特征。互联网信息服务既能打通"在场"与"在线"两个空间，消弭物理空间上的隔阂，促使文化消费从传统的实体消费转变为网络出版、网络视频、网络游戏等网络消费，又能进一步发展"线上+线下"相结合的多元化消费方式。

2. 科技与创作表演服务行业日益融合

创作表演服务行业是文化产业之内容创作生产的重要组成部分，包括文艺创作与表演、群众文体活动及其他文化艺术业等业态。近年来，在数字技术和相关政策的驱动下，我国创作表演市场快速发展，戏曲、歌舞、话剧、音乐会等各类文艺演出及展览活动精彩纷呈。

一是相关支持政策频出。为促进数字技术与创作表演服务深度融合，相关部门出台了不少政策。例如，2022 年，国家广电总局印发了《关于进一步加强网络微短剧管理 实施创作提升计划有关工作的通知》和《关于推动短剧创作繁荣发展的意见》等；2023 年，文化和旅游部发布了《关于规范网络演出剧（节）目经营活动 推动行业健康有序发展的通知》等。这些政策为促进短剧创作、网络演出等行业发展提供了方向指引。

二是科技助力演艺行业快速发展。近年来，艺术与技术的联系越来越紧密，如立体投影（3D MApping）、实时交互、VR/AR/MR、多媒体等技术日益与演艺行业融合，不断被应用于舞台演出，助力演艺行业发展。据悉，

① 《第 54 次〈中国互联网络发展状况统计报告〉发布显示——我国网民规模近 11 亿人》，中国经济新闻网，2024 年 8 月 30 日，https://www.cet.com.cn/wzsy/ycxw/10100076.shtml。

2023 年音乐演出行业实现全面复苏，音乐领域，网络音乐用户规模达到 7.26 亿，近七成网民的生活已经离不开网络音乐这一消遣方式；演出领域，全国大型演唱会一票难求，仅前三季度累计观演就达 1.11 亿人次，超过 2019 年全年水平。[①]

三是文化科技融合催生云剧场、云演艺、云音乐等业态。随着数字技术的飞速发展，戏曲、歌舞、话剧、音乐会等各类传统文化产业寻求突破，促使云剧场、云演艺、云音乐等"互联网+演艺"的新模式应运而生，成为文化产业"上云用数赋智"、落实国家文化数字化战略的新渠道。近年来，5G 技术、人工智能、AR/VR/MR 等数字技术的应用，既能打造出线上演艺的特有功能，弥补线下演出在舞台灯光、音乐质感、群体氛围等方面的不足，又能为观众增强沉浸式感受，激发消费者的消费热情。

3. 数字内容服务行业呈现新特点新趋势

数字内容服务产业是数字技术与文化创意深度融合形成的产业形态，涵盖动漫、游戏数字内容服务，互联网游戏服务，多媒体、游戏动漫和数字出版软件开发，增值电信文化服务，以及其他文化数字内容服务等领域。在国家政策和大数据、云计算、区块链、5G、AR/VR/MR、AI 等数字技术的有力支持下，数字内容服务行业取得快速发展。

一是数字文化服务能力稳步提升。主要体现在三个方面。其一，数字文化服务保障水平不断加强。文化数字化已上升为国家战略。习近平总书记在党的二十大报告中指出，"实施国家文化数字化战略，健全现代公共文化服务体系，创新实施文化惠民工程"[②]。在顶层设计方面，中共中央办公厅、国务院办公厅印发了《关于推进实施国家文化数字化战略的意见》，对推进文化数字化的路径和步骤作出战略部署，这使数字文化服务保障水平得到加强。其二，数字文化服务技术水平明显提升。近年来，大数据、

① 《2023 年音乐演出行业全面复苏》，搜狐网，2024 年 1 月 8 日，https://www.sohu.com/a/750290409_120952561。

② 《习近平著作选读》第一卷，人民出版社，2023，第 37 页。

云计算、人工智能、3D 扫描、全息投影等数字技术的加速发展，以及一些数字文化展示平台的建成使用，促使数字文化服务技术水平持续提升。其三，数字文化服务供给水平显著提高。数字技术与文化的有效结合，能够催生许多数字文化产品和打造更多数字文化应用新场景，为人们提供更多文化新空间新产品新体验。

二是数字技术助力动漫游戏产业提质增效。近年来，我国动漫产业在国家政策扶持和数字技术的推动下，呈现快速增长的态势。文化和旅游部数据显示，2022 年我国国家认定动漫企业数量达到 1100 家左右，同比增长 10%，创下 2010 年以来的最高增速，其中，动画创作、制作企业数量为 450 家，增长 15.4%；其他类型企业数量为 650 家，增长 6.6%；2023 年我国动漫产业总产值有望突破 4000 亿元，其中网络动画市场规模将达到 300 亿元，网络漫画市场规模将达到 50 亿元。[①] 同时，我国的游戏产业也取得可喜成绩。2023 年，国内游戏市场实际销售收入 3029.64 亿元，同比增长 13.95%，首次突破 3000 亿元关口；用户规模 6.68 亿人，同比增长 0.61%，为历史新高点；我国自主研发游戏国内市场实销收入 2563.75 亿元，同比增长 15.29%；自研产品海外实销收入 163.66 亿美元，规模连续四年超千亿人民币。[②]

三是科技赋能数字出版行业新未来。当前数字出版是出版高质量发展的重要力量，科技创新成为驱动引擎，推动中国出版业深刻变革、快速发展，使数字出版成为出版产业中最具活力和成长性的板块。中国新闻出版研究院的数据显示，我国数字出版产业的整体收入 2011 年为 1377.88 亿元，2021 年增至 12762.64 亿元（2022 年数据尚未公布），10 年增长了 8

[①] 《2023 年动漫产业行业区域格局分析与布局优化》，"尚普咨询集团"百家号，2023 年 7 月 27 日，https：//baijiahao. baidu. com/s？id＝1772545133943321736&wfr＝spider&for＝pc。

[②] 《〈2023 年中国游戏产业报告〉发布 国内游戏市场实际销售首次突破三千亿关口》，"青瞳视角"百家号，2023 年 12 月 15 日，https：//baijiahao. baidu. com/s？id＝1785326611515902264&wfr＝spider&for＝pc。

倍多。① 未来，随着 ChatGPT、AIGC 等高新技术的发展，出版行业将会在写作、编辑、出版三个环节实现效率的提升，推进数字出版不断走向全链条数字化智能化。

4. 数字技术驱动景区游览服务行业转型升级

景区游览服务行业是文化娱乐休闲服务产业的重要组成部分，涵盖城市公园管理、名胜风景区管理、森林公园管理、其他游览景区管理、自然遗迹保护管理、动物园与水族馆管理、植物园管理服务等领域。在政策支持与数字技术的驱动下，景区游览服务正在加速数字化与智能化。

一是重要政策举措密集出台。2023 年 3 月，文化和旅游部市场管理司发布了《关于推动在线旅游市场高质量发展的意见》，将"提升行业管理的数字化水平，推动中国在线旅游行业发展处于国际领先地位"② 作为其重要目标。2023 年 4 月，工业和信息化部、文化和旅游部联合印发《关于加强5G+智慧旅游协同创新发展的通知》，明确将"加强重点旅游区域 5G 网络覆盖""鼓励重点单位网络建设资源开放""创新 5G+智慧旅游服务新体验""探索 5G+智慧旅游营销新模式""提升 5G+智慧旅游管理能力"等作为其重点任务。③ 2023 年 9 月，文化和旅游部还发布了《旅游电子合同管理与服务规范》。④ 为推进《智慧旅游创新发展行动计划》落地见效，文化和旅游部办公厅、工业和信息化部办公厅、民政部办公厅于 2024 年 11 月发布了《2024 年智慧旅游适老化典型案例名单》，指尖上的呼伦贝尔智慧文旅温暖"银龄"、辽宁智慧文旅平台智慧赋能"银发族"、上海"Hello 老友亭"助力老友乐享城市游、"下扬州"平台提升适老化智能服务、黄山 AI 旅行助

---

① 《看大咖齐聚深圳 共论科技赋能数字出版新未来》，春雨教育网站，2023 年 6 月 10 日，https://www.cyjy.com/index.php/shows/161/3314.html。

② 《文化和旅游部关于推动在线旅游市场高质量发展的意见》，中国政府网，2023 年 3 月 24日，https://www.gov.cn/zhengce/zhengceku/2023-03/28/content_5748755.htm。

③ 《工业和信息化部 文化和旅游部关于加强 5G+智慧旅游协同创新发展的通知》，文化和旅游部网站，2023 年 4 月 11 日，https://zwgk.mct.gov.cn/zfxxgkml/qt/202304/t20230411_942996.html。

④ 《旅游行业标准 LB/T 086—2023 旅游电子合同管理与服务规范》，文化和旅游部网站，2023年 9 月 9 日，https://zwgk.mct.gov.cn/zfxxgkml/hybz/202309/t20230915_947291.html。

手助力老年人出游新体验、台儿庄古城以智提质助力老年人畅游无阻、中山全域旅游智慧导览系统为老年人提供"智游"服务、甘肃冶力关景区线上线下提升老年人游玩体验、西夏陵打造老年友好型景区等9个案例在此之列。① 这些政策文件为景区游览服务行业转型升级提供了方向指引和政策保障。

二是科技助力打造文旅融合新场景。近年来，随着信息化、数字化的快速推进，5G、云计算、大数据、物联网及人工智能等高新技术与文旅行业深度融合，"科技+文旅"已经成为行业发展新趋势，区块链技术、元宇宙概念、人工智能技术应用等给文旅生活体验、沉浸式景区建设带来更多创新可能。2023年8月，文旅部公布了《第一批全国智慧旅游沉浸式体验新空间培育试点名单》。② 在首批入选的24个项目中，依托旅游景区设计开发沉浸式体验新空间的项目有6个，涵盖了数字艺术、文化夜游、文旅演艺及特种电影等沉浸式细分领域，通过文旅融合、虚实结合等方式，为顾客提供了深度参与、互动体验的旅游产品和消费场景。

三是景区服务呈现数字化、智慧化、多元化趋势。这主要体现在五个方面。其一，数字化拓宽景区服务维度。景区服务借力数字技术可以由物理世界拓宽至虚拟空间，从日间经济不断走向夜间经济。其二，科技创新助力服务智慧化。随着数字技术的发展与运用，数字人AI导游、OTA模式、景区导览大模型等不断涌现，使智慧化逐渐成为旅游产业的共识与未来。其三，景区+演艺助力业态多元化。在文化科技创新的驱动下，融合文化元素、旅游元素、演艺元素等的文旅演艺逐渐成为景区新的发展引擎与经济增长点。其四，线上线下融合助力景区复苏。随着现代科技的发展，线上线下相结合

---

① 《文化和旅游部办公厅、工业和信息化部办公厅、民政部办公厅关于公布2024年智慧旅游适老化典型案例的通知》，民政部网站，2024年11月29日，https://www.mca.gov.cn/n152/n165/c1662004999980002601/content.html。

② 《文化和旅游部关于公布第一批全国智慧旅游沉浸式体验新空间培育试点名单的通知》，文化和旅游部网站，2023年8月3日，https://zwgk.mct.gov.cn/zfxxgkml/zykf/202308/t20230803_946380.html。

的模式将成为我国景区游览服务产业发展的最新趋势。其五，大数据技术助力服务精准化。通过大数据分析，景区可以更好地了解游客的需求和行为，合理安排资源和改进服务，为游客提供更加个性化、精准化的服务，提高游客的满意度和体验感。

三 北京文化科技融合发展现状与特点

梳理研究 2023 年以来北京出台的文化科技融合发展政策，重点分析北京文化科技融合发展现状，研究总结北京重点文化产业与科技融合的发展现状与特点、典型案例的模式与经验，可以更好地掌握北京地区文化科技融合发展现状、特点及前沿动态。

（一）文化科技融合政策不断健全

1. 扎实推进文化数字化战略

随着数字经济时代的到来，北京越来越重视推进文化数字化。2023 年 1月，《北京市关于进一步加强非物质文化遗产保护工作的实施意见》明确提出，"用好非物质文化遗产资源，融入国家文化数字化战略""'促进非遗+互联网'合作，拓宽相关产品推广和销售渠道"①，为推进非物质文化遗产资源转化利用提供了政策指导。

2023 年 12 月，北京市商务局等五部门印发了《北京市着力打造国际文物艺术品交易展示中心的若干措施》，明确将"支持文物艺术品数字化新业态发展"列为其重要内容，提出"支持文物艺术品在线观展、直播拍卖、供应链管理等新业态发展。依托北京非遗资源集聚优势，推动艺术家借助直播平台流量从线下走向线上。支持依托文物单位馆藏文化资源开

---

① 《北京市关于进一步加强非物质文化遗产保护工作的实施意见》，北京市文化和旅游局网站，2023 年 1 月 16 日，https：//whlyj.beijing.gov.cn/zwgk/zcfg/2021sjbmwj/202305/t20230519_3107674.html。

发数字艺术品"。① 这对于激活文化创新主体、推进文化遗产与科技创新深度融合具有重要作用。

2023年3月，北京市通州区人民政府办公室印发了《北京城市副中心文化旅游区发展建设三年行动计划（2023—2025年）》，提出"强化数字科技赋能转化。深入挖掘数字科技与文旅产业融合创新点，加快VR、AR、5G等数字技术的应用，加速'数字+'解锁应用新场景"②。这有利于推进北京城市副中心乃至整个北京市的科技与文旅产业融合发展。

2. 加强文化元宇宙布局

2023年9月，北京市人民政府办公厅印发了《北京市促进未来产业创新发展实施方案》，将"元宇宙"列为未来产业，要求"聚焦突破纳米结构超透镜、虚拟化身、真3D显示、高性能算力芯片、虚拟现实操作系统等元宇宙前沿底层技术，确定互联网3.0发展路线。推动人工智能赋能元宇宙，推进元宇宙关键技术在智慧城市、影视娱乐、数字创意等领域的创新应用"。③ 这对于促进元宇宙技术与文化产业融合发展具有重要作用。

2023年3月，中关村科技园区东城园管理委员会印发了《东城区加快元宇宙产业高质量发展行动计划（2023—2025年）》，将"提升元宇宙产业规模，促进元宇宙与文化科技产业相互融合""形成一批应用示范场景。依托故宫—王府井—隆福寺'文化金三角'、东城园国家文化和科技融合示范基地等空间，落地建成10大元宇宙示范应用场景项目，培育元宇宙与文化、旅游、商业、城市服务等领域虚实融合发展模式"

---

① 《北京市商务局等5部门关于印发〈北京市着力打造国际文物艺术品交易展示中心的若干措施〉的通知》，北京市人民政府网站，2023年12月19日，https：//www.beijing.gov.cn/zhengce/zhengcefagui/202312/t20231220_3505471.html。

② 《北京市通州区人民政府办公室关于印发〈北京城市副中心文化旅游区发展建设三年行动计划（2023—2025年）〉的通知》，北京市人民政府网站，2023年3月3日，https：//www.beijing.gov.cn/zhengce/zhengcefagui/202303/t20230309_2932470.html。

③ 《北京市人民政府办公厅关于印发〈北京市促进未来产业创新发展实施方案〉的通知》，北京市人民政府网站，2023年9月8日，https：//www.beijing.gov.cn/zhengce/zfwj/zfwj2016/bgtwj/202309/t20230908_3255227.html。

列为其重要目标。^① 这对于推进东城区乃至北京市文化科技融合发展具有重要作用。

（二）北京科技创新驱动文化产业提质增效

1. 科技推动文化产业规模持续扩大

在科技支持和驱动下，北京的文化产业规模持续扩大，对北京经济增长的贡献度也在不断提高。2021年北京文化产业实现增加值4509.2亿元，占地区生产总值的比重为11.0%，这一比重稳居全国第一，进一步巩固了北京在文化产业方面的全国文化中心地位。2011~2021年，北京文化产业增加值从2011年的1358.7亿元持续增长到2021年的4509.2亿元；文化产业增加值占同期地区生产总值的比重也从2011年的7.9%提高到2021年的11.0%（见图2），增加了3.1个百分点。

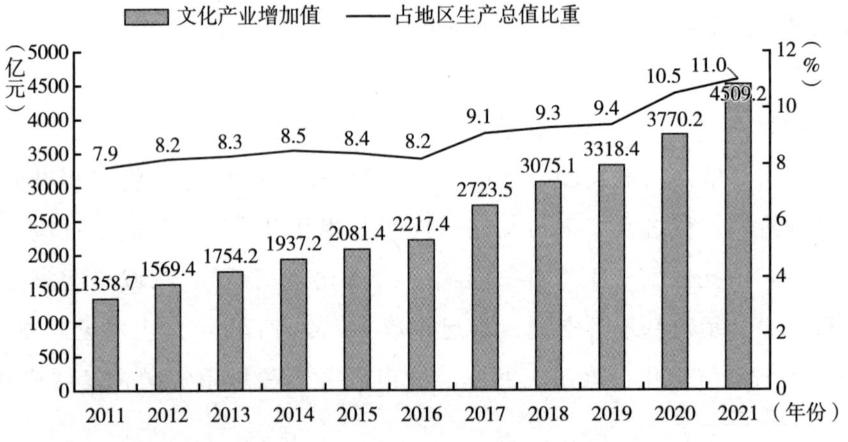

图2 2011~2021年北京文化产业增加值及其占地区生产总值比重

资料来源：《北京统计年鉴2023》，中国统计出版社，2023。

---

① 《中关村科技园区东城园管理委员会关于印发〈东城区加快元宇宙产业高质量发展行动计划（2023—2025年）〉的通知》，北京市东城区人民政府网站，2023年3月29日，https://www.bjdch.cn/zwgk/zfwj/202305/t20230515_3103711.html。

2. 科技驱动文化产业结构优化升级

在科技创新的驱动下，北京文化产业结构不断优化升级。最新的统计公报显示，2023年，全市规模以上文化及相关产业法人单位实现收入合计20638.3亿元，同比增长13.6%。其中，规模以上文化企业实现营业收入20140.1亿元，同比增长13.6%。分领域看，文化核心领域实现收入合计18721.9亿元，同比增长13.9%，对全市文化产业收入增长的贡献率为92.4%。其中，新闻信息服务、内容创作生产、文化传播渠道、文化投资运营和文化娱乐休闲服务5个领域收入合计同比分别增长8.9%、31.7%、8.4%、10.6%和48.7%；创意设计服务领域收入合计同比下降0.6%。文化相关领域实现收入合计1916.3亿元，同比增长10.8%。其中，文化辅助生产和中介服务、文化消费终端生产2个领域收入合计同比分别增长19.9%和5.5%；文化装备生产领域收入合计同比下降7.7%。① 这在一定程度上反映了文化产业整体"从产业链价值链低端逐步向高端迁移"的特征，凸显了北京文化产业结构稳步优化。

根据最新出版的《北京统计年鉴2023》，2022年，北京全市规模以上文化产业法人单位5450家，比上年增加141家；全市规模以上文化产业收入合计17797.3亿元，同比增长1.0%。分领域来看，文化核心领域实现收入合计16508.4亿元，占比90.4%。其中新闻信息服务、内容创作生产、创意设计服务、文化传播渠道、文化投资运营、文化娱乐休闲服务分别为5065.3亿元、4904.7亿元、3636.5亿元、2726.8亿元、48.2亿元、126.8亿元；文化相关领域实现收入合计1751.1亿元，占比9.6%。其中文化辅助生产和中介服务、文化装备生产、文化消费终端生产分别为751.5亿元、97.4亿元、902.1亿元。这九大行业占比情况详见图3。

3. 数字赋能文化旅游产业加速发展

在国家文化数字化战略的引领下，数字技术赋能北京文化旅游产业加速

---

① 《2023年北京市规模以上文化及相关产业运行情况》，北京市统计局网站，2024年2月1日，https://tjj.beijing.gov.cn/tjsj_31433/sjjd_31444/202402/t20240201_3552898.html。

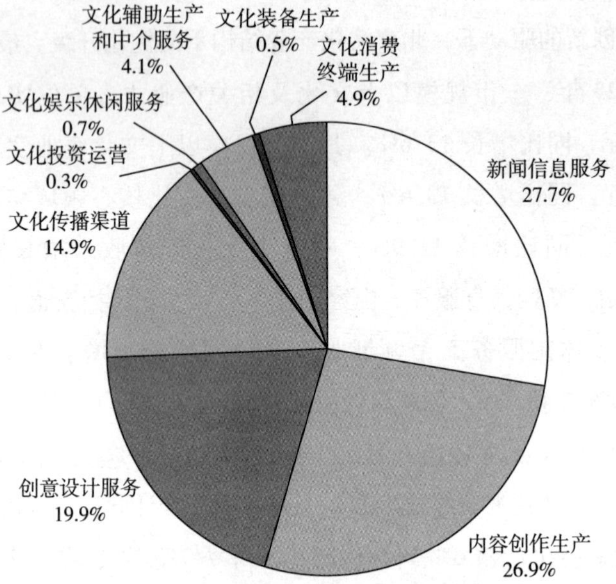

图3 2022年北京市规模以上文化产业九大行业的收入合计占比情况

资料来源:《北京统计年鉴2023》,中国统计出版社,2023。

发展。2022年10月,文化和旅游部公布了"2022年文化和旅游数字化创新实践案例",北京相关单位申报的"基于5G和北斗卫星导航技术的公园景区游船智慧管理平台""全国旅游市场景气监测与政策仿真平台"获评2022年数字化创新实践十佳案例,"8K+AR+5G科技助力全球博物馆珍藏云端智慧传播"获评2022年数字化创新实践优秀案例。[①] 2023年10月,文化和旅游部公布了"2023年文化和旅游数字化创新示范案例",北京相关单位申报的"国家图书馆数字赋能古籍活化""百度文心大模型创新文化产品生产方式"等5个案例获评2023年文化和旅游数字化创新示范十佳案例(见表2),"中国国家话剧院线下演出、线上演播'双演融合'模式"等12个

[①] 《2022年文化和旅游数字化创新实践案例公布》,文化和旅游部网站,2022年10月8日,https://zwgk.mct.gov.cn/zfxxgkml/zcfg/zcjd/202210/t20221008_936308.html。

案例获评 2023 年文化和旅游数字化创新示范优秀案例（见表 3）。① 这些案例是文化和旅游数字化建设取得成效的典范，对于数字技术赋能文化旅游产业发展具有引领示范作用。

表 2　2023 年文化和旅游数字化创新示范十佳案例中的北京相关案例

序号	名称	类型	申报单位
1	国家图书馆数字赋能古籍活化	提升公共文化服务数字化水平（加强公共数字文化资源建设）	国家图书馆
2	百度文心大模型创新文化产品生产方式	促进文化机构数字化转型升级（运用数字化工具助力艺术创作生产）	北京百度网讯科技有限公司
3	抖音直播促进文艺表演团体数字化转型升级	促进文化机构数字化转型升级（拓宽文化内容数字分发渠道）	北京微播视界科技有限公司
4	《风起洛阳》虚拟现实全感剧场搭建数字化文化体验线下场景	发展数字化文化消费新场景（充分利用文化设施,搭建数字化文化体验线下场景）	北京爱奇艺科技有限公司
5	《红楼·幻境》数字展构建沉浸式数字文化空间	发展数字化文化消费新场景（充分利用文化设施,搭建数字化文化体验线下场景）	北京雅昌艺术数据有限公司

资料来源：《文化和旅游部办公厅关于公布 2023 年文化和旅游数字化创新示范案例的通知》，文化和旅游部网站，2023 年 10 月 9 日，https：//zwgk.mct.gov.cn/zfxxgkml/kjjy/202310/t20231009_949024.html。

表 3　2023 年文化和旅游数字化创新示范优秀案例中的北京相关案例

序号	名称	类型	申报单位
1	中国国家话剧院线下演出、线上演播"双演融合"模式	创新文化表达方式（运用数字化手段创新艺术表现形态）	中国国家话剧院
2	虚拟现实舞蹈《十二生肖·卯兔邀月》		中国东方演艺集团有限公司

---

① 《文化和旅游部办公厅关于公布 2023 年文化和旅游数字化创新示范案例的通知》，文化和旅游部网站，2023 年 10 月 9 日，https：//zwgk.mct.gov.cn/zfxxgkml/kjjy/202310/t20231009_949024.html。

续表

序号	名称	类型	申报单位
3	"世界的记忆——中国传统音乐录音档案"数字平台和"传统音乐档案"应用程序	提升公共文化服务数字化水平（加强公共数字文化资源建设）	中国艺术研究院
4	馆藏资源三维数据后期处理技术创新与应用		中国国家博物馆
5	"四史"融媒体学习系统		中国数字文化集团有限公司
6	武警部队万里边疆数字文化进军营建设项目	提升公共文化服务数字化水平（优化基层公共数字文化服务网络）	中国人民武装警察部队政治工作部
7	《龙凤呈祥》线上演播	促进文化机构数字化转型升级（拓宽文化内容数字分发渠道）	国家京剧院
8	《舞上春》线上演播		中国歌剧舞剧院
9	中央民族乐团探索舞台艺术数字化传播方式		中央民族乐团
10	沉浸式线下体验空间"慢坐书局"	发展数字化文化消费新场景（充分利用文化设施，搭建数字化文化体验线下场景）	完美世界（北京）软件科技发展有限公司
11	法海寺壁画艺术数字展		北京法海艺舟文化传播有限公司
12	中国戏曲数字人表演体验系统		中国艺术科技研究所

资料来源：《文化和旅游部办公厅关于公布 2023 年文化和旅游数字化创新示范案例的通知》，文化和旅游部网站，2023 年 10 月 9 日，https：//zwgk.mct.gov.cn/zfxxgkml/kjjy/202310/t20231009_949024.html。

数字化拓展文化旅游新场景。近年来，在 5G、人工智能、物联网、大数据、云计算、AR/VR/MR、北斗导航、区块链等数字技术的驱动下，文化和旅游不断涌现出新业态、新模式、新体验、新场景。2023 年 9 月，北京市文化和旅游局公布了 "2023 北京市文化和旅游科技创新应用场景十佳案例"，详见表 4。

表4　2023年北京市文化和旅游科技创新应用场景十佳案例

序号	案例名称	申报单位/合作单位	应用场景
1	"发现法海寺"壁画数字活化利用	北京法海艺舟文化传播有限公司/北京圣威特科技有限公司	法海寺壁画艺术馆
2	北京世园公园《植物历险记》沉浸式互动体验	艺识流（北京）科技有限公司/北京世园公园植物馆	北京世园公园
3	何以文明——中华文明探源工程成果数字艺术大展	央博数字传媒科技有限公司/阿里云计算有限公司	央博App、央博官网
4	基于5G+8K的舞台艺术双演融合应用	国家大剧院	国家大剧院、国家大剧院古典音乐频道、央视网
5	《悠哉逛中轴》互动探索文旅体验	北京黑弓文化传播有限公司	悠哉逛中轴小程序
6	厂甸云庙会"北京琉璃厂历史文化街区非遗元宇宙"	咪咕文化科技有限公司	厂甸庙会
7	通州大运河国家文化公园智慧化景区系统	中国联合网络通信有限公司北京市分公司/北京市通州区大运河森林公园管理处	通州大运河
8	"梵高再现"沉浸式数字光影艺术展	北京杜星球数字科技有限公司	杜威艺术中心
9	RE睿·国际创忆馆	北京创忆智旅科技文化有限公司/北京清城睿现数字科技研究院有限公司	首钢园
10	泡泡玛特城市乐园	北京泡泡玛特乐园管理有限公司/北京朝阳公园开发经营有限责任公司	朝阳公园

资料来源：《关于公布2023年北京市文化和旅游科技创新应用场景十佳案例的通知》，北京市文化和旅游局网站，2023年9月4日，https：//whlyj. beijing. gov. cn/zwgk/tzgg/202308/t20230829_3235190. html。

这10个案例，主要基于5G、人工智能、VR/AR/MR等数字技术在文旅领域的创新应用，体现了技术与文旅元素的完美融合，既包括法海寺壁画、中轴线、厂甸庙会等历史题材的科技呈现，也包括在线剧院、数字艺术展等装备升级，既有云端的线上App、小程序，也有线下线上虚实结合的实体场景，为文化和旅游行业注入了新鲜动能，进而提升了文化和旅游的运行效率与消费体验感。

（三）北京重点文化行业加速数字化升级

1. 数字技术赋能互联网信息服务行业快速发展

近年来，北京高度重视互联网信息服务行业的发展，着力推动大数据、人工智能等高新技术攻关。在政策引领与技术加持下，北京互联网信息服务行业呈现信息化、数字化、智能化特点，助力文化产品和服务提质增效。

一是加强对互联网信息服务行业的引导与支持。2023 年 3 月，北京市科委、中关村管委会、北京市经信局联合印发《关于推动北京互联网 3.0产业创新发展的工作方案（2023—2025 年）》，明确提出"推动底层关键核心技术攻关""推动共性技术支撑平台建设""推动'互联网 3.0+'应用场景建设""推动互联网 3.0 创新生态建设""加强互联网 3.0 风险监管"五项重点任务。[①] 为培育壮大北京市网络消费市场规模和优化网络消费市场结构，北京市商务局于 2023 年 3 月印发了《关于鼓励开展网络促销、直播电商活动培育壮大网络消费市场的通知》，对 2023 年度符合条件的企业给予资金支持。[②] 为进一步支撑服务平台企业合规发展，推进算法治理工作规范化常态化，在北京市委网信办具体指导下，首都互联网协会、中国科学院信息工程研究所协调组织有关研究机构、政府智库和平台企业力量，研究编制了《北京市互联网信息服务算法推荐合规指引（2023 年版）》。这些政策文件对于促进北京互联网信息服务行业发展具有重要指导作用。

二是互联网信息服务行业的科技基础不断夯实。北京依托文化和科技

---

① 《北京市科学技术委员会　中关村科技园区管理委员会　北京市经济和信息化局关于印发〈关于推动北京互联网 3.0 产业创新发展的工作方案（2023—2025 年）〉的通知》，北京市科学技术委员会、中关村科技园区管理委员会，2023 年 3 月 17 日，https://kw.beijing.gov.cn/art/2023/3/17/art_736_639986.html。

② 《北京市商务局关于鼓励开展网络促销、直播电商活动培育壮大网络消费市场的通知》，北京市人民政府网站，2023 年 3 月 22 日，https://www.beijing.gov.cn/zhengce/zhengcefagui/202303/t20230323_2942641.html? eqid=f982efad000b958000000003646c1a27。

资源优势，聚集了众多互联网信息服务头部企业，为互联网信息服务行业快速发展奠定了扎实基础。例如，百度于 2023 年 3 月推出了"文心一言"，其成为我国首个对标 ChatGPT 的 AI 产品。"文心一言"既能够利用知识图谱等结构化数据进行知识增强，提高对话的质量和深度，也能够结合多模态信息，如图片、视频、音频等，进行跨模态对话和生成。再比如，360 公司于 2023 年 6 月将认知型通用大模型 360 智脑升级至 4.0 版本，并正式发布 360 AI 数字人业务。目前来看，360 已具备跨模态生成能力，包括文字处理能力、图像处理能力、语音处理能力以及视频处理能力，可实现文生文、文生图、文生表、图生图、图生文、视频理解等功能。① 这些技术创新及其产品，对于提升互联网信息服务行业的社会效益和经济效益具有重要的促进作用。

三是短视频、网络直播等新媒体日益成为文化传承和传播的重要手段。当前，在大数据、互联网、人工智能、VR/AR 等数字技术的驱动下，以短视频、网络直播为代表的互联网信息服务产业生态逐步成熟，既为青年人群体打造了其喜闻乐见的"国潮"元素，也为老年人群体提供了资源获取平台，还为京剧艺术家、非遗传承人以及老字号商家提供了新的传播路径与传播平台。例如，字节跳动旗下的云服务平台"火山引擎"，在 2023 年 6 月发布了"火山方舟"大模型服务平台，面向企业提供模型精调、评测、推理等全方位的平台服务。在文化娱乐行业，"火山方舟"大模型可以帮助艺人和观众提升创作和欣赏效果，比如说可以生成原创的音乐、影视、游戏等内容，提供个性化的推荐和评论，实现多样化的互动和社交等。面向未来，北京需要加强技术创新，持续借助数字技术及其平台，继续推动文化繁荣发展。

2. **数字化拓展创作表演服务行业新空间**

在文化日益数字化的趋势下，数字技术与创作表演的融合发展，既改造提升了创作表演的传统业态，也在不断催生新的演出形态。不断创新的文艺

---

① 《360 发布认知型通用大模型"360 智脑 4.0"》，"北京商报"百家号，2023 年 6 月 13 日，https：//baijiahao.baidu.com/s？id=1768581481802713538&wfr=spider&for=pc。

产品、内容创作、展现形式，让文艺表演更高效、便捷地走向观众，延展了创作表演服务行业的产业链，并为其开辟了营收新渠道。

一是数字技术赋能创作表演服务行业取得新成效。其一，艺术表演市场在数字技术的支撑下实现快速复苏。据统计，2023年北京地区演出场次合计49524场，同比增长143.8%；观众人数达到1138.5万人次，同比增长204.1%；演出收入合计达到230414.6万元，同比增长266.0%。① 其二，"线上"文艺演出逐渐常态化。北京作为国内最为发达的文艺演出市场之一，在强大的数字技术以及丰富的文化资源等多因素的推动下，北京"线上"文艺演出逐渐步入常态化运营。早在2021年，中国国家话剧院、中国联合网络通信有限公司、华为技术有限公司就三方强强联合并签署战略合作协议，发挥各自优势携手打造全国首个兼具创作能力和演出场地的院场一体化"5G智慧剧场"，共筑"文化新基建"，促进线上演播与线下演出相结合，让传统舞台艺术在科技赋能下观赏体验更丰富，文化传播更广泛。其三，数字技术助力文艺表演日益多元化，不仅为艺术创作提供了更为广阔的创作空间，同时也带来了多元化的表现方式，为艺术家和观众提供线上线下相结合、沉浸式的互动方式。

二是数字技术让创作表演服务新业态前景可期。近年来，在人工智能、虚拟现实、大数据、物联网等数字技术的驱动下，沉浸式演艺如雨后春笋般涌现，全方位调动观众感官。活跃在文化娱乐领域的虚拟主播、虚拟歌手改变着人们的欣赏习惯和交互体验。比如邓丽君再现北京卫视春晚，北京卫视2023年春晚借助数字虚拟人、视觉特效以及混合现实等新型数字技术让邓丽君这一华语流行音乐著名歌手再现在大众眼前。再比如沉浸式话剧《北平1948》，该话剧以报国寺为物理载体，以"国宝保卫战"为内容支撑，以沉浸式话剧为表现形式，再现1948年前夕的北京城。又比如，北京于2023年6月推出了首部集戏剧、音乐、舞蹈、视觉艺术于一体的综合性五维沉浸

---

① 《2023年艺术表演场所经营情况》，北京市文化和旅游局网站，2024年1月23日，https：//whlyj. beijing. gov. cn/zwgk/zxgs/tjxx/history/2023/field/202401/t20240123_3611271. html。

式山海经主题互动演出《山海奇观》，其是前沿科技与文化艺术深度融合的典范，内容创新生动，山海奇观尽在眼前，神仙异兽近在咫尺，让观众能够戴着"主角"光环穿越时空，深入万类生灵的内心世界，感受别具一格的山海幻境。还比如装置现代舞剧《谈·香·形》，通过融合装置艺术与舞蹈，创新性地运用"Breaker系列"装置作品，让观众能够在视觉、触感、听觉和嗅觉等多维度体验中感受到舞台艺术的魅力。

三是数字技术助力"演艺之都"建设。2023年，北京市政府首次将"着力打造'演艺之都'"纳入政府工作报告，希望通过推进"演艺之都"建设，进一步提升全国文化中心地位，丰富广大民众的日常休闲娱乐生活。为推动"演艺之都"建设，北京市印发了《北京市建设"演艺之都"三年行动实施方案（2023年—2025年）》，着眼于建设凝聚荟萃、示范引领、服务群众的"演艺之都"，围绕演艺精品、主体、市场、空间、品牌、传播、生态七个方面提出30条主要任务，形成完整工作体系。为对整合数字资源、运用数字化思维提供演艺服务、推动品牌传播的线上演艺服务进行培育支持，北京市文化和旅游局于2023年11月公布了北京市演艺服务平台首批线上演艺服务入围项目，分别为国家大剧院古典音乐频道、保利云剧院——数字化演出文化生态平台、东方大剧院、"大戏看北京"云演播线上展播、新现场高清数字剧场。[①] 据悉，北京市举办的"大戏看北京"展演季，百余部精品剧目和影片在线上线下进行展演、展播、展映，总观看人数超过3800万人次。[②] 面向未来，北京将进一步发挥自身文艺院团和科技创新资源优势，推进科技与演艺融合发展，着力打造"演艺之都"。

3. 数字内容服务行业演绎数字技术与文化内容融合新魅力

数字内容服务是数字技术与文化创意深度融合的新型业态。北京当

---

① 《首批5家线上演艺服务项目入围北京市演艺服务平台 着力打造"演艺之都" 线上数字演艺服务将受扶持》，北京市人民政府网站，2023年11月13日，https：//www.beijing.gov.cn/fuwu/bmfw/sy/jrts/202311/t20231113_3299894.html。

② 《北京加快打造"演艺之都"步伐》，《光明日报》2024年1月25日，第9版。

前正在加速推进全国文化中心建设、科技创新中心建设和全球数字经济标杆城市建设。大力发展数字内容服务行业，推进数字技术与文化内容深度融合发展，既具有得天独厚的优势资源，又是义不容辞的责任担当。

一是持续推进数字内容服务行业发展。为促进数字经济发展，北京近年来出台了《北京市数字经济全产业链开放发展行动方案》《北京市数字教育资源内容审核实施办法（试行）》《北京市促进数字人产业创新发展行动计划（2022—2025 年）》《北京市数字经济促进条例》等系列政策文件，为数字内容服务行业发展提供了方向指引与政策保障。2023年，北京举办了第十三届书香中国·北京阅读季，联动近 800 家实体书店和特色阅读空间，覆盖线上近 30 家数字阅读平台，举办各类阅读活动3 万余场，影响和覆盖人群超过 2000 万余人次。① 这对于持续打造"书香中国·北京阅读季"全民阅读品牌，助力建设综合立体阅读生态圈具有重要作用。

二是动漫游戏等数字内容服务行业再创佳绩。随着全球动漫游戏市场不断发展和新兴技术不断更新迭代，北京的动漫游戏产业取得新成效。据统计，2022 年北京动漫游戏产业总产值达 1238.68 亿元，约占全国动漫游戏总产值的 23.9%，相较于 2012 年实现总产值翻 7 倍，其中北京市动漫游戏企业出口产值达 597.14 亿元，企业自主研发的网络游戏产品覆盖 100 多个国家和地区，北京已成为全国动漫游戏行业重要的研发中心和出口地。② 为统筹利用首都动漫游戏资源，繁荣首都动漫游戏精品创作，促进新时代首都动漫游戏行业高质量发展，北京市文化改革和发展领导小组办公室于 2023年 9 月印发了《关于推动北京动漫行业高质量发展的若干意见》，明确将

---

① 《第十三届书香中国·北京阅读季圆满收官 北京之美 因书香更迷人》，北京市人民政府网站，2023 年 12 月 4 日，https：//www.beijing.gov.cn/ywdt/gzdt/202312/t20231204_3488866.html。

② 《2022 年总产值达 1238 亿元 北京成为全国动漫游戏行业重要研发中心和出口地》，中国供销合作社网站，2023 年 9 月 7 日，https：//www.chinacoop.gov.cn/news.html？aid = 178 8392。

"推进动漫游戏科技创新，增强'北京动漫'核心竞争力"列为其重点内容。[①] 2023 年 4 月 30 日，第十届"动漫北京"顺利启动。"动漫北京"现已成为北京动漫游戏产业的重要品牌，为企业发展搭建了交流、展示、交易的优质平台。另外，游戏产业又加强了与其他产业的融合。目前来看，北京已汇聚了完美世界、爱奇艺、360、趣加互娱、乐元素、左手上篮、摩点、追光动画等一大批知名动漫游戏企业。面向未来，在数字技术及相关政策的驱动下，北京动漫游戏产业将会进一步做大做强。

三是媒体融合+AI 成为数字内容服务行业的新动能。数字内容服务行业是数字技术与文化创意融合发展的典型业态，需要依靠社会驱动、文化经营、技术累积、人才资源等多重要素，不断推动文化内容服务向数字化、智能化发展。近年来，在互联网、人工智能、AR/VR、大数据、物联网等数字技术驱动下，北京的数字内容服务行业取得了新突破、新进展、新成效。比如融媒体交互作品"鲜花献英烈"，其最大的特点就是多领域交叉融合的技术创新。技术创新不仅体现在产品网络端开发上，在"鲜花献英烈"融媒体交互作品视觉动效的设计与制作中，而且在具体的视觉呈现上，其采用了大量的场景建构、3D 建模等技术，搭建了开屏页、叙事页、致敬页、海报页四个主要场景，给受众带来更优的体验感。此作品获评 2022 年度技术赋能"新闻+"推荐案例。[②] 再如由北京广播电视台融媒体中心与北京时间联手打造的中国首个广播级智能交互——真人数字人"时间小妮"，它以主持人徐春妮为原型进行真人复刻，不仅是目前国内复刻程度最高的 AI 数字人，而且是全国首个参与首都智慧城市建设的数字人，还是全国首个主打

---

① 《北京市文化改革和发展领导小组办公室关于印发〈关于推动北京动漫行业高质量发展的若干意见〉的通知》，北京市人民政府网站，2023 年 11 月 7 日，https：//www.beijing.gov.cn/renwen/zt/2023bjwhcyds/zx/202311/t20231107_3296720.html。

② 《喜报丨〈鲜花献英烈〉融媒体交互作品获评 2022 年度技术赋能"新闻+"推荐案例》，中传新闻传播学部微信公众号，2022 年 9 月 24 日，https：//mp.weixin.qq.com/s?__biz=MzI4MzkzOTk4M w==&mid=2247632450&idx=1&sn=8574ca4b757c077c8772c1026aa90 30e&chksm=eb8f83a2dcf80ab4d18613e514062b165d0e6c14532877c7f036ff5d41f3d7392fd3c4d7be20&scene=27。

"智能服务"的广电数字人，荣获虚拟数字人技术应用一等奖和人工智能应用创新大赛一等奖。① 又如走进中轴线上的网红打卡地，它是一款集 VR 全景视频、5G 慢直播、手绘长图、互动 H5、互动征集社区等多形态内容于一体的融合产品，通过多种形式展现中轴线的美丽和魅力。还比如云游长城，它是全球首次将云游戏技术应用于文化遗产的保护与传承，利用游戏的易操作性、交互感和趣味性，使文化遗产的保护与传承告别"呆板说教"，走入"自主体验"。今后，在数实融合的浪潮下，数字技术将会跨界融合越来越多的行业，拓展出数字内容服务行业更多元化的价值。

4. 数字技术赋能景区游览服务行业提质升级

景区游览服务行业是释放消费潜力、推进北京建设国际消费中心城市的重要着力点。近年来，北京围绕国际消费中心城市建设目标，加大景区景点数字化、智能化改造力度，积极引入大数据、人工智能、VR/AR/MR 等数字技术，赋能景区管理与服务，拓展景区文化旅游发展新空间。

一是数字技术丰富景区文化游览体验。近年来，北京加速推进景区服务数字化，在数字化导览系统、AR 导览系统、大数据分析、智能化服务、移动支付以及无人机拍摄等领域取得显著成效。据悉，北京近两年着力打造国家级文旅消费新场景，智慧文旅平台项目进展顺利，212 家等级旅游景区、73 家红色旅游景区及大运河国家文化公园等实现 VR 虚拟导览服务。② 例如，故宫博物院推出的"全景故宫"，通过全景摄影技术，线下拍摄故宫博物院的建筑外景和内部陈设，将其制作为 720 度全景 4K 高清照片集，再结合云端展示技术，让游客可以突破传统导览时空"限制"，通过电脑、平板以及手机等多终端进入"云端故宫"，尽情俯瞰故宫的全景，获得身临其境式的参观体验。再比如，北京市文物局、北京中轴线申遗保护

---

① 《喜报！"时间小妮""IPTV 智能推荐"获人工智能应用创新大赛一等奖！》，"北京时间财经"百家号，2022 年 11 月 16 日，https：//baijiahao. baidu. com/s？ id=174962893291853371 5&wfr=spider&for=pc。

② 《北京打造文旅消费新场景 212 家等级旅游景区实现 VR 虚拟导览》，"中国新闻网"百家号，2023 年 7 月 26 日，https：//baijiahao. baidu. com/s？ id = 1772486214364645040&wfr = spider&for=pc。

工作办公室联合腾讯公司发起的"数字中轴"项目，借助大数据、区块链、云计算、人工智能等新一代数字技术，实现北京中轴线的"线上展示"，使全球各国人士可以更加直观、更加沉浸地感受"中轴"之美、中华文化之美。

二是数字技术提升景区游览服务管理水平。近年来，北京非常重视利用5G、人工智能、物联网、大数据、云计算、北斗导航、区块链等前沿技术提升文化旅游智慧化服务和管理水平。例如，北京市文化和旅游局建立的智慧旅游平台——北京智慧旅游地图已实现旅游等级景区、红色旅游景区、冰雪游景点、老年人文化旅游接待基地等多种旅游资源点的分类搜索、虚拟导游以及旅游景区公共服务设施在线查询等功能，能够为游客提供吃、住、行、游、娱、购六要素的旅游公共服务信息。该平台虚拟导游功能可以提供全市所有旅游等级景区以及91家红色旅游景区、17家老年人文化旅游接待基地的语音导览和虚拟导游服务，已入选文化和旅游部首批发展智慧旅游提高适老化程度示范案例。[①] 再比如，八达岭长城数字纪念票是全国首款数字纪念票，所有实名认证游客均可通过支付宝小程序购买获取。此纪念票采用蚂蚁链的区块链技术进行IP版权保护及确权，使每位游客都可以拥有数字纪念票，相关信息一经上链不可篡改，为游客提供了独特的珍藏价值。随着数字技术的快速发展，线上景区游览服务正越来越成为线下景区游览的重要补充部分，不断提升景区游览服务与管理水平。

三是数字技术拓展景区游览服务发展新空间。随着人工智能、虚拟现实、5G等高新技术的快速发展，数字技术为北京的景区文化旅游产业提供了一系列发展新动能，拓展了景区游览服务发展新空间。故宫博物院在2023年端午期间，通过"故宫展览"手机App以及官方网站专门栏目，推出"纳天为书——韩美林天书艺术故宫展"、"何以中国展"、"光影共

---

① 《端午"云游京城"北京智慧旅游地图已实现全市所有等级景区线上导览》，"中国新闻网"百家号，2022年6月2日，https：//baijiahao.baidu.com/s？id＝1734502416010203886&wfr＝spider&for＝pc。

见——驻华使节眼中的故宫"摄影展等线上数字展；西城区文旅局在兔年春节期间携手北京河图打造的"万象中轴"数字文化体验项目二期四个体验点位上线，包括皇城北门（地安门）、什刹前海、火神灵阁、澄清上闸等四个打卡体验点，加上此前上线的钟鼓楼前、万宁古桥、紫禁之巅等三个打卡点位，"万象中轴"全部七点位完成亮相。为推动数字技术与文旅行业深度融合，北京市文旅局现已发布《2022 年北京文旅技术创新应用场景优秀案例名单》《2023 年北京市文化和旅游科技创新应用场景十佳案例》两批共24 个典型案例。未来，随着科技创新成果在景区游览服务行业的转化应用，北京的文化旅游产业将会迈向更高质量发展。

（四）北京文化科技融合市场主体持续壮大

近年来，北京持续推进国家文化和科技融合示范基地建设，支持文化科技融合企业高质量发展，引导龙头骨干文化科技融合企业发挥示范带动作用，助力文化科技融合市场主体做强做优做大。

1. 文化和科技融合示范基地建设取得新成效

2024 年，工业和信息化部、中宣部等五部门共同发布了《第五批国家文化和科技融合示范基地名单》，共认定 6 家集聚类示范基地和 16 家单体类示范基地。① 其中，北京有 5 家在此之列，北京大兴经济开发区被认定为集聚类示范基地，智者四海（北京）技术有限公司、中国数字文化集团有限公司、中图云创智能科技（北京）有限公司、京东方科技集团股份有限公司被认定为单体类示范基地。迄今为止，工业和信息化部（科技部）等部门分五批共认定了 107 家国家文化和科技融合示范基地。北京已有 15家国家文化和科技融合示范基地，包括 2 家集聚类示范基地和 13 家单体类示范基地（见表5），获评示范基地数量居全国首位。

---

① 《五部门关于认定第五批国家文化和科技融合示范基地的通知》，工业和信息化部网站，2024 年 1 月 18 日，https：//www.miit.gov.cn/zwgk/zcwj/wjfb/tz/art/2024/ar t_d5142 ee3c66941029d5183804272619e.html。

表5 北京市国家文化和科技融合示范基地名单

序号	基地名称	认定批次	类型
1	北京中关村国家级文化和科技融合示范基地	第一批	集聚类
2	北京大兴经济开发区国家文化和科技融合示范基地	第五批	
3	北京四达时代软件技术股份有限公司国家文化和科技融合示范基地	第三批	单体类
4	利亚德光电股份有限公司国家文化和科技融合示范基地	第三批	
5	掌阅科技股份有限公司国家文化和科技融合示范基地	第三批	
6	北京蓝色光标数据科技股份有限公司国家文化和科技融合示范基地	第三批	
7	故宫博物院国家文化和科技融合示范基地	第四批	
8	北京北大方正电子有限公司国家文化和科技融合示范基地	第四批	
9	完美世界(北京)软件科技发展有限公司国家文化和科技融合示范基地	第四批	
10	北京影谱科技股份有限公司国家文化和科技融合示范基地	第四批	
11	中文在线数字出版集团股份有限公司国家文化和科技融合示范基地	第四批	
12	智者四海(北京)技术有限公司国家文化和科技融合示范基地	第五批	
13	中国数字文化集团有限公司国家文化和科技融合示范基地	第五批	
14	中图云创智能科技(北京)有限公司国家文化和科技融合示范基地	第五批	
15	京东方科技集团股份有限公司国家文化和科技融合示范基地	第五批	

2023年，为推进北京文化和科技深度融合，并为国家文化和科技融合示范基地建设储备力量，依据《北京市文化和科技融合示范基地认定管理办法（试行）》，北京市委宣传部和市科委、中关村管委会，会同市委网信办、市文旅局、市广电局等部门，组织开展首批北京市文化和科技融合示范基地评审认定工作。2024年1月，北京市公布了首批12家市级文化和科技融合示范基地，包括中关村软件园、首钢园北区、歌华大厦、石榴中心、

E9 区创新工场、768 园区 6 家集聚类示范基地和智者四海（北京）技术有限公司、北京展心展力信息科技有限公司、北京点众科技股份有限公司、良业科技集团股份有限公司、锋尚文化集团股份有限公司、中影年年（北京）文化传媒有限公司 6 家单体类示范基地。

在文化科技融合相关政策的引领下，北京文化科技融合发展取得显著成效。2023 年 1~10 月，北京"文化+科技"企业实现营业收入 11522.8 亿元，同比增长 18.6%，占全市文化企业营业收入的比重达 69.0%。[①] 未来，文化科技融合企业将会继续促进 5G+8K、大数据、人工智能、AR/VR 等高新技术在文化领域转化应用，打造一批受社会广泛关注的文化科技新产品、新场景。

2.科技助力头部文化企业提质发展

数字文娱独角兽企业继续领跑全国。长城战略咨询发布的《中国独角兽企业研究报告 2023》显示，2022 年中国独角兽企业共有 357 家，其中数字文娱企业共 16 家，北京有字节跳动、乐元素、快看漫画、一点资讯、得到、太合音乐 6 家数字文娱企业，数量保持全国首位。[②] 2023 年全球独角兽企业 500 强总估值为 28.22 万亿元，平均估值为 564.38 亿元，北京的字节跳动、一下科技（秒拍）两家文旅传媒企业在此之列，其中字节跳动以 1.48 万亿元估值位居榜首。[③] 可见，在文化科技融合的驱动下，北京的文化龙头企业发展势头强劲。

"全国文化企业 30 强"入选企业数量继续位居前列。2023 年 6 月，光明日报社和经济日报社向社会联合发布了第十五届"全国文化企业 30 强"名单，北京地区有中国出版集团有限公司、中国电影股份有限公司、保利

---

① 《北京认定首批 12 家市级文化和科技融合示范基地，名单公示》，"北晚在线"百家号，2024 年 1 月 9 日，https://baijiahao.baidu.com/s？id=1787609468661372623&wfr=spider&for=pc。
② 《2022 年 GEI 中国独角兽企业名单揭晓，云鲸智能入选（附名单）》，"南方 Plus"百家号，2023 年 6 月 20 日，https://baijiahao.baidu.com/s？id=1769222977155742998&wfr=spider&for=pc。
③ 《"2023 全球独角兽企业 500 强排行榜"发布 字节跳动以 1.48 万亿元估值位居榜首》，网经社，2023 年 9 月 4 日，http://www.100ec.cn/home/detail--6631672.html。

文化集团股份有限公司、中国广电网络股份有限公司、中国国际电视总公司、完美世界股份有限公司六家企业进入"全国文化企业30强"，中国对外文化集团有限公司、中国东方演艺集团有限公司、北京歌华传媒集团有限责任公司、咪咕文化科技有限公司、北京工美集团有限责任公司五家企业被列入"全国文化企业30强"提名企业。无论是"全国文化企业30强"还是"全国文化企业30强"提名企业，北京入选的文化企业数量均居全国首位。①

国家文化出口重点企业和项目数量继续领跑全国。2023年10月，商务部服贸司公布了2023～2024年度国家文化出口重点企业和重点项目名单。②全国共有367家企业入选中国文化出口重点企业名单，其中北京地区有中国国际电视总公司、咪咕文化科技有限公司、北京龙创悦动网络科技有限公司、北京沐星科技有限公司、北京江娱互动科技有限公司等67家企业入选；全国共有115个项目入选中国文化出口重点项目名单，其中北京地区有中国电视长城平台、"中国当代优秀类型文学'走出去'基地"项目、中国影视剧译制配音及频道制作服务项目、全球学术快报3.0、古装剧《沉香如屑》海外发行等28个项目入选。这些企业或项目重视整合利用文化和科技两类资源，着力打造文化科技融合品牌，对于促进北京乃至我国的文化产业"走出去"发挥着引领带动作用，助力我国加快形成文化对外开放新格局。

四 北京文化科技融合发展面临的问题与挑战

通过实地调研、专家咨询等方法，结合国内外文化科技融合发展现状、热点与趋势，研究北京文化科技融合发展的需求、问题及影响因素，分析科技支撑北京文化产业发展面临的问题与挑战。

---

① 《第十五届"全国文化企业30强"发布》，新华网，2023年6月8日，http：//www.xinhuanet. com/culture/20230608/fee6b1ea0efd43b2a3e8356a2486384e/c.html。

② 《2023—2024年度中国文化出口重点企业名单 中国文化出口重点项目有哪些》，中国企业网站，2023年10月18日，https：//www.maigoo.com/news/2jgNMTkw.html。

（一）文化科技融合的政策环境尚需优化

中共中央办公厅、国务院办公厅印发《关于推进实施国家文化数字化战略的意见》以来，上海、江苏、福建、甘肃等省市都结合本地实际陆续出台了相关政策文件。目前来看，北京还未出台关于贯彻落实国家文化数字化战略的具体政策。

元宇宙是数字经济与实体经济融合的高级形态。2023年是推进元宇宙的关键之年，其已从概念发展到应用落地阶段。工业和信息化部等五部门联合印发《元宇宙产业创新发展三年行动计划（2023—2025年）》，从近期和远期两个层面为元宇宙产业做了系统谋划和战略部署。上海市不仅出台了《上海市"元宇宙"关键技术攻关行动方案（2023—2025年）》，而且印发了《上海市打造文旅元宇宙新赛道行动方案（2023—2025年）》。当前，北京虽已明确将元宇宙列为未来产业之一，出台了《北京城市副中心元宇宙创新发展行动计划（2022—2024年）》《东城区加快元宇宙产业高质量发展行动计划（2023—2025年）》，但至今还未出台市级层面的有关元宇宙的行动计划。元宇宙是数字文化产业的新赛道、新内容、新场景。为迎接数字经济时代的到来，北京仍需进一步制定相关配套政策，推进文化科技深度融合。

（二）文化科技融合效应有待继续提升

近年来，北京的文化科技融合取得显著成效。研究发现，将2014年作为评价基期（指数100），北京文化科技融合发展指数由100逐年递增至2019年的160.6，2020年受到疫情影响有所回落降至159.4，2021年大幅提升至202.5。由于受到新冠疫情影响，融合投入、融合环境指数出现一定程度下降，但融合基础和融合产出仍保持增长态势，表明北京的文化科技融合效应总体向好。①

---

① 详见《B.2北京文化科技融合发展评价报告（2023~2024）》。

2021年10个省市文化科技融合发展横向评价指数中，北京总指数值为74.1，相较于上海、天津、重庆、广东、江苏、浙江、安徽、四川、河北9个省市，表现优异。北京虽然在总体上领先于其他省市，但从各分项情况看，仍有可发展和改进的空间。从融合产出来看，北京的该项指数值在10个省市对比中排在第一位。然而，北京的融合基础指数被天津赶超；融合投入指数低于广东和江苏；融合环境指数低于上海，社会消费能力与网络基础设施均被上海超越。这表明北京的文化科技融合还待继续推进。

面向未来，随着文化科技融合的日益发展，北京还存在文化科技创新能力有待继续提升、文化产业有待进一步实现数字化转型升级、文化产业链与创新链对接有待加强等系列问题。从文化科技融合的角度来看，既存在科技企业对文化产业的全链条各个环节的技术需求和应用场景关注不够的问题，又存在文化企业对文化领域的新技术了解不够、应用不深等信息不对称问题。在数字化时代，如何抓住文化数字化带来的机遇，挖掘利用好北京的文化科技资源，促进文化科技深度融合，实现文化产业事业高质量发展，需要进一步研究和探索。

（三）科技与重点文化行业融合仍需推进

近年来，在科技创新的驱动与支撑下，北京的互联网信息服务行业、创作表演服务行业、数字内容服务行业、景区游览服务行业等重点文化行业均取得可喜成绩。然而，与北京建设全国文化中心、科技创新中心的战略定位与社会需求相比，还存在创新创造能力不够、数字化智能化不足、附加值偏低等问题。

互联网信息服务行业是基于"互联网+"形成的新业态，其上游主要包括网络基础设施建设、信息通信技术等，中游主要包括各种互联网应用和服务，下游则主要包括消费者和各行业用户。随着互联网技术的不断发展，要不断构建完善产业链，促使互联网信息服务行业更好地满足用户需求，不断提高市场竞争力。

随着数字化转型的加速，数字表演、数字演艺、数字主播、"演艺+"等新业态新模式不断涌现，为创作表演服务行业注入了新的发展动力。为顺应数字时代的到来，要以科技赋能创作表演服务行业，将科技融入原创IP的开发、制作、发行、营销等环节，促使各环节紧密衔接，助力其形成完整的产业链。

数字内容服务行业是数字技术与文化创意融合的典型业态。当前，数字技术已成为众多传统行业迭代升级的重要抓手，数字电影、数字音乐、动漫游戏、数字广告等新业态层出不穷。面向未来，随着数字化转型的加速，北京需要与时俱进，推进数字技术与文化创意深度融合，为数字内容服务行业不断注入新的发展动力。

景区游览服务行业近年来呈现数字化、互联网化、数智化趋势，加速推动文化旅游产业转型升级。随着全球旅游业的加速复苏，景区游览服务行业既迎来广阔的发展空间，也面临日益激烈的市场竞争。为此，景区游览服务行业需要紧跟时代步伐，用数字技术赋能景区资源的开发利用，提升其服务质量，提高游客满意度，以便吸引更多的游客。

（四）资源整合与品牌创建亟待增强

北京作为全国文化中心和世界历史文化名城，有源远流长的古都文化、丰富厚重的红色文化、特色鲜明的京味文化以及蓬勃兴起的创新文化。北京是"六朝古都"，现拥有故宫等7处世界文化遗产，长城文化带、西山永定河文化带、大运河文化带"三条文化带"汇聚着众多历史文化资源。截至2022年末，北京共有公共图书馆21个；国家档案馆18家，馆藏纸质档案1049.5万卷件；备案博物馆210家；群众艺术馆、文化馆18个；登记在册的报刊总量3514种，出版社240家，出版物发行单位10419家；全年引进出版物版权7446件，版权（著作权）登记达105.4万件；全年制作电视剧36部1260集，电视动画片20部4351分钟，纪录片150部，网络剧58部，网络电影98部，网络微短剧43部，网络动画片28部；全年生产电影135部，共有30条院线292家影院，共放映电影262.9万场，观众2575.4万人次，票房收入达 14.2 亿元。[①]

北京科技创新中心建设成果显著，科技创新资源丰富。据统计，2022 年北京全年专利授权量 20.3 万件，比上年增长 2.0%，其中，发明专利授权量 8.8 万件，增长 11.3%。年末拥有有效发明专利 47.8 万件，同比增长 18.0%。PCT 国际专利申请量 11463 件，同比增长 10.7%；每万人口高价值发明专利拥有量为 112.0 件，比上年增加 17.8 件；共认定登记技术合同 95061 项，同比增长 1.6%；技术合同成交额 7947.5 亿元，同比增长 13.4%。[②]

与国内其他省市相比，北京拥有雄厚的文化实力和科技创新实力。然而，与世界发达国家和地区相比，北京还存在文化和科技资源有待挖掘利用、文化市场需求有待进一步释放、文化品牌全球影响力有限、企业的全球竞争力不足等问题。2024 年正值京津冀协同发展上升为国家战略十周年，如何进一步促进京津冀文化旅游一体化发展，助力打造京津冀世界级城市群，也是需要深入探索研究的重点问题。

五　北京文化科技融合发展的对策建议

本节根据北京文化科技融合发展面临的新形势、新任务、新问题，结合 2023 年国内外文化科技融合发展现状、趋势及相关经验做法，提出促进北京文化科技融合发展的对策建议。

（一）加强政策引领，推进文化数字化建设

1. 推进实施国家文化数字化战略

以实施国家文化数字化战略夯实北京文化科技融合基础。为贯彻落实党

---

① 《北京市 2022 年国民经济和社会发展统计公报》，北京市统计局、国家统计局北京调查总队网站，2023 年 3 月 21 日，https：//tjj. beijing. gov. cn/tjsj_31433/sjjd_31444/202303/t2023 0320_2940009. html。

② 《北京市 2022 年国民经济和社会发展统计公报》，北京市统计局、国家统计局北京调查总队网站，2023 年 3 月 21 日，https：//tjj. beijing. gov. cn/tjsj_31433/sjjd_31444/202303/t2023 0320_2940009. html。

的二十大精神和中共中央办公厅、国务院办公厅印发的《关于推进实施国家文化数字化战略的意见》，加快推进北京公共文化服务和文化产业数字化发展，制定出台"北京市推进国家文化数字化战略的实施方案"。结合文化科技融合发展现状，通过制定文化数字化战略实施方案，进一步明确北京文化数字化的发展目标、重点任务及保障措施，凝心聚气、强基固本，促进文化科技深度融合，为推进全国文化中心、科技创新中心建设互促互动提供动力保障。

2. 加强文化旅游元宇宙布局

把握全球数字化发展新机遇，结合北京文化科技融合发展特点与优势，制定"北京文化旅游元宇宙行动计划"，明确今后3~5年文化旅游元宇宙的发展目标、发展重点和保障措施。在文化旅游元宇宙行动计划编制过程中，应注重文化旅游与虚拟现实相结合，虚实融合、以虚强实，开发沉浸式互动体验、虚拟展示、数字人讲解、智慧导览等新型文化旅游产品和服务，放大元宇宙对北京文化旅游行业发展的倍数效应，培育文化旅游新业态、新产品、新服务和新消费，促进科技与文化旅游要素的高效配置与利用，让元宇宙带动文化旅游产业实现数字化发展的跃升。

3. 加大文化数字化发展政策支持力度

综合应用财政、税收、金融、人才等政策措施，促进文化科技深度融合。采取奖补、贴息等多种方式，加大财政对文化科技创新的支持力度，助推文化产业事业数字化转型升级。通过开展政策培训等形式，支持文化企业申报国家高新技术企业、专精特新企业，让真正开展文化科技创新的企业享受到优惠政策。完善文化产业金融体系，通过成立数字文化产业引导基金等形式，发挥财政的示范和带动作用，撬动金融资本、民间资本和社会资本投资文化科技融合。加大对文化科技复合型人才的引进与培育力度，使文化指标、优惠政策向优秀文化科技复合型人才适度倾斜，挖掘和汇聚一批具有国内或国际影响力的文化科技领军人才；鼓励高校、科研院所及相关企业加强对文化科技融合的教育培训，引进培养一批既懂文化又有技术的文化科技领军人才，营造良好的人才创新创业环境，引导优秀科技人才积极参与文化数字化建设。

（二）强化创新驱动，提升文化科技融合发展效应

1. 加强文化领域关键核心技术攻关

每年面向在京企业征集文化产业科技需求，编制"北京文化科技攻关课题指引"。面向文化产业、文化事业的技术需求，实施重大基础研究和关键核心技术攻关行动。支持高等院校、科研院所、企业以数字化、网络化、智能化为技术基点，以文化装备、影视制作、动漫游戏、创意设计、数字出版、文化旅游、非物质文化遗产保护传承等领域为重点，加快突破一批关键核心技术，形成一批重大原始创新成果。鼓励有实力的科研院所、高校、企业等科技创新主体加强元宇宙底层核心技术基础研发，开展文化元宇宙领域的战略性前沿技术和核心技术研究，重点布局人工智能生成内容（AIGC）、跨尺度采集重建、数字人生成与驱动、虚拟空间三维引擎等关键技术研发，重点解决一批具有前瞻性、全局性和引领性的重大文化科技问题。

2. 促进文化科技创新成果的转化应用

支持构建文化领域的产学研用发展体系，探索建立文化科技创新成果转化机制，促进创新链和产业链精准对接，破解实现技术突破、产品制造、市场模式、产业发展"一条龙"转化的瓶颈。① 积极推动云计算、物联网、大数据、虚拟现实、人工智能、5G、4K/8K超高清、区块链等高新技术应用于文化领域，加快文化科技创新成果从样品到产品再到商品的转移转化。加快构建文化大数据体系，促进文化遗产的信息采集与展示；将互联网、虚拟现实、人工智能等技术应用于公共文化服务、文化旅游等领域；提高文化展演的数字化、智能化水平，增强观众的沉浸式体验；不断探索智慧型文创产品、文旅产品的研发与产业化。

3. 培育发展文化科技融合新业态新场景

推进文化科技创新，充分发挥数字技术在传统文化业态转型升级以及催

---

① 《体制机制创新促进科技成果转化》，"宣讲家网"百家号，2020年8月23日，https：//baijiahao. baidu. com/s？id=1675809584251274801&wfr=spider&for=pc。

生培育文化新业态新场景方面的动力作用。鼓励企业推进文化科技深度融合，以数字技术充分挖掘、利用北京古都文化、红色文化、京味文化和创新文化等特色文化资源，重点发展数字服务、游戏动漫、互联网服务、新媒体娱乐、娱乐智能设备制造等新的文化业态，优化文化内容供给。鼓励企业发挥市场主体作用，面向社会需求，推进数字技术的深入广泛应用，搭建数字文化服务平台，丰富"互联网+"文旅产品与服务供给，积极推动"直播电商+文旅"等新业态运营模式，创新"云直播""云演出""云展览""云观察"等数字化应用场景，培育农文旅康养、电子竞技、文化夜经济、个性化定制旅游、沉浸式文化旅游体验等新兴文化业态和文化消费形态，拓展北京的文化消费空间，助力文化产业更高质量发展。

（三）加强科技赋能，促进重点文化行业提质升级

1. 以科技赋能互联网信息服务行业

要围绕国家文化数字化战略，顺应互联网信息服务行业的数字化变革需求，加强文化领域的新型基础设施建设。鼓励相关企业、科研院所开展网络服务技术和产品的研发，加快全光网络、专线光纤等基础设施建设，完善文化领域的云服务内容，优化云服务产品，提升云服务供给能力，增强文化产品云服务上网服务营业场所的核心竞争力。加快推动互联网上网服务营业场所数字化转型，鼓励企业搭建非遗直播、"图书外卖"、文创产品推广等平台，创新发展"存储上云""算力上云"等上网服务行业云服务新模式，促进数字技术向博物馆、图书馆、旅游景点、民宿等领域拓展。支持企业搭建"互联网+"等便捷文化营销平台，整合各种科技资源和文化旅游优势产品资源，推进电子商务与文化旅游行业的预订、采购、销售、支付等各环节深度融合，助力文化产业提质增效。

2. 以科技赋能创作表演服务行业

支持科技赋能创作表演服务行业。鼓励文艺院团、演艺机构及相关企业等调整创作生产与演出的频率、方式，通过互联网平台，以"云剧场""云展览""在线艺术欣赏""视频直播"等形式进行展示，促使戏剧、音乐会

等演出突破传统舞台的物理空间；运用 8K 超高清影像+人工智能+扩展现实等技术，将创作表演和当代审美相融合，向观众展现其蕴含的深厚历史、人文、美学内涵，为人们带来全新审美体验；加强对创作表演领域新设备、新材料的投入应用，加强裸眼 3D、全息投影、交互投影、虚拟现实、增强现实等技术的运用，升级文化体验装备，打造沉浸式互动体验，提高创作表演服务效能；综合运用互联网、5G、物联网、AR/VR/MR、计算机动画以及全景声效、渲染处理、感知交互等技术，以更加丰富的形式不断拓展艺术表达空间，营造令人更加沉浸的现场感，提高文艺创作表演、文化服务活动等的表现力、感染力和影响力。

3. 以科技赋能数字内容服务行业

围绕"文化产业数字化"和"数字文化产业化"，推进数字内容服务行业科技创新。通过实施文化数字化工程，加强 AIGC、5G、8K 超高清、XR、360 度全景全息、裸眼 3D、游戏渲染引擎、多媒体技术等高新科技在文化产业领域的研发与应用，引导优秀文化资源与关键数字技术实现有效链接，打造数字文化内容精品。重点培育壮大数字文化新业态，加速发展网络视听、动漫游戏、电竞、数字影视、数字出版、科幻产业等重点新兴产业，打造一批具有国际竞争力的数字内容产业集群，不断增强数字内容服务行业的发展活力。支持建模工具、3D 可视化、人工智能、区块链等新技术应用，推动高新技术与传统文化行业融合，以数字化协同设计场景落地应用，促进传统文化产业数字化转型升级。同时，加强知识产权保护，充分发挥区块链技术在隐私保护、链上数据安全等方面的技术优势，提升数字内容服务行业的治理水平，优化数字内容服务产业生态。

4. 以科技赋能景区游览服务行业

聚焦"上云用数赋智"，加强景区游览服务行业的智慧管理、智慧服务，丰富文化旅游的智慧应用场景。加强文化旅游行业的"新基建"，鼓励平台企业顺应文化旅游数字化的变革需求，加强文化领域的新型基础设施建设，促进文化旅游产业数字化、网络化、智能化。鼓励互联网平台及相关企业依托自身优势，以满足人民群众多样化、品质化、个性化的文旅需求为导向，利用大数据、云计算、互联网、人工智能、AR/VR/MR 等高新技术，推动优质文化旅游资源创造性转化、创新性发展，让市民和游客获得更强的文旅参与感、获得感、幸福感。加大对文旅元宇宙的支持力度，鼓励企业把握元宇宙数字技术演进规律，集成运用先进技术，探索扩展现实、区块链、人工智能等高新技术，拓展文旅产业发展新空间。

（四）发挥首都优势，提升文化科技品牌影响力

1. 以文化科技融合助力超级文化 IP 打造

切实推动"科技赋能文化，文化赋能城市"，打造超级文化 IP。利用大数据、云计算、人工智能等数字技术，建立北京文化资源数据库，深入挖掘北京中轴线、皇家建筑、寺庙祠观、老字号、胡同宅院、名人故居以及"三条文化带"（大运河文化带、长城文化带、西山永定河文化带）、"三山"（万寿山、香山、玉泉山）、"五园"（颐和园、静宜园、静明园、畅春园、圆明园）等文化资源的文化价值、时代价值和市场价值等多重价值。稳步推进北京文化 IP 资源采集和应用过程的数字化、信息化和专业化，运用数字化设计、3D 全息光影、5G、AR/VR/XR 等技术，加强文化 IP 资源创造性转化和创新性发展，以优质 IP 赋能新场景以及互动沉浸式体验，形成具有北京特色的可读、可视、可感、可触的数字文化产品和品牌。

2. 以全国文化中心建设推进京津冀文旅协同发展

立足全国文化中心建设，发挥北京领头带动作用，促进京津冀文化协同发展，助推京津冀世界级城市群建设。北京要加强与津冀的合作联动，与津冀共同制定推动文旅融合的中长期规划，以打造世界文化旅游目的地为目标进行顶层设计，从历史渊源、文化遗产、旅游资源等方面入手，明确今后 5~10 年文化旅游融合发展的战略目标、发展重点及保障措施，促进三地政策联通协调配合，更好地塑造"大北京"的内外形象。强化天津滨海新区、河北承德、北京大兴经济开发区等国家文化和科技融合示范基地建设，推进科技创新赋能文化和旅游。搭建文化旅游服务平台，加强京津冀区域文化大数据建设，推进博物馆、图书馆、文化馆、艺术馆等文博馆的资源共享与协

同发展。构建全媒体矩阵，加大宣传力度，打响京津冀区域特色文化旅游品牌，让文化旅游成为建设世界级城市群的重要引擎。

3. 以重大平台建设提升北京文化的国际影响力

一是借助北京的多元国际文化交流平台提升北京文化的品牌影响力。发挥北京文化论坛、中国国际服务贸易交易会、中关村论坛、金融街论坛以及北京国际电影节、北京国际音乐节、北京国际设计周、"电竞北京"、中国（北京）国际视听大会等平台的作用，促进国内外的文化和科技交流，持续提升北京文化的品牌影响力。二是贯彻落实共建"一带一路"倡议，深化国际文化科技合作，搭建文化科技创新合作平台，推进国家对外文化贸易基地等建设，提升"一带一路"文化贸易中心及国家文化展示交易馆的功能，鼓励影视、音乐、动漫游戏、创意设计、艺术品等领域的龙头文化企业用好国内外两方面的文化资源和科技资源，做强做优"一带一路"文化贸易。三是拓展数字文化海外市场，发挥中国（北京）自贸试验区、国家服务业扩大开放综合示范区"两区"制度创新优势，将"引进来"和"走出去"相结合，引导更多企业参与全球价值链分工，加强与国际品牌企业合作，促进数字文化产品和服务多渠道、多层次、立体化"出海"，提升北京文化科技品牌的国际传播力与影响力。

评价篇 ↗

B.2
北京文化科技融合发展评价报告
（2023~2024）

张国会 王海峰 伊彤*

摘 要： 本报告基于《北京文化和科技融合发展评价报告（2022~2023）》中构建的"文化科技融合发展评价指标体系 4.0 版"，对 2014~2021 年北京地区文化科技融合发展情况进行评价。结果显示，2021 年北京市文化科技融合发展指数达到 202.5，较 2020 年提高 43.1，比 2014 年基期指数提高 102.5。分领域看，北京地区文化科技融合基础、融合产出和融合环境三大指数总体保持快速增长态势；融合投入指数 2020 年、2021 年出现较为明显的下降。对 2021 年北京、天津、河北、上海、江苏、浙江、安徽、广东、重庆、四川等 10 个省市的文化科技融合水平进行测算，结果显示，北京的文化科技融合指数名列前茅。综合分析得出，北京文化科技融合发展

---

* 张国会，北京市科学技术研究院创新发展战略研究所副研究员，研究方向为科技管理、文化科技融合发展；王海峰，高级统计师，现就职于中荷人寿保险有限公司，研究方向为经济与保险、科技统计；伊彤，北京市科学技术研究院创新发展战略研究所所长、研究员，研究方向为科技战略、科技政策、科技管理。

总体优势突出，特别是文化产业的人才、技术优势明显；但文化制造业研发投入受抑制明显，在文化基础设施建设等方面仍有改善空间，社会消费能力等社会环境方面被优秀省市超越。今后北京应进一步重视社会文化氛围的营造与文化基础设施的建设，给予文化高端制造业更多的支持与发展空间，优化资产配置、提升资产精细化管理水平，统筹文化资源推动文化产业协调发展，进一步提升首都文化产业的核心竞争力。

关键词： 文化科技融合 融合发展指数 北京

一 北京文化科技融合发展指标体系研究

（一）文化科技融合发展评价指标体系4.0版阐释

经过 2019~2022 年四年的持续研究与完善，业已形成一套基本稳定和成熟的区域文化科技融合发展评价指标体系。本报告将基于《北京文化和科技融合发展评价报告（2022~2023）》中构建的"文化科技融合发展评价指标体系 4.0 版"，对北京文化科技融合发展水平进行测度、评价、分析。

1.纵向的文化科技融合发展评价指标体系4.0版

文化科技融合发展评价指标体系 4.0 版，是从融合基础、融合投入、融合产出、融合环境等四个层面构建的一套涵盖 4 个一级指标、8 个二级指标以及 22 个三级指标的评价指标体系。依据文化科技融合发展评价指标体系 4.0 版（见表 1），我们对 2014~2021 年北京地区文化科技融合发展进行连续年度的纵向评价，系统描述北京自确立"四个中心"功能定位以来文化科技融合发展的总体趋势与水平。

表1　文化科技融合发展评价指标体系4.0版

一级指标	二级指标	三级指标
融合基础	文化基础	万人拥有博物馆、公共图书馆、艺术表演场馆数(个/万人)
		地区居民人均文化娱乐消费支出(元/人)
		规模以上文化企业营业收入(亿元)
	科技基础	研究与试验发展(R&D)经费投入强度(%)
		地区万人有效专利数(项/万人)
		高技术产业增加值占地区生产总值比重(%)
融合投入	人力投入	科普专职人员数量(人)
		规模以上文化制造企业 R&D 人员折合全时当量(人年)
	财力投入	年度科普经费筹集额(万元)
		规模以上文化制造企业 R&D 经费内部支出(万元)
融合产出	产出质量	文化及相关产业发明专利授权数(项)
		规模以上文化制造企业新产品销售收入(万元)
		中国广播电视科技创新奖获奖项数(项)
	产出效率	规模以上文化及相关产业劳动生产率(万元/人)
		规模以上文化及相关产业企业总资产利润率(%)
		国家文化出口重点企业数量占规上文化企业比(%)
融合环境	经济环境	人均地区生产总值(万元/人)
		人均社会消费品零售总额(元/人)
		地方一般公共预算收入(亿元)
	社会环境	人均互联网宽带接入端口数(个/人)
		科技馆当年参观人数(万人次)
		国家文化和科技融合示范基地数(个)

2.横向的文化科技融合发展评价指标体系4.0版

省市之间横向对比的文化科技融合发展评价指标体系,同样沿用2022年度研究成果及框架,由"融合基础""融合投入""融合产出""融合环境"4个一级指标构成,具体指标总数量为10个(见表2)。

表2　横向的文化科技融合发展评价指标体系4.0版

一级指标	具体指标
融合基础	万人拥有博物馆、公共图书馆、艺术表演场馆数(个/万人)
	研究与试验发展(R&D)经费投入强度(%)
融合投入	规模以上文化制造企业 R&D 人员折合全时当量(人年)
	年度科普经费筹集额(万元)

续表

一级指标	具体指标
融合产出	文化及相关产业发明专利授权数(项)
	中国广播电视科技创新奖获奖项数(项)
	规模以上文化及相关产业劳动生产率(万元/人)
	规模以上文化及相关产业企业总资产利润率(%)
融合环境	人均社会消费品零售总额(元/人)
	人均互联网宽带接入端口数(个/人)

利用横向的文化科技融合发展评价指标体系4.0版，对北京、天津、河北、上海、江苏、浙江、安徽、广东、重庆、四川等10个省市进行比较系统的对比评价，为分析北京文化科技融合发展的态势与成效提供更加全面的指标数据判断依据。

在评价的范围上，对北京、天津、上海、浙江、广东、四川等10个省市文化科技融合发展水平进行测度与对比分析，以求更加系统、全面地反映北京文化科技融合发展的实力与在全国的地位，分析优势与短板，揭示北京文化科技融合发展的整体特点与发展态势。

（二）指标处理与数据来源说明

1. 指标权重赋值与数据基期设定

本年度评价中，依然沿用"逐级等权法"对评价指标体系中的全部具体指标进行指标权重的分配。纵向及横向评价指标体系涉及具体指标权重赋值情况如表3和表4所示。

表3 纵向的文化科技融合发展评价指标体系4.0版指标权重赋值

一级指标及权重	二级指标及权重	三级指标及权重
融合基础(1/4)	文化基础(1/2)	万人拥有博物馆、公共图书馆、艺术表演场馆数(个/万人)(1/3)
		地区居民人均文化娱乐消费支出(元/人)(1/3)
		规模以上文化企业营业收入(亿元)(1/3)

续表

一级指标及权重	二级指标及权重	三级指标及权重
融合基础(1/4)	科技基础(1/2)	研究与试验发展(R&D)经费投入强度(%)(1/3)
		地区万人有效专利数(项/万人)(1/3)
		高技术产业增加值占地区生产总值比重(%)(1/3)
融合投入(1/4)	人力投入(1/2)	科普专职人员数量(人)(1/2)
		规模以上文化制造企业R&D人员折合全时当量(人年)(1/2)
	财力投入(1/2)	年度科普经费筹集额(万元)(1/2)
		规模以上文化制造企业R&D经费内部支出(万元)(1/2)
融合产出(1/4)	产出质量(1/2)	文化及相关产业发明专利授权数(项)(1/3)
		规模以上文化制造企业新产品销售收入(万元)(1/3)
		中国广播电视科技创新奖获奖项数(项)(1/3)
	产出效率(1/2)	规模以上文化及相关产业劳动生产率(万元/人)(1/3)
		规模以上文化及相关产业企业总资产利润率(%)(1/3)
		国家文化出口重点企业数量占规上文化企业比(%)(1/3)
融合环境(1/4)	经济环境(1/2)	人均地区生产总值(万元/人)(1/3)
		人均社会消费品零售总额(元/人)(1/3)
		地方一般公共预算收入(亿元)(1/3)
	社会环境(1/2)	人均互联网宽带接入端口数(个/人)(1/3)
		科技馆当年参观人数(万人次)(1/3)
		国家文化和科技融合示范基地数(个)(1/3)

注:各分领域的权重均为1/4,某一分领域内指标对所属领域的权重为$1/n$(n为该领域指标个数)。

表4　横向的文化科技融合发展评价指标体系4.0版指标权重赋值

一级指标及权重	具体指标	权重
融合基础(1/4)	万人拥有博物馆、公共图书馆、艺术表演场馆数(个/万人)	1/2
	研究与试验发展(R&D)经费投入强度(%)	1/2
融合投入(1/4)	规模以上文化制造企业R&D人员折合全时当量(人年)	1/2
	年度科普经费筹集额(万元)	1/2
融合产出(1/4)	文化及相关产业发明专利授权数(项)	1/4
	中国广播电视科技创新奖获奖项数(项)	1/4
	规模以上文化及相关产业劳动生产率(万元/人)	1/4
	规模以上文化及相关产业企业总资产利润率(%)	1/4
融合环境(1/4)	人均社会消费品零售总额(元/人)	1/2
	人均互联网宽带接入端口数(个/人)	1/2

注:各分领域的权重均为1/4,某一分领域内指标对所属领域的权重为$1/n$(n为该领域指标个数)。

本报告数据基期设定为 2014 年。2014 年，习近平总书记考察北京，并对北京提出"四个中心"建设要求。因此，我们以 2014 年为基期，搜集、整理 2014~2021 年北京指标数据和 2021 年 10 个省市指标数据，并在此基础上测算相关指标指数。

2. 数据来源说明

各项指标数据来源详见表 5。

表 5　文化科技融合发展评价指标数据来源

指标	数据来源
万人拥有博物馆、公共图书馆、艺术表演场馆数（个/万人）	《中国文化及相关产业统计年鉴》
地区居民人均文化娱乐消费支出（元/人）	《中国文化及相关产业统计年鉴》
规模以上文化企业营业收入（亿元）	《中国文化及相关产业统计年鉴》
研究与试验发展（R&D）经费投入强度（%）	《中国科技统计年鉴》
地区万人有效专利数（项/万人）	《中国科技统计年鉴》
高技术产业增加值占地区生产总值比重（%）	《北京统计年鉴》
科普专职人员数量（人）	《中国科技统计年鉴》
规模以上文化制造企业 R&D 人员折合全时当量（人年）	《中国文化及相关产业统计年鉴》
年度科普经费筹集额（万元）	《中国科技统计年鉴》
规模以上文化制造企业 R&D 经费内部支出（万元）	《中国文化及相关产业统计年鉴》
文化及相关产业发明专利授权数（项）	《中国文化及相关产业统计年鉴》
规模以上文化制造企业新产品销售收入（万元）	《中国文化及相关产业统计年鉴》
中国广播电视科技创新奖获奖项数（项）	由中国广播电视设备工业协会提供
规模以上文化及相关产业劳动生产率（万元/人）	《中国文化及相关产业统计年鉴》
规模以上文化及相关产业企业总资产利润率（%）	《中国文化及相关产业统计年鉴》
国家文化出口重点企业数量占规上文化企业比（%）	商务部网站
人均地区生产总值（万元/人）	《中国统计年鉴》
人均社会消费品零售总额（元/人）	《中国统计年鉴》
地方一般公共预算收入（亿元）	《中国统计年鉴》
人均互联网宽带接入端口数（个/人）	国家统计局网站
科技馆当年参观人数（万人次）	《中国科技统计年鉴》
国家文化和科技融合示范基地数（个）	科技部网站

二 北京文化科技融合发展纵向评价研究

基于纵向的文化科技融合发展评价指标体系 4.0 版，课题组进行数据的采集、整理，测算出 2014~2021 年北京文化科技融合发展指数及各分类指标指数（见表6）。

表6 2014~2021 年北京文化科技融合发展指数及各分类指标指数测算结果

	2014 年	2015 年	2016 年	2017 年	2018 年	2019 年	2020 年	2021 年	2021 年较上年变化
北京文化科技融合发展指数	100.0	109.2	117.1	125.5	135.3	160.6	159.4	202.5	增长
一、融合基础	100.0	112.2	120.1	132.8	145.5	154.0	159.5	177.1	增长
文化基础	100.0	115.3	123.3	139.0	151.1	153.8	148.2	163.3	增长
科技基础	100.0	109.2	116.9	126.7	139.9	154.0	170.8	191.0	增长
二、融合投入	100.0	96.6	109.4	112.8	108.7	113.1	106.8	100.1	下降
人力投入	100.0	95.3	113.2	97.6	96.9	97.0	90.9	86.4	下降
财力投入	100.0	97.8	105.6	128.1	120.5	129.2	122.7	113.8	下降
三、融合产出	100.0	113.9	116.7	129.3	146.3	162.7	181.9	227.8	增长
产出质量	100.0	116.3	125.9	151.8	182.5	215.9	240.6	331.9	增长
产出效率	100.0	111.6	107.6	106.8	110.1	109.4	123.1	123.7	增长
四、融合环境	100.0	113.9	122.0	127.2	140.6	212.8	189.3	304.8	增长
经济环境	100.0	117.0	125.9	135.6	145.0	150.9	144.5	158.2	增长
社会环境	100.0	110.8	118.2	118.7	136.2	274.7	234.0	451.4	增长

（一）北京文化科技融合发展总体情况

通过测算结果可以看出，2014~2021 年北京文化科技融合发展总体实现稳步快速增长。北京文化科技融合发展指数由 2014 年的基期 100.0 逐年递增至 2019 年的 160.6，2020 年受到疫情影响有所回落降至 159.4，2021 年大幅提升至 202.5（见图1）。

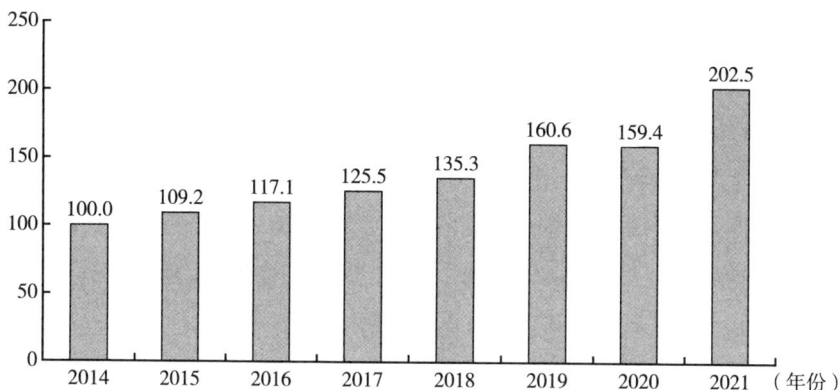

图1　2014~2021年北京文化科技融合发展指数

（二）分领域文化科技融合发展情况分析

分领域来看，除了融合投入指数出现较大波动之外，北京文化科技融合发展的融合基础、融合产出、融合环境等指数都呈现稳步增长趋势，文化科技融合发展持续跨上新台阶。

1.融合基础指数逐年稳步上升

2014~2021年，北京文化科技融合发展融合基础指数由基期100.0提高到177.1，实现了逐年稳步上升。相比2020年的159.5，2021年融合基础指数也实现较大幅度的增长（见图2）。北京文化科技融合基础不断夯实。

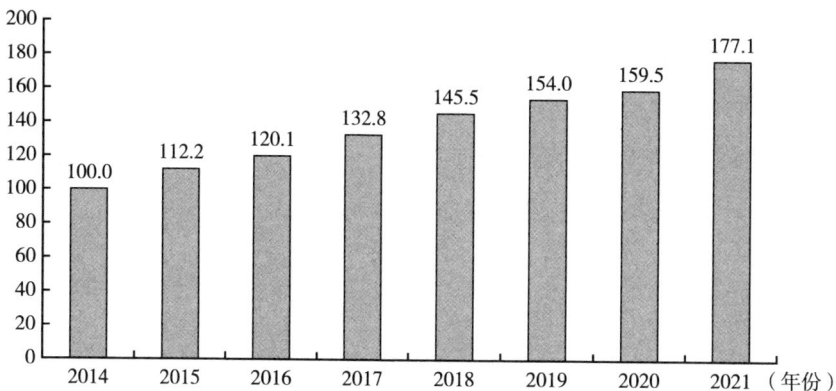

图2　2014~2021年北京融合基础指数

2021 年，该领域中的两项二级指标指数均呈现上升态势。文化基础指数在 2014~2019 年保持了逐年稳步上升态势，受地区居民人均文化娱乐消费支出指标影响，2019 年增长有所放缓，2020 年出现下降，为 148.2，较 2019 年下降 5.6，2021 年出现回升，达到 163.3，并且超过了 2019 年的 153.8，达到最高水平。科技基础指数在 2014~2021 年则呈现稳步上升态势，2019 年为 154.3，2020 年达到 170.8，2021 年继续提升至 191.0。总体看，北京科技基础呈现稳步上升的良好态势（见图 3）。

图 3　2014~2021 年北京融合基础二级指标指数

2. 融合投入指数下降较为明显

融合投入指数出现较为明显的波动趋势，并在 2020 年、2021 年持续下降。从总体趋势来看，融合投入指数从 2014 年的基期 100.0 波动增长到 2019 年的 113.1 之后，2020 年下降为 106.8，2021 年继续下降至 100.1，这一指数值创 2016 年以来的新低（见图 4）。

该领域中 2 个二级指标指数在 2021 年均出现比较明显的下降。

2021 年人力投入指数为 86.4（见图 5），较 2020 年的 90.9 下降了 4.5，该指数值创 2014 年以来新低。该指数在 2016 年创下最高值 113.2 后，受规模以上文化制造企业 R&D 人员折合全时当量指标影响，呈现不断下降态势，这说明北京文化科技融合的人力投入受到一定程度的压制。

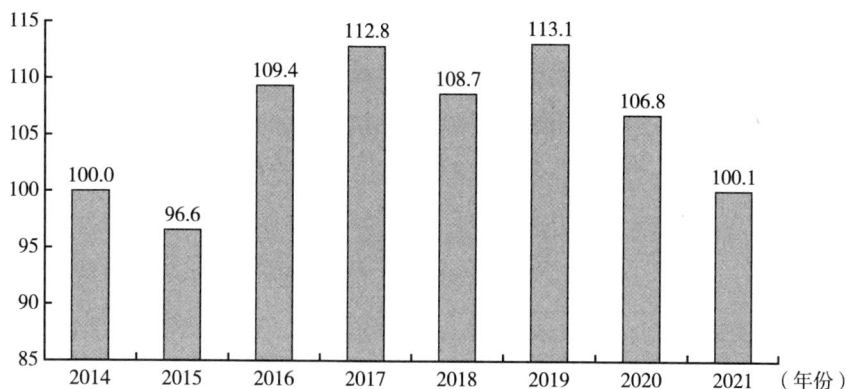

图4　2014~2021年北京融合投入指数

2021年财力投入指数为113.8，较2020年的122.7也有所下降（见图5），受年度科普经费筹集额等具体指标影响，该指标已经连续两年走低。

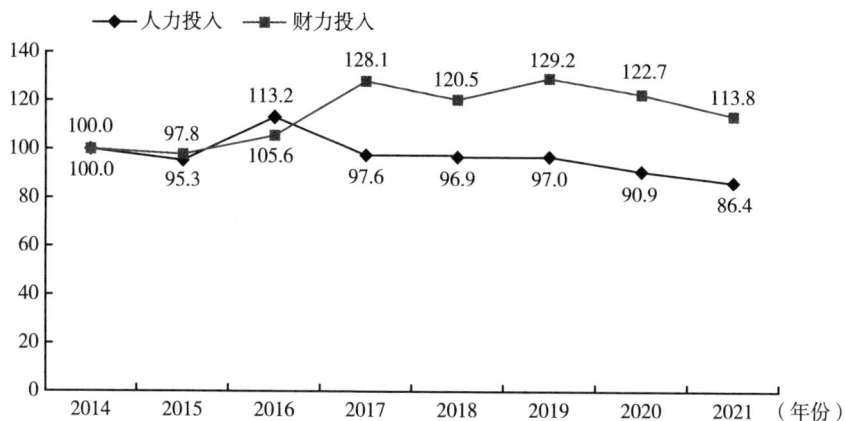

图5　2014~2021年北京融合投入二级指标指数

3.融合产出指数持续增长

2014~2021年，融合产出指数呈现稳定且持续的增长态势，由2014年的基期100.0增长到2021年的227.8（见图6）。2021年较2020年的181.9更是有较大增长，增长率为25.2%。

图6 2014~2021年北京融合产出指数

其中的二级指标产出质量指数大幅增长,产出效率指数实现平稳发展。

产出质量指数呈现逐年快速增长趋势。由2014年的基期100.0快速增长到2021年的331.9(见图7),增长了2.3倍,同时也较2020年的240.6出现较大增长,增长91.3。北京在文化科技融合产出方面取得明显成效。

在产出效率方面,总体呈现略微增长态势,由2014年的基期100.0增长到2021年的123.7。特别是2020年增长较为明显,由2019年的指数109.4增长到123.1(见图7),主要增长原因是规模以上文化及相关产业劳动生产率的增长。

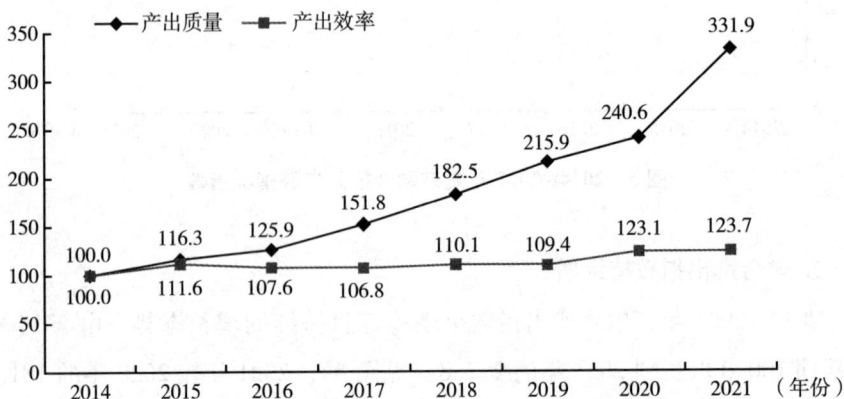

图7 2014~2021年北京融合产出二级指标指数

4. 融合环境指数重回增长通道

2021 年，融合环境指数为 304.8，较 2020 年的 189.3 出现较大幅度增加（见图 8），主要是因为北京被认定的国家文化和科技融合示范基地数大幅增加。融合环境指数目前是四项一级指标中指数值最高的。

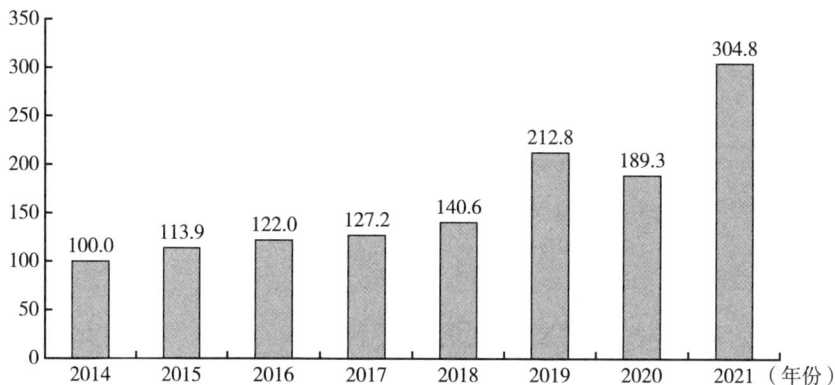

图 8 2014~2021 年北京融合环境指数

其中的经济环境与社会环境 2 个二级指标的指数，除了 2020 年出现小幅波动外，其余年度指数都呈现良好的增长态势。

2021 年经济环境指数为 158.2，高于 2020 年的 144.5（见图 9）。2014~2019 年，该指标呈现平稳增长态势，北京经济发展较为稳定，高质量发展取得一定成效。2020 年受到疫情影响仅人均地区生产总值小幅增长，人均社会消费品零售总额和地方一般公共预算收入均出现不同程度的下降，导致经济环境指数下降，2021 年经济环境的 3 个分项指标均出现回升，因而带动了经济环境指数回升。

2021 年，社会环境指数达到 451.4，远远高于 2020 年的 234.0 和 2019 年的 274.7（见图 9）。主要原因是 2021 年科技部开展第四批国家文化和科技融合示范基地认定工作，北京新增国家文化和科技融合示范基地 5 个。同时科技馆当年参观人数达到 372 万人次，相较 2020 年的 108 万人次有了明显回升。

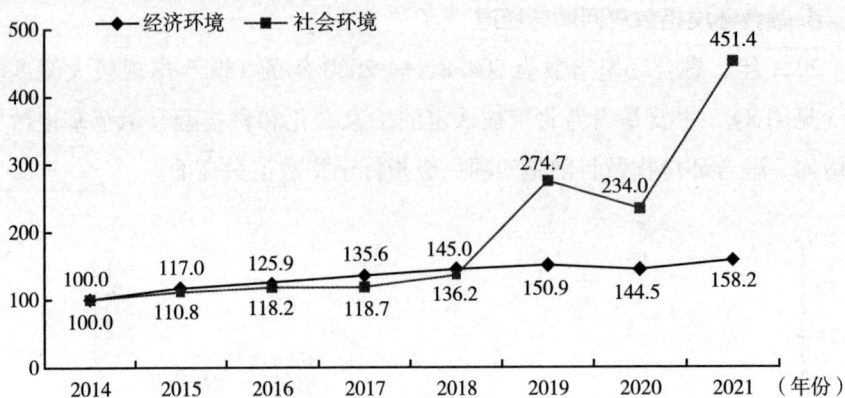

图9　2014~2021年北京融合环境二级指标指数

（三）文化科技融合发展增速分析

我们对北京文化科技融合发展指数的增长速度进行了测算，通过速度指数反映北京文化科技融合发展的趋势。以2014年为基期100.0，总体测算结果如表7所示。

表7　2014~2021年北京文化科技融合发展速度指数

	2014年	2015年	2016年	2017年	2018年	2019年	2020年	2021年	2021年较上年指数变动
北京文化科技融合发展速度指数	100.0	108.3	113.9	121.8	127.9	143.6	132.2	158.1	加快
一、融合基础	100.0	111.8	118.1	128.7	138.5	146.2	141.3	154.0	加快
文化基础	100.0	115.1	121.6	135.7	144.1	147.6	126.4	138.8	加快
科技基础	100.0	108.6	114.6	121.8	132.9	144.7	156.3	169.3	加快
二、融合投入	100.0	96.4	108.4	112.0	107.2	111.6	103.3	95.5	放缓
人力投入	100.0	94.9	111.6	96.1	94.0	94.0	87.3	77.6	放缓
财力投入	100.0	97.8	105.1	127.9	120.4	129.1	119.3	113.5	放缓
三、融合产出	100.0	112.0	108.5	120.6	127.1	133.0	145.9	180.1	加快
产出质量	100.0	113.5	111.5	135.1	146.8	164.8	175.8	247.9	加快
产出效率	100.0	110.5	105.4	106.1	107.4	101.1	116.0	112.3	放缓

	2014 年	2015 年	2016 年	2017 年	2018 年	2019 年	2020 年	2021 年	2021 年较上年指数变动
四、融合环境	100.0	113.1	120.7	125.7	138.6	183.6	138.2	202.9	加快
经济环境	100.0	116.7	125.6	135.5	144.9	150.8	144.2	157.7	加快
社会环境	100.0	109.4	115.7	115.9	132.3	216.4	132.2	248.0	加快

测算结果显示，2021 年北京文化科技融合发展速度指数为 158.1，较上年的 132.2 有所加快（见图 10）。

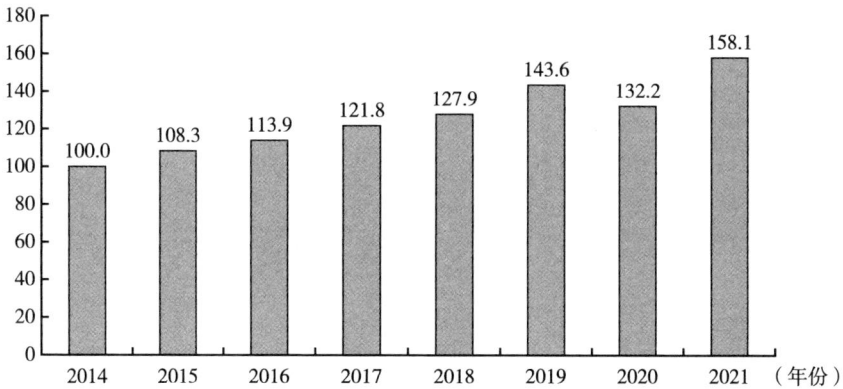

图 10　2014~2021 年北京文化科技融合发展速度指数

分领域看，仅融合投入速度指数出现下降，融合基础、融合产出和融合环境三大速度指数较上年均有不同程度的提升。具体分析如下。

1. 融合基础速度指数

2021 年北京融合基础速度指数达到 154.0，比上年的 141.3 提升 12.7，该指数在 2020 年出现首次下滑后，2021 年重回增长态势，并且创出历史新高（见图 11）。

该领域中，二级指标文化基础和科技基础速度指数均较上年有所增加。2021 年文化基础速度指数为 138.8，较上年的 126.4 增加 12.4，发展速度加

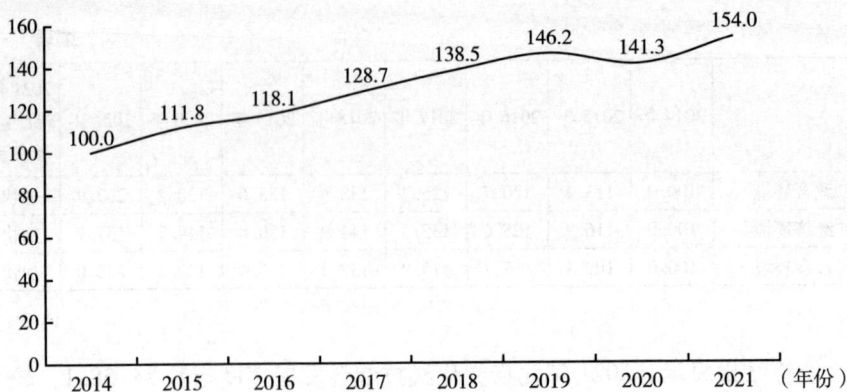

图 11　2014~2021 年北京融合基础速度指数

快；科技基础速度指数在 2015~2021 年实现了稳定增长，2021 年达到 169.3，较上年增加 13.0（见图 12）。

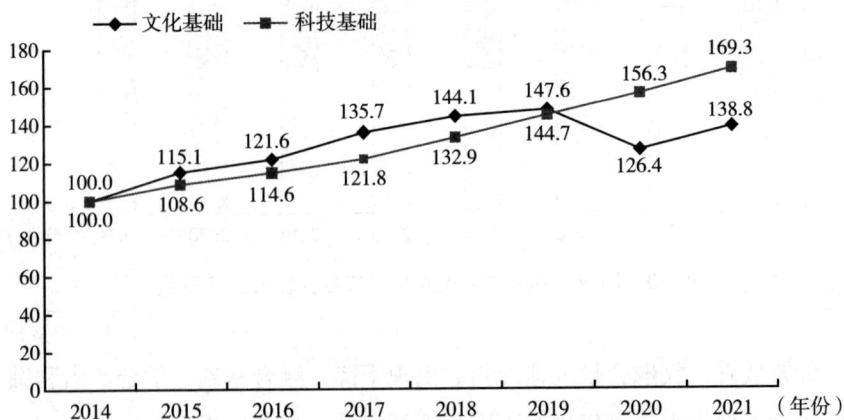

图 12　2014~2021 年北京融合基础二级指标速度指数

2. 融合投入速度指数

2021 年北京融合投入速度指数为 95.5，2020 年、2021 年呈现持续下降趋势，低于 2019 年的指数水平，2021 年更是处于 2014 年以来的历史最低水平（见图 13）。

该领域中，2 个二级指标速度指数 2020 年、2021 年均出现比较明显

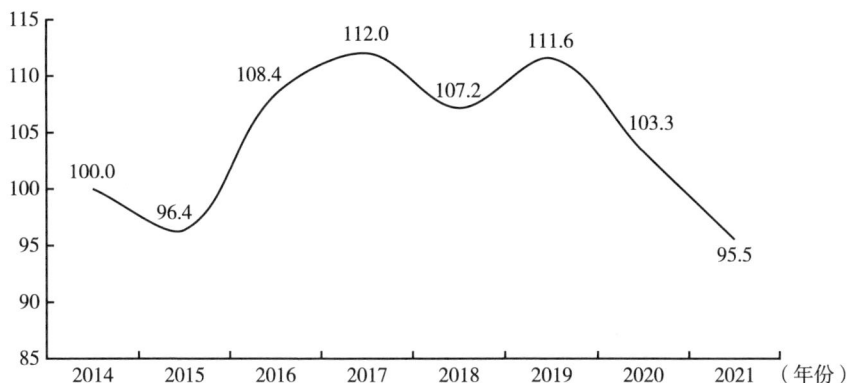

图 13　2014~2021 年北京融合投入速度指数

的下降。2021 年人力投入速度指数为 77.6，较 2020 年下降 9.7，更是低于 2019 年的 94.0，降幅进一步加大，同时也创出了历史最低点，表明北京文化科技融合发展中的人力资源投入存在明显弱势。财力投入速度指数 2021 年为 113.5，较上年下降 5.8，更是低于 2019 年的 129.1（见图 14）。

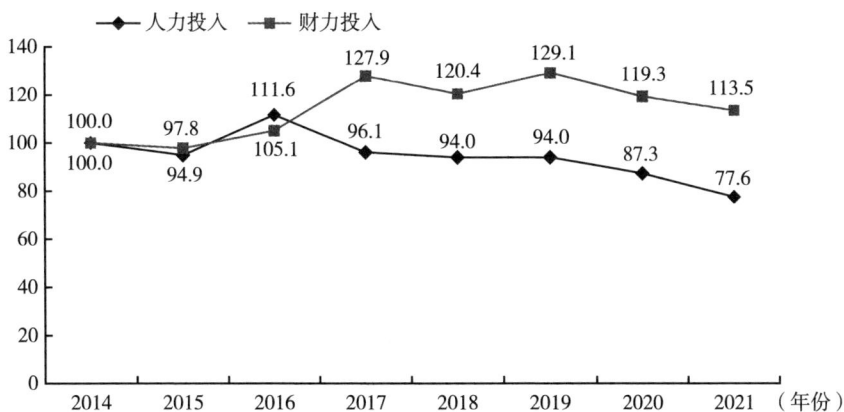

图 14　2014~2021 年北京融合投入二级指标速度指数

3.融合产出速度指数

2021 年北京融合产出速度指数达到 180.1，较上年的 145.9 继续增长，增幅为34.2，出现自2016年以来的融合产出速度指数稳步增长态势（见图15）。

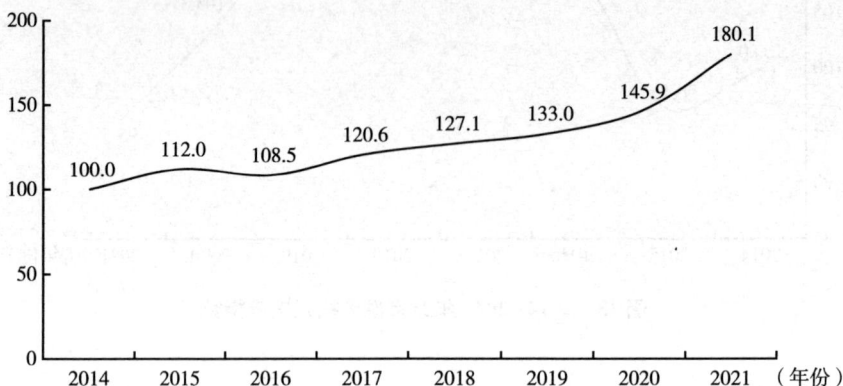

图15 2014~2021年北京融合产出速度指数

其中2个二级指标，产出质量速度指数在2014~2021年呈现明显的增长态势，特别是2021年增长态势更加明显；产出效率速度指数在2014~2021年总体表现平稳。产出质量速度指数2021年为247.9，较上年的175.8加快72.1；产出效率速度指数2021年为112.3，较上年的116.0略有下降（见图16）。

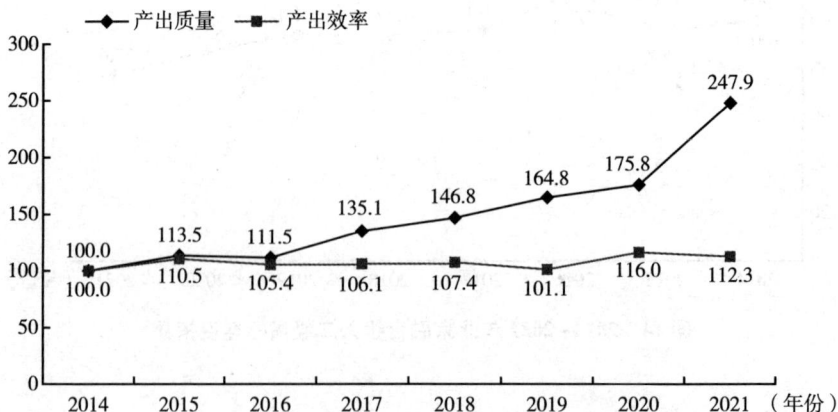

图16 2014~2021年北京融合产出二级指标速度指数

4. 融合环境速度指数

2021 年北京融合环境速度指数为 202.9，较上年的 138.2 明显加快（见图 17）。

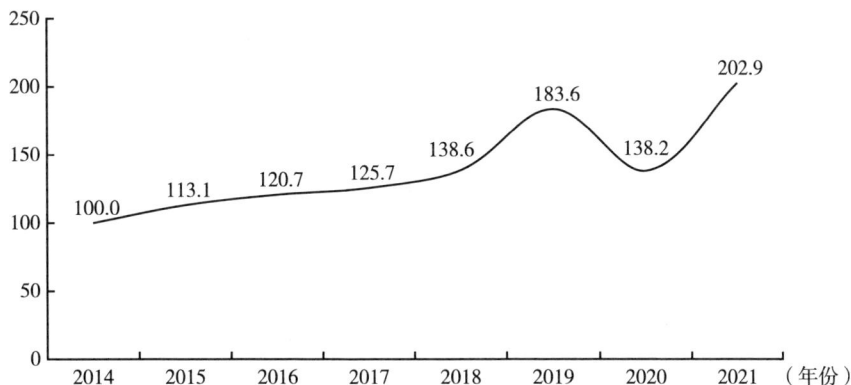

图 17　2014~2021 年北京融合环境速度指数

其中 2 个二级指标中，经济环境速度指数在 2014~2021 年总体实现较为平稳的增长，2021 年达到 157.7，较上年的 144.2 加快 13.5；社会环境速度指数在 2014~2021 年波动较大，但总体也是呈现上升趋势，2021 年达到 248.0，较上年的 132.2 出现较大提升（见图 18）。从三级指标分析可知，社会环境速度指数在 2021 年出现大幅提升，主要是由于国家文化和科技融合示范基地认定个数增多。

（四）结论

1. 融合总体呈现快速发展态势

2014~2021 年，北京文化科技融合发展指数呈现快速增长态势，除了 2020 年受疫情影响指数有所回调，其他年份的融合发展指数都实现了大幅增长。到 2021 年，在疫情防控下，经济等出现回升，北京文化科技融合发展指数达到了 202.5，充分说明北京文化科技融合发展成效显著。

其中融合基础、融合产出 2 个一级指标指数，多年来都保持了稳定而显

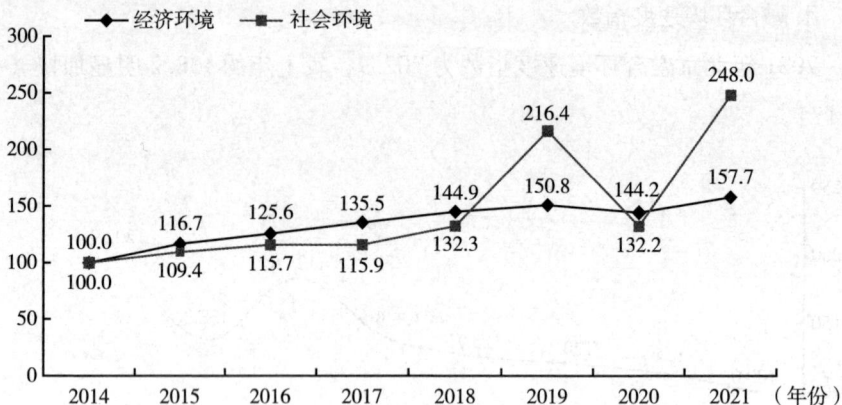

图18　2014~2021年北京融合环境二级指标速度指数

著的增长趋势。融合投入指数波动较大且出现一定下降；融合环境指数在2020年略有下降，其他年份都保持增长态势。

2. 融合基础逐年稳步提升，但文娱消费支出呈现下降趋势

融合基础指数由2014年的基期100.0增长到2021年的177.1，保持了稳定的增长态势。文化基础和科技基础2个二级指标指数在2021年均实现正增长。

2014~2021年，融合基础中的6个三级指标，有5个指标总体实现增长，1个指标（地区居民人均文化娱乐消费支出）出现明显下降。地区居民人均文化娱乐消费支出在2014~2020年出现总体下降的趋势，2014年这一指标为2333.7元/人，2019年降为2272.1元/人；2020年疫情防控期间文化消费环境的改变使该指标降为1217.8元/人，降幅明显；2021年该指标为1367.1元，虽然仍低于2019年水平，但较2020年有所回升。

3. 融合投入2020年、2021年呈现下降趋势，其中文化制造业领域研发人员投入明显减少

北京的文化科技融合投入指数在2019年以前总体呈现波动增长态势，但是2020年和2021年连续两年下降。融合投入指数从2014年的基期100.0增长到2019年的113.1，2020年为106.8，2021年降为100.1。由于缺少文化服务业中的科技人员、科研经费等统计指标，暂用的文化制造业科技人员数据，测算结果只能部分代表北京的文化科技融合投入情况。

2014~2021年，4个三级指标中，有3个指标总体实现增长，1个指标（规模以上文化制造企业R&D人员折合全时当量）出现下降。规模以上文化制造企业R&D人员折合全时当量呈现比较明显的下降趋势，从2014年的1121人年到2021年的541人年，至少表征在文化制造业领域北京文化科技融合的人力投入受到相当程度的压制。年度科普经费筹集额指标2020年、2021年也有减少趋势，但是2021年仍然略高于2014年水平。

4. 融合产出多年来保持了快速增长，但企业总资产利润率和国家文化出口重点企业占比下降

融合产出依然保持了逐年稳定增长态势。北京文化科技融合产出指数由2014年的基期100.0增长到2020年的181.9，2021年进一步增长到227.8，总体保持了快速稳定增长态势。二级指标中的产出质量指数和产出效率指数均表现亮眼，产出质量指数2021年达到331.9，产出效率指数2021年达到123.7。

2014~2021年，在融合产出的6个三级指标中，文化及相关产业发明专利授权数、规模以上文化制造企业新产品销售收入、规模以上文化及相关产业劳动生产率等3个指标实现逐年快速增长。中国广播电视科技创新奖获奖项数、规模以上文化及相关产业企业总资产利润率、国家文化出口重点企业数量占规上文化企业比等3个指标出现不同程度的下降。2021年的中国广播电视科技创新奖获奖项数虽然比2020年有所增加，但依然未达到2014年25项的最高水平。规模以上文化及相关产业企业总资产利润率近年来也都低于2014年6.2%的水平。国家文化出口重点企业数量占规上文化企业比近年来也呈现缓慢下降的趋势。

5. 融合环境进一步改善，科技馆当年参观人数、人均互联网宽带接入端口数出现下降

近年来北京文化科技融合发展的环境实现了较大改善。融合环境指数由2014年的基期指数100.0增长到2019年的212.8；2020年受到新冠疫情影响，融合环境指数回落到189.3；2021年该指数强势增长到304.8，是北京文化科技融合发展指数 4 项一级指标中指数值最高的。相较 2020 年，2021 年北京文化科技融合环境指数中的经济环境指数和社会环境指数均有明显增长。

2014~2021 年，融合环境中的 6 个三级指标五升一降。科技馆当年参观人数 2020 年、2021 年下降明显，2014 年为 472 万人次，2021 年为 372 万人次。与 2020 年相比，2021 年 6 个三级指标中也是五升一降，下降的指标为人均互联网宽带接入端口数，2020 年为 0.95 个/人，2021 年下降为 0.93 个/人。

三 北京文化科技融合发展横向评价研究

基于横向的文化科技融合发展评价指标体系 4.0 版，我们对 2021 年北京、天津、河北、上海、江苏、浙江、安徽、广东、重庆、四川等 10 个文化科技融合发展特色比较鲜明的省市的文化科技融合发展指数进行测算（见表 8），并在此基础上开展省市间横向分析，阐释和分析北京文化科技融合发展在全国的相对发展水平与特点。

（一）北京与相关省市文化科技融合发展总体情况

指数测算结果显示，2021 年北京文化科技融合发展总指数为 74.1，领先于其他 9 个省市（见图 19），表征北京文化科技融合发展总体来说在全国处于领先地位。

其中，融合基础指标综合考量了万人拥有博物馆、公共图书馆、艺术表演场馆数和研究与试验发展（R&D）经费投入强度 2 个具体指标。北京的融合基础指数为 73.3，落后于优秀省的 78.0，但是高于其他 8 个省市（见图 20），北京同这些省市相比依然处于显著优势地位。

融合投入指标主要考察规模以上文化制造企业 R&D 人员折合全时当量、年度科普经费筹集额 2 个具体指标。测算结果对比显示，北京融合投入指数为 50.7，居于第三位，融合投入指数最高的省市达到 79.5（见图 21）。总体来说北京在融合投入方面仍然具有相对比较优势。

表8 2021年10个省市文化科技融合发展评价指数

	北京	天津	河北	上海	江苏	浙江	安徽	广东	重庆	四川
总指数	74.1	46.7	25.4	60.6	56.5	61.4	37.2	61.1	40.4	45.0
一、融合基础	73.3	78.0	34.2	62.2	55.9	62.5	44.6	41.3	39.9	44.0
万人拥有博物馆、公共图书馆、艺术表演场馆数（个/万人）	46.7	100.0	40.0	60.0	66.7	80.0	53.3	33.3	46.7	53.3
研究与试验发展（R&D）经费投入强度（%）	100.0	56.0	28.3	64.5	45.2	45.0	35.8	49.3	33.1	34.6
二、融合投入	50.7	10.0	8.9	39.6	61.4	48.4	22.4	79.5	18.5	28.8
规模以上文化制造企业 R&D 人员折合全时当量（人年）	1.5	3.0	4.0	9.2	79.6	51.5	25.7	100.0	6.0	20.1
年度科普经费筹集额数（万元）	100.0	17.1	13.8	70.1	43.1	45.3	19.1	59.1	31.0	37.6
三、融合产出	78.5	29.8	12.3	43.0	29.6	55.9	25.5	62.2	32.2	47.1
文化及相关产业发明专利授权数（项）	51.3	3.2	2.6	19.7	30.2	35.6	7.8	100.0	5.0	11.3
中国广播电视科技创新奖获奖项数（项）	100.0	0	0	5.0	5.0	30.0	5.0	25.0	0.0	25.0
规模以上文化及相关产业劳动生产率（万元/人）	100.0	71.4	26.2	89.5	39.8	73.5	42.3	44.2	50.2	52.0
规模以上文化及相关产业企业总资产利润率（%）	62.7	44.6	20.5	57.8	43.4	84.3	47.0	79.5	73.5	100.0
四、融合环境	93.7	68.9	46.3	97.5	79.0	78.7	56.5	61.4	70.8	60.2
人均社会消费品零售总额（元/人）	93.5	37.8	25.0	100.0	69.1	61.5	48.4	48.0	59.9	39.7
人均互联网宽带接入端口数（个/人）	93.9	100.0	67.7	94.9	88.9	96.0	64.6	74.7	81.8	80.8

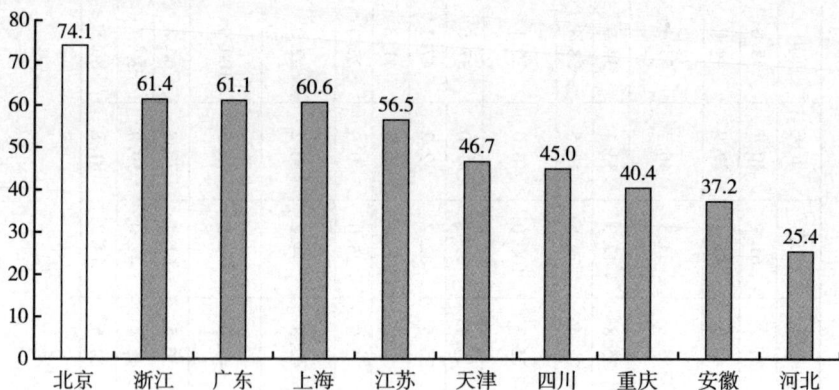

图 19　2021 年 10 个省市文化科技融合发展指数对比

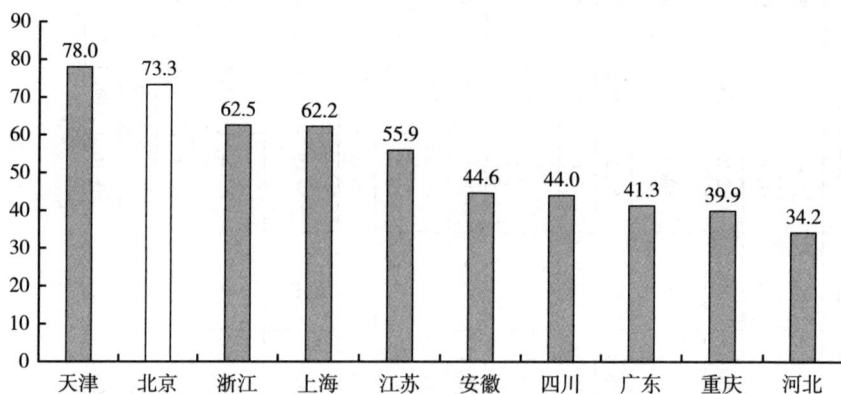

图 20　2021 年 10 个省市融合基础指数对比

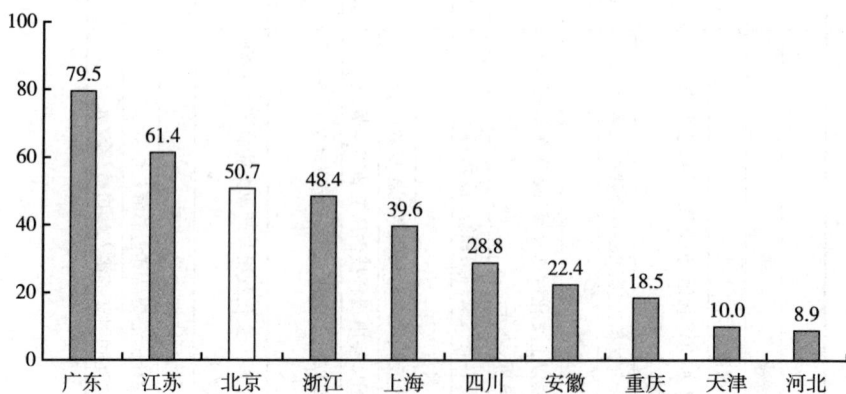

图 21　2021 年 10 个省市融合投入指数对比

融合产出指标主要考察文化及相关产业发明专利授权数、中国广播电视科技创新奖获奖项数、规模以上文化及相关产业劳动生产率和规模以上文化及相关产业企业总资产利润率4个具体指标。对比评价结果显示，北京融合产出指数达到78.5，高于其他9个省市。其中排在第二位的省市指数值为62.2，第三位指数值为55.9（见图22）。北京在融合产出方面的表现要远远强于其他省市，居于全国领先地位。

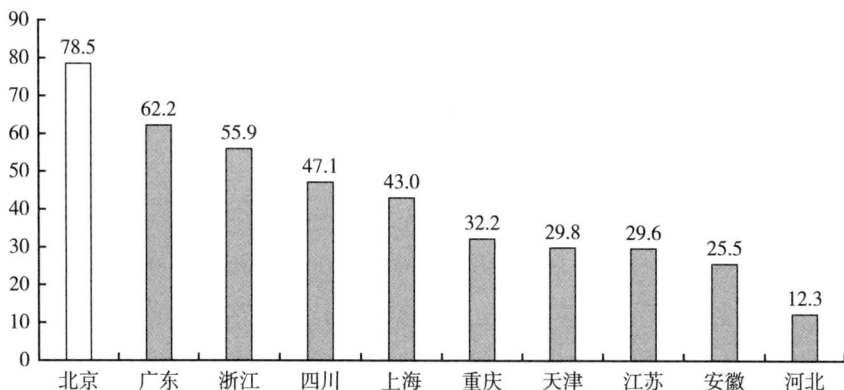

图22　2021年10个省市融合产出指数对比

融合环境指标主要考察人均社会消费品零售总额和人均互联网宽带接入端口数2个具体指标。结果显示，北京融合环境指数为93.7，落后于领先省市的97.5，但是高于其他8个省市（见图23），在融合环境方面依然处于一流梯队。

（二）10个省市具体指标对比分析

从具体指标来看，10个指标中，北京有4个指标优势明显，4个指标具有相对的优势，2个指标相对较弱。其中，研究与试验发展（R&D）经费投入强度、年度科普经费筹集额、中国广播电视科技创新奖获奖项数、规模以上文化及相关产业劳动生产率等4个指标北京占有明显优势，指数排名均处于首位。文化及相关产业发明专利授权数、人均社会消费品零售总额2个指

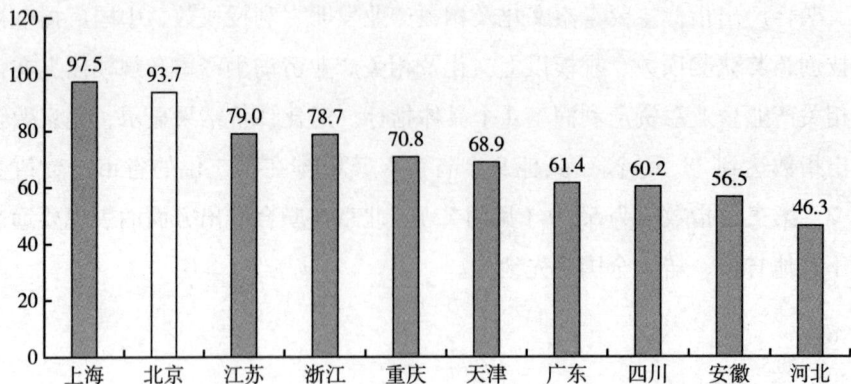

图 23　2021 年 10 个省市融合环境指数对比

标指数，北京在 10 个省市中均排名第二，也相对具有较高优势。人均互联网宽带接入端口数指数处于第四的位置，被 3 个省市超过。规模以上文化及相关产业企业总资产利润率指数，北京在 10 个省市中排在第五位，处于中间水平。万人拥有博物馆、公共图书馆、艺术表演场馆数指数，北京位列第七；规模以上文化制造企业 R&D 人员折合全时当量指数，北京排在最末位。

1. 文化场馆数量提升缓慢，相对优势在下降

北京万人拥有博物馆、公共图书馆、艺术表演场馆数为 0.07 个/万人，指数为 46.7，10 个省市中处于第七的位置（见图 24）。而在 2020 年此指标指数

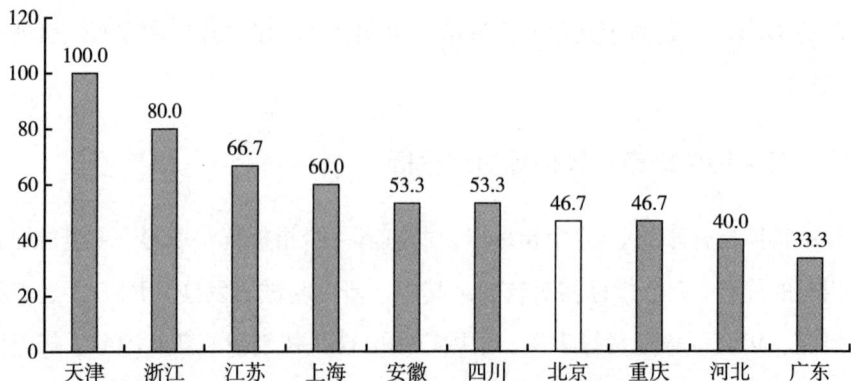

图 24　万人拥有博物馆、公共图书馆、艺术表演场馆数指数的 10 个省市对比

的 10 个省市对比排名中，北京处于第六的位置，远低于天津 0.15 个/万人的水平。且与同等经济发展水平的上海相比，近年来北京相对水平也呈现弱化趋势，上海相关文化场馆的人均占有量增加速度快于北京。2018 年，北京此指标为 0.08 个/万人，上海为 0.07 个/万人；2019 年，北京为 0.07 个/万人，上海为 0.07 个/万人；2020 年，北京为 0.07 个/万人，上海为 0.08 个/万人；2021 年，北京为 0.07 个/万人，上海为 0.09 个/万人。近年来，北京也重视文化场馆的建设工作，大力建设数字场馆等大工程和高质量工程，但是新的中小型场馆建设就相对滞后，这导致在数量对比上北京不占优势。

2. 研发经费投入对比优势明显

由于大量中央科研机构、学术机构等的存在，北京的研究与试验发展（R&D）经费投入强度在 10 个省市中最高，投入强度为 6.53%，科技创新优势遥遥领先于其他省市（见图 25）。且这种优势有不可比拟性和不可替代性，长期保持领先优势地位。

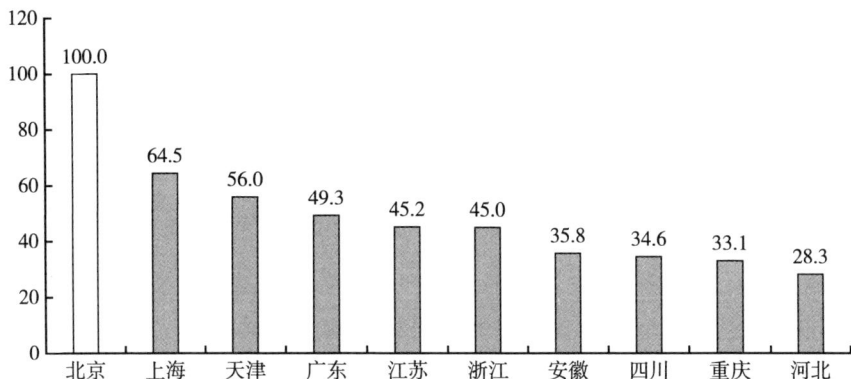

图 25　研究与试验发展（R&D）经费投入强度指数的 10 个省市对比

3. 文化制造业研发人员投入持续处于弱势地位

2021 年北京规模以上文化制造企业 R&D 人员折合全时当量为 541 人年，指数值在 10 个省市中处于较低的位置（见图 26）。在多年的省市间对比中，北京也一直处于垫底位置，且与其他省市的差距有拉大趋势。北京文化制造业的研发活动开展以及创新发展受到比较明显的抑制。例如 2018~2021

年的规模以上文化制造企业 R&D 人员折合全时当量，北京由 824 人年降到
541 人年，而上海由 1260 人年增加到 3344 人年，浙江由 16555 人年增加到
18749 人年。广东、四川、天津等地的规模以上文化制造企业 R&D 人员折合
全时当量在此期间有所下降，四川由 8951 人年降到 7324 人年，广东由 37313
人年降到 36420 人年，天津由 1326 人年降到 1076 人年，但降幅都小于北京。

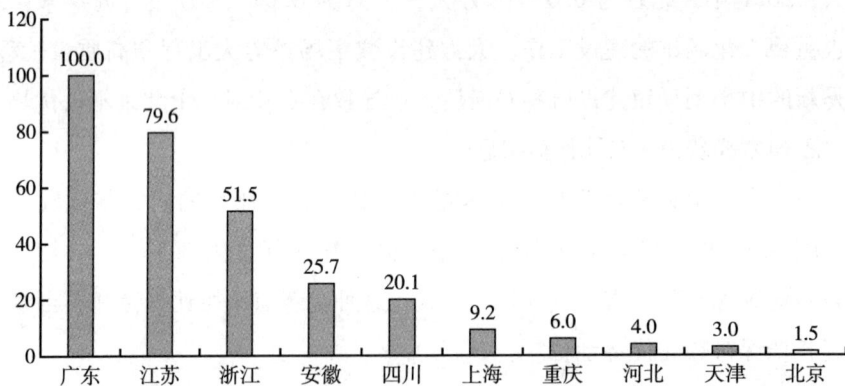

图 26 规模以上文化制造企业 R&D 人员折合全时当量指数的 10 个省市对比

4. 科普经费支持力度强劲，稳居头筹

北京 2021 年的年度科普经费筹集额为 22.8 亿元，处于较高水平（见图
27），显著高于排名第二的省市的 16.0 亿元。2020 年北京的年度科普经费
筹集额在 10 个省市对比中也是稳居头筹。北京作为全国文化中心和科技创
新中心，在经费支持科学普及提升公民科学素养方面拥有明显的优势与实
力，在多年的对比中，北京也都拥有明显的优势。

5. 发明专利授权数较多，优势较为明显

2021 年北京文化及相关产业发明专利授权数达到 5612 项，排名第二，
仅次于广东的 10943 项，但高于其他 8 个省市（见图 28）。2020 年的北京文
化及相关产业发明专利授权数指数在 10 个省市对比中也是仅次于广东，位
居第二。这表明北京在产业技术研发与创新方面拥有明显的实力，与北京科
技创新中心的战略定位是相匹配的。

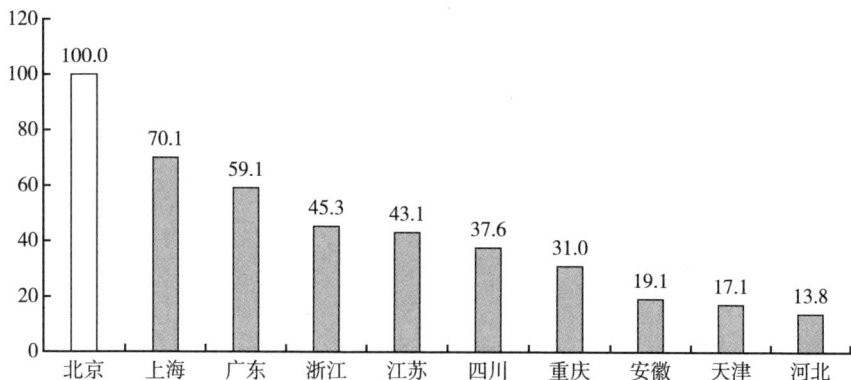

图27　年度科普经费筹集额指数的10个省市对比

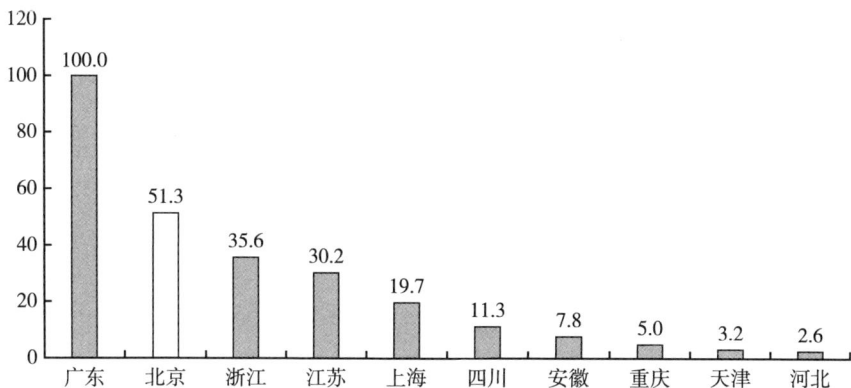

图28　文化及相关产业发明专利授权数指数的10个省市对比

6. 广播电视科技创新奖获奖数量多，优势明显

2021年北京获得中国广播电视科技创新奖20项，高于其他9个省市（见图29），且多年来一直保持相对较多的获奖数优势，充分体现出北京文化创新力强。

7. 文化产业劳动生产率优势明显

2021年北京规模以上文化及相关产业劳动生产率为294.15万元/人，在10个省市中排在第一位（见图30），高于第二名的263.14万元/人、第三名的216.22万元/人，以及第四名的209.93万元/人。2020年，北京规模

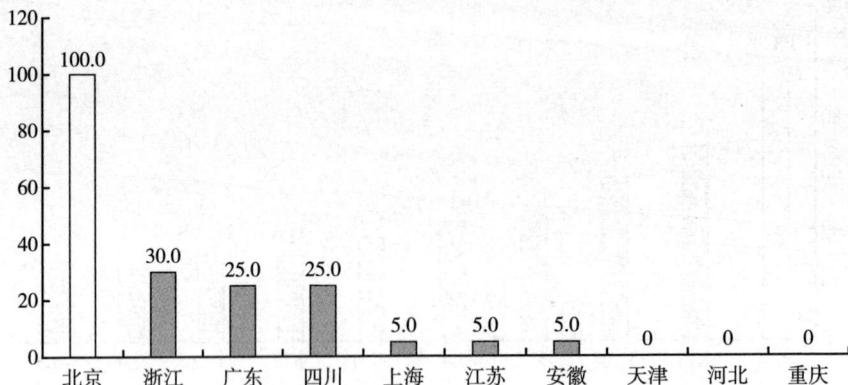

图29　中国广播电视科技创新奖获奖项数指数的10个省市对比

以上文化及相关产业劳动生产率在10个省市对比中同样排名第一。这说明北京文化及相关产业就业人员劳动生产率在全国处于较高水平，遥遥领先于国内其他地区，同时也说明北京的文化从业人员承受着较高的劳动强度。

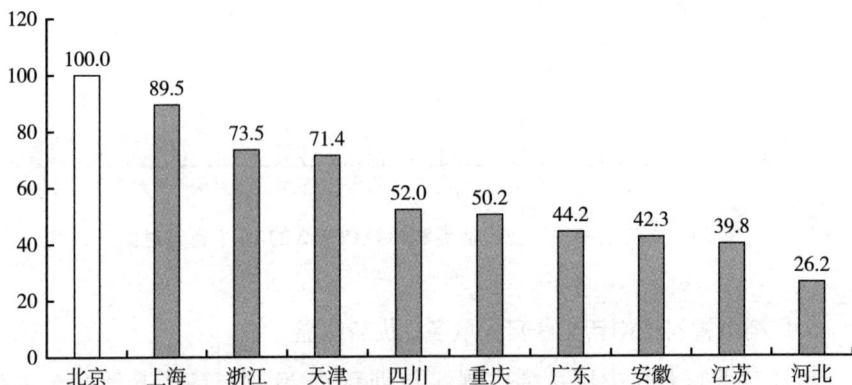

图30　规模以上文化及相关产业劳动生产率指数的10个省市对比

8. 文化产业企业总资产利润率处于中等水平

2021年北京规模以上文化及相关产业企业总资产利润率为5.2%，处于中等水平（见图31），低于排名前四的省市的8.3%、7.0%、6.6%、6.1%的利润率水平。2020年北京规模以上文化及相关产业企业总资产利润率在

10 个省市对比中也同样处于第五的位置。企业总资产利润率相对较低，有可能是因为企业的资产利用效率低，也有可能是因为企业把资产投入风险较高的领域而暂未见到收益，还可能是由于企业处于大城市等高地价高房价区域导致资产购置成本较高。无论如何，这一指标都在提醒北京文化企业资产使用的收益问题。

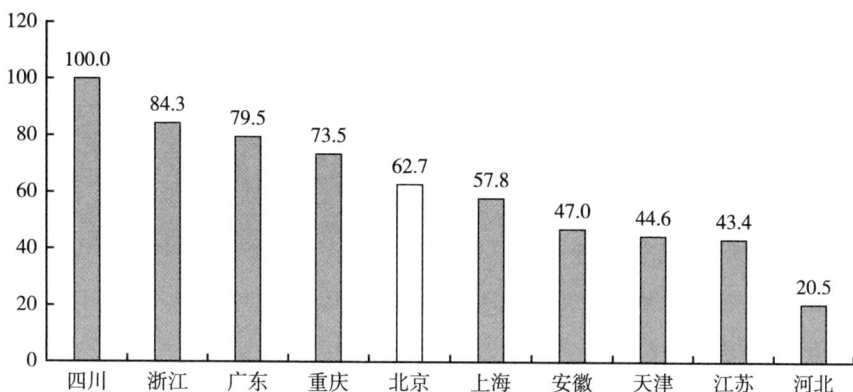

图 31　规模以上文化及相关产业企业总资产利润率指数的 10 个省市对比

9. 人均社会消费水平具有比较优势，但是增长势头弱于上海

2021 年，北京人均社会消费品零售总额为 67920 元/人，在 10 个省市对比中处于第二位（见图 32）。2020 年北京人均社会消费品零售总额为 62661 元/人，在 10 个省市对比中同样处于第二位。北京已经连续两年人均社会消费品零售总额被上海超过。2019 年北京人均社会消费品零售总额为 68784 元/人，高于上海的 63876 元/人。但是上海人均社会消费品零售总额稳步持续增长，2020 年和 2021 年分别达到 64037 元/人、72637 元/人。总体来说，北京的社会消费能力具有比较明显的相对优势，这为文化产业的发展提供了良好的环境与基础。但相比上海，2020 年、2021 年北京人均社会消费品零售总额的增长稍显逊色。

10. 人均互联网宽带接入端口数的相对优势有所下降

从人均互联网宽带接入端口数看，北京为 0.93 个/人，10 个省市中排名第四，少于天津、浙江和上海（见图 33）。而 2020 年，北京在 10 个省市

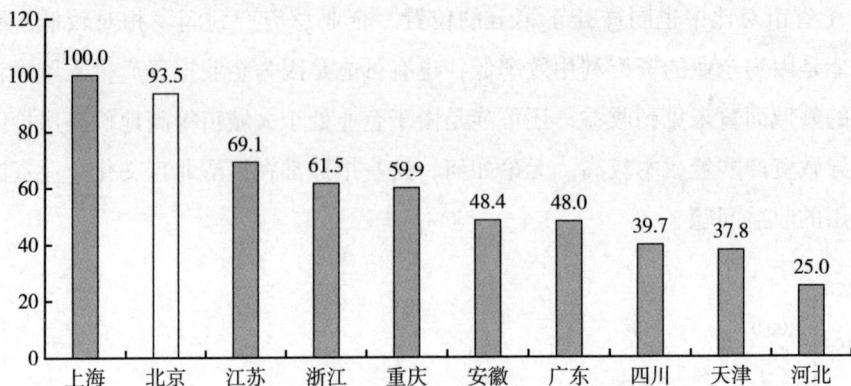

图32　人均社会消费品零售总额指数的10个省市对比

对比中排名第一，为 0.95 个/人。人均互联网宽带接入端口数的多少，在一定程度上体现了互联网的普及和应用程度。较多的人均互联网宽带接入端口数、较高的互联网普及水平，将不断改变人们的生活方式，助推新经济、新业态的发展，为文化科技融合发展提供更加广阔的空间。

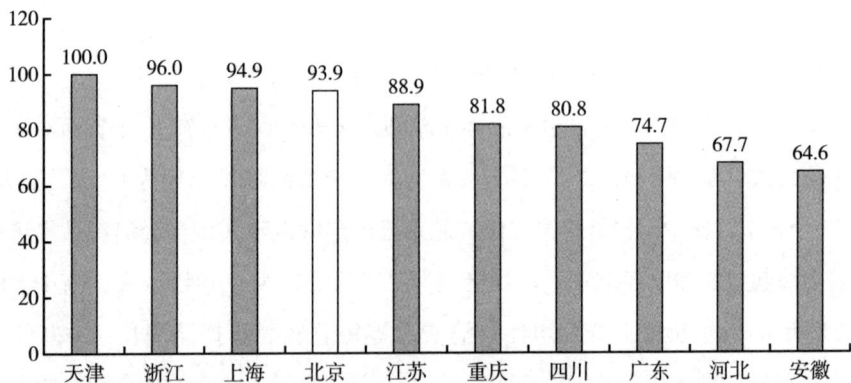

图33　人均互联网宽带接入端口数指数的10个省市对比

（三）10个省市相关指标的综合对比分析

将评价指标体系中的两个或两个以上的指标放在一起开展综合性的对

比分析，可以更进一步揭示各省市文化科技融合发展的特点与相对差异。对若干对有对比意义的指标进行对比分析，从中能窥见一些省市文化科技高速融合发展的动因，以及一些省市在文化科技融合发展中可能存在的掣肘因素。

1. 融合基础中，北京的科技基础雄厚，文化基础相对较弱

2021 年北京研究与试验发展（R&D）经费投入强度为 6.53%，在 10 个省市中名列前茅；体现文化基础的万人拥有博物馆、公共图书馆、艺术表演场馆数为 0.07 个/万人，指数排名第七（见表 9）。尽管北京拥有故宫博物院、国家博物馆、国家图书馆等实力强大的文化场馆，但是人均占有文化场馆数量低于领先省市水平。而且，这些文化场馆中有相当比例是服务于全国甚至全球的，文化意识提升、文化消费落地（北京）以及推动北京地区文化产业发展的效果都将受到影响。而大量的科技研发经费的投入，将极大地提升北京科研实力与技术创新能力，为文化产业的创新发展提供有力的科技支撑。

表 9　2021 年 10 个省市融合基础相关指标指数值

	万人拥有博物馆、公共图书馆、艺术表演场馆数	研究与试验发展（R&D）经费投入强度
天津	100.0	56.0
浙江	80.0	45.0
江苏	66.7	45.2
上海	60.0	64.5
安徽	53.3	35.8
四川	53.3	34.6
北京	46.7	100.0
重庆	46.7	33.1
河北	40.0	28.3
广东	33.3	49.3
中位数	53.3	45.1

就 10 个省市范围划中位线对比，天津、上海和江苏处于高文化基础指数、高科技基础指数象限内。北京与广东一起处于低文化基础指数、高科技

基础指数象限内。河北和重庆处于低文化基础指数、低科技基础指数象限内，文化基础与科技基础都相对较弱（见图34）。

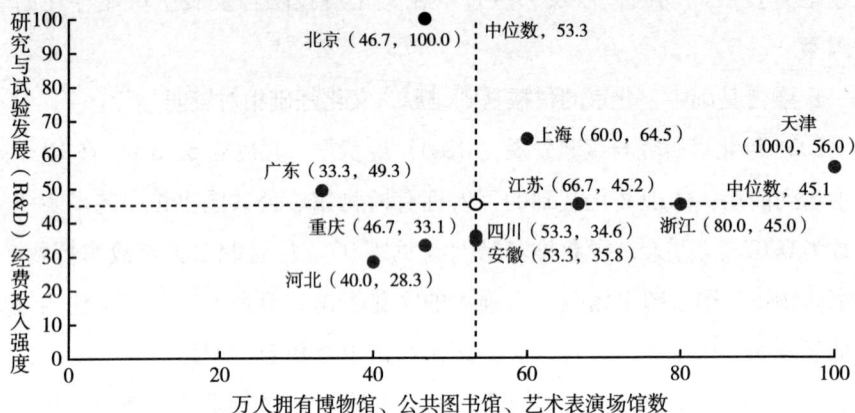

图 34　2021 年 10 个省市融合基础相关指标指数比较

2.融合投入中，北京财力投入更有优势，人力投入明显较少

2021 年，北京规模以上文化制造企业 R&D 人员折合全时当量为 541 人年，指数为 1.5，在 10 个省市中排在最末位。领先省市此指标统计数值为 36420 人年，两省市差距较大。北京年度科普经费筹集额达到 22.8 亿元，在 10 个省市中排名第一（见表 10）。

表 10　2021 年 10 个省市融合投入相关指标指数值

	年度科普经费筹集额	规模以上文化制造企业 R&D 人员折合全时当量
北京	100.0	1.5
上海	70.1	9.2
广东	59.1	100.0
浙江	45.3	51.5
江苏	43.1	79.6
四川	37.6	20.1
重庆	31.0	6.0
安徽	19.1	25.7

	年度科普经费筹集额	规模以上文化制造企业 R&D 人员折合全时当量
天津	17.1	3.0
河北	13.8	4.0
中位数	40.4	14.7

在 10 个省市中位线对比图中，以规模以上文化制造企业 R&D 人员折合全时当量来衡量文化科技融合人力投入，以年度科普经费筹集额来衡量文化科技融合财力投入。其中，广东、江苏和浙江处在高财力投入指数、高人力投入指数象限内，而北京、上海落在高财力投入指数、低人力投入指数象限内（见图 35）。

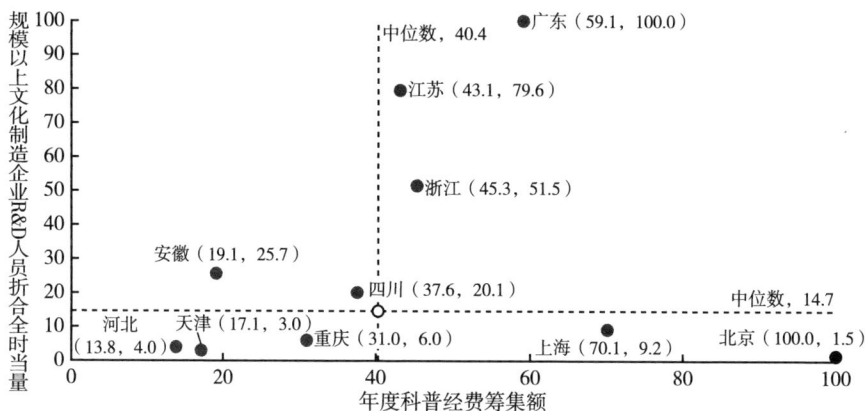

图 35　2021 年 10 个省市融合投入相关指标指数比较

3. 融合产出中，北京文化服务业创新发展优势明显，文化技术专利创新有相对优势

2021 年北京获得中国广播电视科技创新奖 20 项，在 10 个省市中排名第一，指数为标杆值 100.0。2021 年北京文化及相关产业发明专利授权数为 5612 项，指数为 51.3，少于广东的 10943 项，在 10 个省市中排名第二（见表 11）。

北京的中国广播电视科技创新奖获奖项数以及文化及相关产业发明专利授权数，在 10 个省市中都具有较为明显的优势，反映了北京在文化科技融合发展特别是在文化服务业发展中的创新活跃度，且发展成果获得了较为广泛的社会认可。在文化及相关产业发明专利授权数方面，广东的数量超过北京，说明广东在文化制造业的技术发明与产业创新发展上倾注了更多的热情。

表11 2021年10个省市文化及相关产业发明专利授权数
与中国广播电视科技创新奖获奖项数指标指数值

	文化及相关产业发明专利授权数	中国广播电视科技创新奖获奖项数
广东	100.0	25.0
北京	51.3	100.0
浙江	35.6	30.0
江苏	30.2	5.0
上海	19.7	5.0
四川	11.3	25.0
安徽	7.8	5.0
重庆	5.0	0
天津	3.2	0
河北	2.6	0
中位数	15.5	5.0

10个省市中位线对比图显示，北京、广东、浙江、上海、江苏等5个省市都处于高专利授权数指数、高创新奖获奖项数指数象限内，说明这5个省市在技术创新能力、服务业创新发展成果方面都具有优势与实力。四川、安徽处于低专利授权数指数、高创新奖获奖项数指数象限内，说明其文化服务业、文化创意方面创新发展活跃，但是在文化领域的技术创新能力方面有可提升空间。其余省市相对处于低专利授权数指数、低创新奖获奖项数指数象限内，整体文化科技融合发展实力有待提升（见图36）。

4. 融合产出中，北京的劳动生产率优势明显，但资产利用效率相对一般

2021年，北京规模以上文化及相关产业劳动生产率达294.15万元/人，在10个省市中排名第一（见表12），说明北京聚集了一批高素质、高效率的从业人员。而且，与2020年的266.7万元/人相比，2021年北京劳动生产率实现进一步提升。

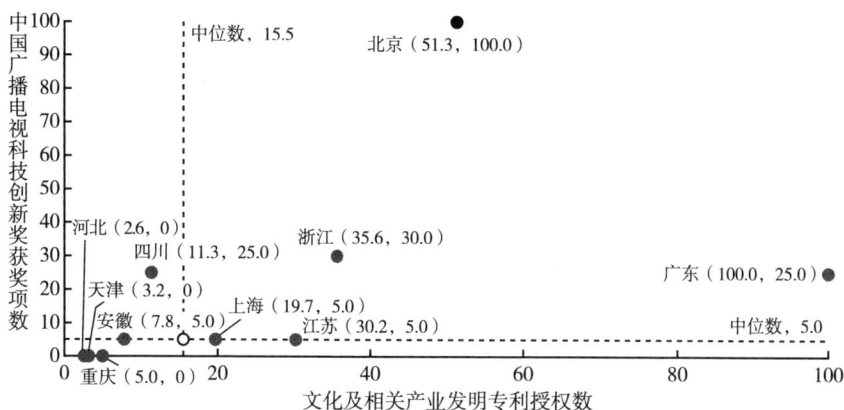

图36　2021年10个省市文化及相关产业发明专利授权数
与中国广播电视科技创新奖获奖项数指数比较

2021年，北京规模以上文化及相关产业企业总资产利润率为5.2%，指数为62.7，在10个省市中排第五位（见表12），属于中等水平，在创新管理、优化资产配置、提升资产利用成效方面还有改善空间。

表12　2021年10个省市规模以上文化及相关产业劳动生产率
与规模以上文化及相关产业企业总资产利润率指数值

	规模以上文化及相关产业劳动生产率	规模以上文化及相关产业企业总资产利润率
北京	100.0	62.7
上海	89.5	57.8
浙江	73.5	84.3
天津	71.4	44.6
四川	52.0	100.0
重庆	50.2	73.5
广东	44.2	79.5
安徽	42.3	47.0
江苏	39.8	43.4
河北	26.2	20.5
中位数	51.1	60.3

10个省市中位线对比图显示，浙江、四川、北京在高劳动生产率指数、高总资产利润率指数象限内，人力资源与资产都得到了相对高效利用。上

海、天津在高劳动生产率指数、低总资产利润率指数象限内,有进一步优化资产配置的努力空间。广东和重庆处在低劳动生产率指数、高总资产利润率指数象限内(见图37),说明两地的文化产业更大比例处在制造业等收益水平相对较低的产业链条上。

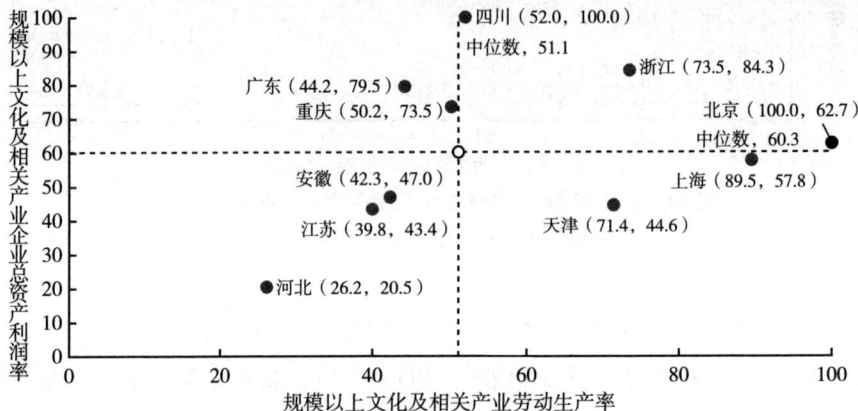

图 37　2021 年 10 个省市规模以上文化及相关产业劳动生产率与规模以上文化及相关产业企业总资产利润率指数对比

5. 融合环境中,北京的消费环境和互联网环境都具有相对优势

2021 年,北京人均社会消费品零售总额为 67920 元/人,指数为 93.5,低于上海,在 10 个省市中排名第二。上海 2021 年人均社会消费品零售总额为 72637 元/人。北京在人均社会消费品零售总额方面具有明显优势,远高于江苏、浙江等其他省市的人均社会消费品零售总额。

2021 年北京人均互联网宽带接入端口数为 0.93 个/人,指数为 93.9,低于天津(100.0)、浙江(96.0)和上海(94.9)(见表13)。

表 13　2021 年 10 个省市融合环境相关指标指数值

	人均社会消费品零售总额	人均互联网宽带接入端口数
上海	100.0	94.9
北京	93.5	93.9
江苏	69.1	88.9

	人均社会消费品零售总额	人均互联网宽带接入端口数
浙江	61.5	96.0
重庆	59.9	81.8
安徽	48.4	64.6
广东	48.0	74.7
四川	39.7	80.8
天津	37.8	100.0
河北	25.0	67.7
中位数	54.2	85.4

　　10个省市中位线对比图显示，北京、浙江、上海和江苏共处高人均社会消费品零售总额指数、高人均互联网宽带接入端口数指数象限中，总体来说北京的融合发展环境仍处于第一梯队中。天津在低人均社会消费品零售总额指数、高人均互联网宽带接入端口数指数象限中，享受互联网信息社会带来的便捷，但是消费能力与消费意愿不足。重庆在高人均社会消费品零售总额指数、低人均互联网宽带接入端口数指数象限中，与天津环境特点正好相反。其余省市相对处于低人均社会消费品零售总额指数、低人均互联网宽带接入端口数指数象限中，融合环境总体有待提升（见图38）。

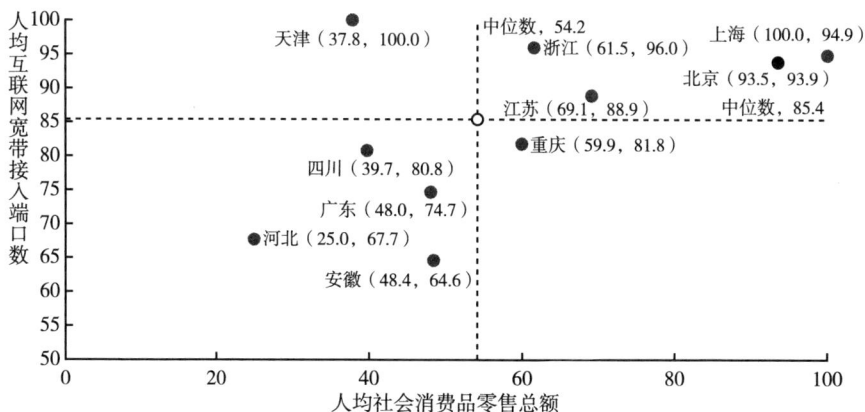

图38　2021年10个省市融合环境相关指标指数对比

（四）评价分析结论

通过 10 个省市的横向对比分析可知，相对于其他省市发展水平，北京文化科技融合发展总体呈现以下发展特点。

1. 北京文化科技融合发展总体优势突出，处于各省市前列

2021 年，北京在 10 个省市对比中文化科技融合发展指数值达到 74.1，远高于其他省市，且在近年来的指数测算中，北京文化科技融合发展指数值都名列前茅，文化科技融合发展总体优势明显。

2. 北京的融合基础指数排名第二，文化场馆等基础设施建设还有改善空间

2021 年，北京融合基础指数值为 73.3，在 10 个省市中排在第二位。在融合基础方面，多年来北京立足全国文化中心、科技创新中心首都城市战略定位，积极推动文化与科技的协同与融合发展，取得显著成果。中轴线成功申遗带动老城与历史文化保护，"三条文化带"建设努力构筑城市文脉新面貌，文化惠民工程不断将文化元素植入城市基因和市民心间，首都文化得到持续繁荣发展。加快科技创新中心建设，增强高质量发展内生动力；打造全球数字经济标杆城市，推动科技与文化的深度融合。

代表科技基础的研究与试验发展（R&D）经费投入强度为 6.53%，在 10 个省市中排名第一，且常年保持全国领先，在 10 个省市中处于明显优势地位。

代表文化基础的万人拥有博物馆、公共图书馆、艺术表演场馆数指标，北京为 0.07 个/万人，在 10 个省市中排名第七。这显示北京虽然拥有故宫博物院、国家博物馆等全国闻名、实力雄厚的文化场馆，但是在文化场馆人均占有数量上并不占优势。北京居民就近感受文化氛围的场馆设施条件仍有可改善空间。

3. 北京的融合投入指数排名第三，文化制造业科技人员投入偏低

2021 年，北京融合投入指数为 50.7，在 10 个省市中排名第三，具有相对优势。近年来北京积极推动文化科技融合发展，在政策、资金、人才等方面出台系列政策，支持动漫游戏、数字出版、数字内容、超高清视听、影视等产业发展，数字经济标杆城市建设、城市更新等相关工作开展也为文化科

技融合提供了更宽广的空间。

其中，年度科普经费筹集额指标北京在 10 个省市中最高，为 22.8 亿元，明显高于其他 9 个省市。北京一直重视科技文化普及工作，多年来大力开展科普宣传工作，北京科技周、北京科学嘉年华等活动轰轰烈烈开展，推动科学文化传播，提升全民科学素养，激发创新动力，推动科技更深层次与文化融合。

规模以上文化制造企业 R&D 人员折合全时当量指标，2021 年北京仅为 541 人年，在 10 个省市中排最末位。且近年来这一指标呈现持续下降趋势，由 2014 年的 1121 人年下降到 2020 年的 736 人年，到 2021 年进一步降至 541 人年。由于缺乏文化产业中高科技人才相关数据，我们暂且用规模以上文化制造企业 R&D 人员折合全时当量来代表文化领域的科技投入情况，指标数据对文化科技投入水平的反映必然有所偏差。实际上，北京有大量的企业与人员投入文化产业创新发展中，特别是文化服务业企业发展较快。2021 年北京有规模以上文化及相关产业服务业企业 4549 家，从业人员 53.2 万人；限额以上批发零售业企业 617 家，从业人员 4.4 万人；规模以上文化制造业企业 143 家，从业人员 2.3 万人。在更多数量的文化及相关产业服务业企业中，特别是在与互联网和信息技术相关的文化及相关产业服务业企业中存在大量的研发人员，但是由于缺乏统计数据而无法体现，对评价结果产生了影响。

4. 北京的融合产出指数排名第一，人才和技术优势明显，资产配置有优化空间

2021 年，北京融合产出指数为 78.5，在 10 个省市中排名第一，具有比较明显的优势。北京在互联网、数字经济相关的文化新经济业态方面实现了快速发展，成果显著。网络视听、动漫游戏、数字出版、创意设计和平台经济等产业，以及区块链、5G、人工智能、集成电路、元宇宙等高新技术都取得了长足进展。北京产生了保利文化、快手科技、爱奇艺、蓝色光标、完美世界等一批优秀文化企业。这些企业在数字影视、数字出版、动漫游戏、平台经济、文博数字化等方面都频繁产出优秀产品，形成了明显的优势与产业特色。2021 年北京文化及相关产业服务业企业营业收入达到 17628.6 亿元。

其中，北京规模以上文化及相关产业劳动生产率、中国广播电视科技创新奖获奖项数 2 个指标，在 10 个省市中处于领先水平，都是排名第一。这说明北京聚集了一批全国最优秀、劳动效率最高的从业人员，人才优势明显，高学历、高素质的优秀从业人员给北京的文化产业带来全国最高水平的劳动生产效率回报。再加上高质量的创意、丰厚的文化底蕴与资源优势，北京同时获得了多于其他省市的中国广播电视科技创新奖数量。文化及相关产业发明专利授权数，北京为 5612 项，排名第二，低于第一名的 10943 项，但是明显高于其他省市，也充分体现出北京的科技创新优势与实力。

规模以上文化及相关产业企业总资产利润率指标，北京为 5.2%，在 10 个省市中排第五位，处于中等水平。与北京自身以往年份相比，也低于 2014 年（6.2%）、2015 年（5.8%）、2017 年（5.8%）、2020 年（5.6%）的指标值。北京需要进一步完善房屋、设备、无形资产等资产的投资方向与布局，并配套完善相关产业链条，充分发挥北京高科技人才创新优势，形成更具技术竞争力的群体产业发展实力与竞争优势。

5. 北京的融合环境指数排名第二，社会消费能力与互联网环境的优势地位在减弱

作为首都城市，北京拥有优越的社会环境和深厚的经济基础，为文化科技融合发展提供了优厚的环境，为北京未来的文化科技融合发展提供了空间和保障。但是北京 2020 年、2021 年的发展势头与上海相比，仍稍有逊色。2021 年，北京的融合环境指数值为 93.7，比上海低 3.8，居第二位，在 10 个省市中具有比较明显的相对优势。2020 年北京融合环境指数也居第二位，但只比上海低 0.02。

其中，北京人均社会消费品零售总额为 67920 元/人，低于上海的 72637 元/人的水平，在 10 个省市中居于第二位，与上海的差距在加大。人均社会消费水平可能会带来文化消费能力的相应变化，从而影响未来本地区的文化市场规模。北京人均互联网宽带接入端口数为 0.93 个/人，在 10 个省市中排在第四位，且与 2020 年相比有所减少，北京的互联网环境在科学治理的基础上还有进一步改善、提升的空间。

总体来说，北京文化科技融合发展总体水平与其他 9 个省市相比有明显优势。但是在文化基础设施建设、文化制造业企业创新人才投入、文化资产配置与利用、文化科技融合环境等方面还有较大的提升空间。今后北京应进一步重视社会文化氛围营造与文化基础设施建设，重视给予文化高端制造业更多的支持与发展空间，优化资产配置、提升资产精细化管理水平，统筹文化资源推动文化产业协调发展，进一步提升首都文化产业的核心竞争力。

产业篇

B.3
北京文化产业科技创新发展报告
（2023~2024）

刘兵　何雪萍　王竞然　刘晓鹏　黄晴　何逸铭*

摘　要：　本报告在国家文化产业分类框架内，选择互联网信息服务、创作表演服务、数字内容服务、景区游览服务等重点行业领域，对北京行业科技发展情况以及科技促进新业态发展等进行阐述。通过分析可见，2023年，北京互联网头部企业集聚辐射效应更加显著，产业生态不断完善，网络直播、生成式人工智能为产业发展提供新的机遇与挑战。在互联网信息服务领域，北京在国际宣发上重点发力，以精准监管有力推动产业走深走实，未来应畅通政策渠道，加快布局大模型、网络直播以及新媒体宣传矩阵建设与创

---

*　刘兵，工学博士，文化科技创新服务联盟秘书长，研究方向为文化科技融合；何雪萍，文化科技创新服务联盟副秘书长、科技服务专委会主任，研究方向为文化大数据与人工智能场景应用；王竞然，文化科技创新服务联盟副秘书长、政府事务与产业研究部主任，研究方向为文化消费新业态；刘晓鹏，文化科技创新服务联盟政府事务与产业研究部研究员，研究方向为企业管理；黄晴，中国科学院科技战略咨询研究院硕士研究生，研究方向为情报分析方法与技术；何逸铭，黑龙江大学新闻传播学院本科生，研究方向为网络舆情、新闻实务与媒体融合。

新。在创作表演服务领域，北京立足"演艺之都"建设，推动线上演出常态化，打造多元新空间，"演艺+"、数字IP、沉浸式体验正成为重要的产业发展新引擎，未来应积极布局"演艺+"、数字IP与沉浸式业态，进一步提升国内外影响力。在数字内容服务领域，借助数字化优势，北京不断创新应用场景，在教育公平、阅读普及等赛道上持续加速，数字品牌渐成规模，未来应基于互联网3.0高地建设，积极发展数字藏品与媒体融合+AI，提升国际传播能力。在景区游览服务领域，北京立足数字化，发轫线上线下双通道，打造精品旅游线路，未来应积极发展沉浸式夜游、短视频，创新景区游览服务模式，积极推进微度假目的地景区建设。

关键词： 文化科技融合 互联网信息服务 创作表演服务 数字内容服务 景区游览服务 北京

一 行业发展趋势

近年来，欧美和日韩立足产业优势与技术优势，以政策为辅，大力推动文化科技融合。一方面，通过科技创新，推动传统产业转型升级，加快传统产业的数字化、数智化发展，探索产业发展新模式、新路径。同时，开辟产业发展的新空间、新赛道，催生诸多新业态。另一方面，立足传统产业转型升级，实现科技创新生态圈的搭建。互联网信息服务、创作表演服务、数字内容服务、景区游览服务作为其中的典型发展领域，表现尤为引人关注。

（一）总体趋势

1. 互联网信息服务业

全球互联网信息服务业发展呈现稳定增长的趋势，市场规模不断扩大，竞争格局日益激烈，同时产业链上下游也得到了有效发展和优化。其中一些重要的生产商包括Google、Amazon、Facebook等，在提供基础互联网信息服务的同时，也在人工智能、大数据、云计算等领域进行了深入的研发和创新，以保持市场领先地位。互联网信息服务业产业链上游、中游及下游也得到了有效的发展和优化。上游主要包括网络基础设施建设、信息通信技术等，中游主要包括各种互联网应用和服务，下游则主要包括消费者和各行业用户。这种完善的产业链使互联网信息服务业能够更好地满足用户需求，提高市场竞争力。

2. 创作表演服务业

全球创作表演服务业市场规模不断扩大，竞争格局日益激烈，产品类型不断丰富，产业链不断完善。数字化转型的加速也为全球创作表演服务业注入了新的发展动力。随着全球文化交流的加深，各国文化之间的界限逐渐模糊，各种文化元素在国际市场上相互交融，为创作表演服务业提供了广阔的发展空间。根据不同的数据来源，全球娱乐市场年增长率在5%~10%，其中影视、音乐、游戏等领域的增长最为迅速。同时，随着数字技术的不断发展，互联网和移动设备的普及率不断提高，数字娱乐市场也呈现爆炸性的增长态势。创作表演服务业国际市场竞争激烈。各国文化企业纷纷进军国际市场，寻求更广阔的发展空间。同时，国际市场上的竞争者也越来越多，包括好莱坞电影、欧洲戏剧、日本动漫、韩国电视剧等在内的各种文化产品都在国际市场上占据一定的份额。全球创作表演服务业的产品类型越来越丰富。从电影、电视剧、音乐、游戏到虚拟现实等新型娱乐形式，各种类型的文化产品都在不断涌现。全球创作表演服务业的产业链越来越完善。从原创IP的开发到制作、发行、营销等，各个环节之间的衔接越来越紧密，形成了完整的产业链。同时，随着数字化转型的加速，新型的商业模式和盈利模式也不断涌现，为全球创作表演服务业注入了新的发展动力。

3. 数字内容服务业

全球数字内容服务业发展迅速，数字化转型加速成为众多传统行业迭代升级的重要推动力量。全球数字内容服务业市场规模不断扩大。数字内容服务业国际市场竞争日益激烈。大型互联网公司Google、Amazon、Netflix等在数字内容服务领域占据主导地位，同时传统媒体公司也在积极转型，加强数字内容服务业务的拓展。数字内容服务业的产品类型越来越丰富。从数字音乐、数字电影、网络剧到虚拟现实、增强现实等新型数字内容服务形式，各种类型的文化产品都在不断涌现。数字内容服务业的产业链越来越完善。从内容制作、平台运营到营销推广等，各个环节之间的衔接越来越紧密，形成了完整的产业链。随着数字化转型的加速，新型的商业模式和盈利模式也不断涌现，为数字内容服务业注入了新的发展动力。

4. 景区游览服务业

全球景区游览服务业呈现加速复苏趋势，数字化、数智化推动产业快速转型升级。随着全球旅游业的快速复苏，景区游览服务业也迎来了广阔的发展空间。景区游览服务业国际市场竞争日益激烈。各大旅游目的地和景区都在努力提升服务质量，提高游客满意度，以吸引更多的游客。同时，一些大型旅游公司和 OTA（空中下载技术）也在积极拓展业务范围，加强景区资源的整合和开发。景区游览服务业的产品类型越来越丰富。从自然风光到人文景观，各种类型的景区都在不断涌现。同时，随着旅游需求的不断变化，一些新兴的旅游产品如乡村旅游、生态旅游、文化旅游等也受到了越来越多的关注和追捧。景区游览服务业的产业链越来越完善。从旅游接待、导游服务到旅游安全、环保卫生等，各个环节之间的衔接越来越紧密，形成了完整的产业链。

（二）科技创新发展趋势

1. 人工智能与机器学习引领产业智能化

AIGC 即"人工智能生成内容"（Artificial Intelligence Generated Content），是区别于 UGC（User Generated Content）、PGC（Professional Generated Content）等互联网上人类生产内容的全新内容生产方式，代表着 AI 技术向创造力的跃迁。AIGC 并非新事物，但受限于之前的 AI 软硬件技术进展，其应用主要局限于体育类、财经类新闻领域，支持格式相对固定或模板化的文章自动生成。随着生成式 AI（Generative AI）技术的快速发展创新，尤其是 AI 大模型和多模态 AI 技术的融合发展，以生成式 AI 为代表的 AIGC 技术的通用化能力和工业化水平快速提升，AIGC迎来"物种大爆发"，从语言文字快速扩展到图像、音视频、3D场景等各类数字内容。目前，欧美AIGC产业生态体系的雏形已经显现，呈现为上、中、下三层架构。其中，第一层是由预训练模型为基础搭建的AIGC技术基础设施层，第二层是模型及服务的融合层，第三层是模型及服务的融合应用层。这种生态体系促进了不同产业之间的融合和创新，推动了AIGC技术的广泛应用。同时，欧美企业在AIGC领域也积极进行投资和布局。不少科技巨头如谷歌、Meta、微软等都在AIGC领域进行了布局，并已经推出一系列具有创新性的产品和服务。这些企业在算法、模型、应用等方面的研发和创新，进一步推动了AIGC技术的发展和应用。

AIGC的爆发，为文化科技融合提供了更高效的数智化工具。OpenAI公司的ChatGPT是一种生成式人工智能模型，主要功能是通过语义分析生成文本，从而与用户进行逼真自然的交互。ChatGPT可以用于各种领域，如教育、娱乐、旅游等。在教育领域，ChatGPT可以自动生成论文、作业等学习材料，帮助学生提高学习效率。在旅游领域，ChatGPT可以根据用户的兴趣和需求自动生成旅游攻略和行程建议。在文生图、图生图领域，Midjourney是一款搭载在Discord社区上的AI图像生成应用，通过差异化产品定位拥有了早期数据积累及活跃社区。通过键入文字指令实现"文生图"及"图生图"，Midjourney Bot可直接与用户交互。登录到Discord社区之后，在Midjourney服务器频道下方的输入框中可以输入prompt（文生图）或者图片链接（图生图），目前主要支持英文描述图片，点击Accept后会将请求加入工作队列，在高峰时段同时作图的人数较多时会在1分钟左右作出来。此外，用户也可以与Discord社区中的Midjourney Bot应用进行对话式交互，通过将Midjourney Bot加入server中即可在自己的频道中作图。

2.区块链技术开辟数字新生态

区块链技术在2023年继续得到广泛应用和发展，为全球范围内的数字经济、数据要素市场、金融领域、数字化治理、网络空间安全、传统产业数字化转型等方面提供重要的支撑和保障。同时，区块链技术的标准化、监管和安全性等方面的研究和应用还需进一步加强，以促进区块链技术的健康发展。在活跃的应用生态中，基于存证、验证功能的防伪溯源与版权保护已成为文化/传媒行业的底层基础应用，并延伸到数字化存储、运营管理、营销互动、投融资、交易等全业务流程。主要应用场景包括体育/演艺、影音/娱乐、新闻/媒体、社交/游戏、文化/艺术，以及知识产权管理等。

截至 2023 年 12 月，全球区块链企业总数超过万家，达到 10291 家。其中，中国和美国是主要集中地。中国和美国各自达到 2802 家和 2697 家，分列第一、第二。Pudgy Penguins 作为 2023 年美国最受欢迎的区块链文娱公司，自 2021 年 7 月 1 日成立以来，一直致力于提供区块链文娱服务，并以其独特的 NFT 项目服务著称于业界。Pudgy Penguins 推出以自家 IP 为模型的实体仿真玩具 Pudgy Toys，该产品于 2024 年上架后受到消费者的一致好评。Pudgy Penguins 以 NFT 为产品核心，将产业链延伸至线上数字与线下实物玩具领域，持续推进数字技术与文娱领域的产业融合发展。2024 年 7 月 23 日，Pudgy Penguins 获得了包括 1 kx 在内的多家投资方的战略投资，表明风险投资领域长期看好区块链文娱产业的增长潜力与价值成长。

3. 虚拟现实技术推动交互升级

虚拟现实内容研发流程较复杂，涵盖前期策划、中期内容制作（3D 建模、渲染输出）、后期测试等环节，现有人工生产模式下内容输出效率无法有效满足虚拟现实内容生态边际扩张需求。但在 AIGC 加持下，AI 可以实现文字多模态跨越，输出为图片、音视频甚至 3D 内容，有助于提升效率，解放虚拟现实内容生产力，推动虚拟现实内容及应用迎来新的供给拐点。

虚拟现实+游戏：游戏玩法多样化交互性提升，深度沉浸感有望带动用户量增加。海外 VR 游戏产品类型由先前射击单一类别扩展到运动类等多类别，玩法上不仅往多人在线方向发展，支持多人体验，还增加了空间音频等效果，以增加用户沉浸感。VR 游戏玩法多样性、交互性提升明显，并在 AI 技术加持下，有望加速推进相关产品上线进度，增强现有用户黏性并吸引新用户加入，带动用户量增加。2022 年推出的 *NFL PRO ERA* 运动游戏，完美复制四分卫的场上进退视角，让玩家尽情享受游戏中身临其境的掌控感；玩家可以自己玩单机游戏，也可以和多达 8 名用户一起体验多人游戏，多人模式不受真实地理位置限制。

虚拟现实+社交：VR 设备出货量提升及 VR 社交产品破圈发展有望带动用户量增加。由于社交的多人互动属性要求用户与好友同时拥有 VR 设备，故 VR 社交产品用户量扩展受制于 VR 设备渗透率。但借鉴 Rec Room 的破圈发展模式，可通过多终端设备的用户涌入带动用户量增加。Rec Room 在支持跨平台使用后，用户数从 2018 年的超 100 万迅速上升到 2022 年的超 3700 万。同时，随着硬件端设备产品性能明显提升，用户沉浸式体验改善，这将有望共同促进用户量提升，推动应用产品持续迭代优化用户体验，并逐渐明确虚拟物品交易、广告变现等盈利模式，持续产生收入。2021 年推出的 Horizon Worlds，可以自主创建形象，最多可以同时和 20 名用户的化身进行互动，比如玩游戏、聊天。

虚拟现实+文旅：打造文旅新业态，让文化与旅游资源"活起来"。虚拟现实与文旅结合通过为文化展馆、旅游场所、特色街区等打造虚拟空间场景满足当下人的感官体验需求，盘活优秀文化与旅游资源，从而吸引消费者并提高消费者付费意愿，拓展变现方式。欧洲城市漫步计划是一个结合虚拟现实和文化旅游的计划。这个计划旨在通过使用虚拟现实技术为游客提供在欧洲城市中漫步的体验，让他们能够感受欧洲城市的文化、历史和风景。如虚拟导游，通过虚拟现实技术，游客可以跟随导游游览城市，了解城市的历史和文化背景，导游可能会提供有关建筑、艺术品、历史事件等详细信息，使游客更深入地了解城市。又如虚拟漫游，游客可以通过虚拟现实技术自由地探索城市，自己决定要参观哪些景点和地点，这种漫游方式可以让游客更加自主地体验城市，同时也给游客提供了更多的探索和发现的机会。再如虚拟互动，游客可以通过虚拟现实技术与城市中的文化遗产和历史人物进行互动，他们可以与历史人物交谈，或者参与历史事件的模拟。这种互动增强了游客的参与感和沉浸感，可以使他们更深入地了解城市的历史和文化。

二 北京互联网信息服务业

随着互联网的发展和各类以网络为载体的新媒体的涌现，互联网信息服务业应运而生。根据国家网信办 2021 年发布的《互联网信息服务管理办法（修订草案征求意见稿）》，互联网信息服务是指提供互联网信息发布和应用平台的服务，包括但不限于互联网新闻信息服务、搜索引擎、即时通信、交互式信息服务、网络直播、网络支付、广告推广、网络存储、网络购物、网络预约、应用软件下载等互联网服务。相关互联网企业欲从事互联网信息服务，须取得 ICP 许可证。其中，互联网新闻信息服务监管执行许可制。2017 年 6 月 1 日起，《互联网新闻信息服务管理规定》（国家互联网信息办公室令第 1 号）（以下简称《规定》）实施。根据《规定》，通过互联网站、应用程序、论坛、博客、微博客、公众账号、即时通信工具、网络直播等形式向社会公众提供互联网新闻信息服务，应当取得互联网新闻信息服务许可。

2022 年以来，人工智能取得长足发展，深度合成技术逐渐成为主流技术体系。深度合成技术以深度学习、虚拟现实等算法为核心算力，辅助制作文本、图像、音频、视频以及虚拟场景。其中，最为重要的就是 2023 年 3 月由 ChatGPT 掀起的生成式 AI 风暴。生成式 AI 一方面助推互联网信息服务产业智能化加速发展，另一方面也加剧了互联网信息服务安全风险挑战。国内互联网信息服务领军企业立足本行业特点，加快自研产业大模型，为产业发展提供持续的科技创新动力。

（一）北京市政策法规

2023 年 3 月 17 日，北京市科学技术委员会、中关村科技园区管理委员会、北京市经济和信息化局印发《关于推动北京互联网 3.0 产业创新发展的工作方案（2023—2025 年）》，提出了推动底层关键核心技术攻关、推动共性技术支撑平台建设、推动"互联网 3.0+"应用场景建设、推动互联网

3.0 创新生态建设、加强互联网 3.0 风险监管五项重点任务。

2023 年 3 月 22 日，北京市商务局发布《关于鼓励开展网络促销、直播电商活动培育壮大网络消费市场的通知》，鼓励企业打造北京特色直播活动、加大商家扶持力度。"1. 鼓励电商平台、直播平台、特色直播电商基地、直播（电商）服务机构、商贸流通企业在京举办网络促销、直播带货等相关活动。对设立'北京商家''北京品牌'等特色专区且投入费用（场租、搭建、宣传推广）不低于 50 万元的，结合活动成效按不超过审定投入费用的 30% 择优给予支持。其中，对应用元宇宙等新技术的网络促销活动，以及文创、非遗等文化内容型直播带货活动，累计支持不超过 150 万元；其他类网络促销活动累计支持不超过 100 万元。优先支持参与'北京消费季'的相关企业。2. 鼓励平台企业、特色直播电商基地、直播（电商）服务机构加大本地商家扶持力度。对实施'商家帮扶''品牌培育''资源推介'等扶持措施的，根据扶持成效给予支持。其中，相关平台、基地 2023 年每培育或引进 1 家符合本文件'支持方向（二）'的企业，给予不超过 10 万元支持；相关服务机构 2023 年每带动 1 家本市批零企业实现网零额超 500 万元（含），给予不超过 5 万元支持。此类方向单家企业累计支持最高不超过 100 万元。"

2023 年 4 月，《北京市互联网信息服务算法推荐合规指引（2023 年版）》正式发布，从算法生命周期、算法类型和算法应用场景三个维度切入，提出互联网信息服务算法安全通用要求、特定要求，着力引导算法推荐服务提供者准确把握责任义务、明确工作规范、健全管理制度、完善运行规则、强化技术手段。

2023 年 5 月 30 日，北京市人民政府办公厅印发《北京市促进通用人工智能创新发展的若干措施》，对具有舆论属性或社会动员能力的人工智能相关互联网信息服务开展常态化联系服务，指导创新主体引入技术工具进行安全检测、按规定申报安全评估、履行算法备案等程序。

2023 年 8 月 24 日，北京市市场监督管理局印发《关于支持平台企业持续健康发展的若干措施》，提出持续优化首都营商环境、建立稳定健康市场秩序、支持企业合规生态建设等，进一步提升北京地区互联网平台公司运营的合规性。

2023 年 9 月 14 日，北京市发展和改革委员会、北京市商务局印发《关于促进本市会展业高质量发展的若干措施》，要求聚焦新一代信息技术、医药健康引领支柱产业和集成电路、智能网联汽车、智能制造与装备、绿色能源与节能环保、区块链与先进计算、科技服务、智慧城市、信息内容消费特色优势产业，发挥会展促进城市对外交往、深化国际经贸合作、服务创新成果展示、拓展产业发展空间的功能。

2023 年 11 月 23 日，北京市《支持北京深化国家服务业扩大开放综合示范区建设工作方案》获国务院批复，研究建设国家新型互联网交换中心。在北京取消信息服务业务（仅限应用商店，不含网络出版服务）、互联网接入服务业务（仅限为用户提供互联网接入服务）等增值电信业务外资股比限制，研究适时进一步扩大增值电信业务开放。

（二）北京市互联网信息服务业发展现状

1. 科技创新基础生态不断完善

当前，北京聚合技术优势、人才优势、市场优势、政策优势，推动互联网信息服务业基础生态持续完善。北京各类科研机构加快推动互联网信息服务技术模型搭建与场景应用。北京智源人工智能研究院研发推出我国首个、全球最大的智能模型"悟道 2.0"；北京微芯区块链与边缘计算研究院研发推出国内首个软硬件一体的自主可控区块链平台"长安链"。北京作为全国政治、文化与科技中心，实现了互联网信息服务产业高速发展，并且拥有众多高校、科研机构，在技术人才与技能人才等方面培育了众多互联网信息服务领域人才，涵盖程序员、网络工程师、产品经理以及运营人员等各类型人员，为各类企业发展布局提供了充分的市场空间与人才保障。为提前布局互联网"3.0"，2023 年 3 月，北京市科学技术委员会、中关村科技园区管理委员会、北京市经济和信息化局联合出台《关于推动北京互联网 3.0 产业创新发展的工作方案（2023—2025 年）》，要求在关键共性技术、场景创新以及投融资渠道搭建领域进行联动联通，建设国际领先的科技创新与产业高地。以互联网安全产业为核心，北京市在海淀区、通州区以及亦庄经济开发区布局国家网络安全产业园，聚集新一代信息技术上中下全产业链条的数百家行业重点企业。

2. 头部企业集聚规模持续扩大

北京依托政治、经济、文化和科技资源优势，聚集众多互联网信息服务头部企业，集聚规模持续扩大。截至 2022 年 12 月底，北京集聚百亿规模及以上的软件企业达到 18 家。其中，字节跳动作为行业翘楚，身价突破千亿元。此外，百度、腾讯、新浪、快手等头部互联网平台集聚于此，相关用户规模数以亿计。根据中国互联网协会发布的《中国互联网企业综合实力指数（2022 年）》，深圳市腾讯计算机系统有限公司、阿里巴巴（中国）有限公司、北京三快在线科技有限公司、蚂蚁科技集团股份有限公司、北京抖音信息服务有限公司、京东集团、百度公司、上海寻梦信息技术有限公司、北京快手科技有限公司和携程集团位居 2022 年中国互联网企业综合实力前十名。其中，三快在线、抖音、京东、百度、快手总部皆位于北京。在百强企业中，有 32 家企业归属北京，占比超三成。北京属地企业在搜索引擎、网络直播、互联网新闻信息服务等互联网信息服务领域占据前列。根据 StatCounter 的数据，2023 年，传统桌面搜索引擎领域，百度、必应、搜狗、好搜、谷歌名列前五；平板搜索领域，百度、必应、搜狗、谷歌、YANDEX 抢占前五名；移动搜索领域，百度、必应、搜狗、神马、好搜位居前五。其中，百度、搜狗、必应总部皆位于北京。国内排名居前的网络直播平台抖音与快手，其总部也均位于北京。北京作为我国政治、经济、文化及科技中心以及全球重要的信息策源地，互联网新闻信息服务领域头部企业不胜枚举。其中，既包括人民网、新华网、中国中央电视台（央视网）、光明网、中国新闻网等中央层面的网络平台，也包括新京报、北京青年报社、北京日报社、北京广播电视台、北京新媒体（集团）有限公司等市属互联网新闻信息服务平台。

3. 网络直播成为消费新引擎新动力

当前，互联网信息服务产业平台不断完善，持续夯实的网络基础设施为网络直播产业提供了腾飞的舞台。北京国际消费中心城市建设路径要求为消费产业提供新引擎新动力，而网络直播在完善的基础设施加持下，成为北京国际消费中心城市建设的新引擎。根据北京市统计局发布的《北京市2023 年国民经济和社会发展统计公报》数据，北京市在限额以上批发和零售业以及住宿和餐饮业领域，网上零售总额达到 5485. 2 亿元，占北京市全年社会消费品零售总额（14462. 7 亿元）的 37. 93%，占比超过三分之一。① 当下，北京市网络电商产业初步建成龙头企业、骨干企业以及中小微企业共同发展的产业生态体系。各类型企业依托自身发展优势与政策利好，分别布局网络平台建设、MCN 机构运营，助推网络电商产业多业态共建。北京市通过政策引领与产业推动，依托自身优越教育资源，集聚了一批网络直播人才，搭建起网络直播人才培养体系。北京市网络电商政策、企业以及人才等多维度资源的推动，使其产业影响力位居全国前列。2022年，北京龙头企业商品交易合计额对全国交易额的贡献约为 70%。② 网络直播产业逐渐成为北京建设国际消费中心城市的重要支撑，为北京市消费产业的再次腾飞提供了新的引擎和新的动力。

4. 互联网新闻信息服务业发达

互联网时代，信息传播速度、传播覆盖面持续加快加宽。以 5G 为代表的新一代信息技术攻关与场景应用实现跨越式发展，信息传播速度与传播范围取得惊人的成果。新闻信息在新一代信息技术基础设施的加持下迎来快速发展期。北京作为全国政治、经济、文化及科技中心，互联网新闻信息服务业高度发达，集聚了众多行业领军企业与众多互联网新闻平台企业。新闻作为特殊信息类型，其真实性会对社会面产生影响，其传播路径与呈现平台须得到有效管控。我国主要通过中央网信办和各地网信办进行互联网新闻信息服务许可管理。北京作为首都，中央网信办和北京市网信办分别负责中央层面以及北京市层面的许可管理。根据 2023 年中央网信办和北京市网信办的

---

① 《重磅! 北京市 2023 年国民经济和社会发展统计公报发布》，首都之窗微信公众号，2024 年 3 月 21 日，https：//mp. weixin. qq. com/s/rW6mSU3g_AwbJKrd0T4dWg。

② 《市商务局：直播电商成北京消费升级新引擎》，新浪网，2023 年 4 月 4 日，https：// t. cj. sina. com. cn/articles/view/1617264814/606580ae02001m5dp。

公示数据，属地为北京的中央层面互联网新闻信息服务企业以及北京市级层面的互联网新闻信息服务企业共计 1009 个，全国占比达到 29.09%。其中，互联网站 192 家，应用程序 119 个，论坛 9 个，博客 6 个，公众账号 626 个，其他 57 个。北京市级层面的互联网新闻信息服务业主要集中在市属新闻媒体平台以及各区融媒体中心，获得许可的企业共计 138 个服务项，占北京属地的服务项比重达到 13.68%。因此，北京市互联网新闻信息服务平台主要由中央层面的相关企业带动发展。

（三）北京市互联网信息服务业发展趋势

1. 大模型为产业培土筑基

ChatGPT 爆红，人工智能大模型成为新"风口"。北京市启动"通用人工智能产业创新伙伴计划"，布局打造具有国际影响力的通用人工智能大模型创新发展高地。市经信局相关负责人表示，北京将围绕人工智能大模型的开发迭代，以场景应用为牵引，汇聚产业链上下游合作伙伴，加速大模型的行业应用落地，赋能千行百业数智化转型。北京市鼓励和支持大模型研发团队加快基础大模型的迭代优化，多方面发挥场景优势，推动大模型应用尽早落地。针对场景开放不够、数据质量不高等问题，将努力创造优质平台和环境，汇聚产业链上下游合作伙伴，促进技术、资源、场景等多方主体的合作；加大开源数据集支持力度，针对医疗、教育、政务、生产力工具等场景，发布一批高质量开源数据集，降低应用企业创新门槛。算力供给能力备受关注。北京市将通过锁定一定规模算力资源的形式，重点满足大模型团队训练和初创企业基于大模型行业模型调优的紧迫算力需求；未来还将加快建设人工智能公共算力中心，提升集约化、规模化、专业化算力能力，提高环京地区算力一体化服务能力，形成全国算力网络调度枢纽节点。

2. 网络直播助力文化传承

网络直播依托各层级受众、低廉的制作成本与传播路径，逐渐成为文化传承创新的抓手。北京作为文化古都，以京剧、非遗以及老字号为代表的众多传统文化资源丰富，但在很长一段时间内，传统文化的传承与利用陷入低谷。当前，以网络直播为代表的互联网信息服务产业生态逐步成熟，为老年人群体提供资源获取平台，为青年人群体打造其喜闻乐见的"国潮"元素，为京剧艺术家、非遗传承人以及老字号商家提供新的传播路径与传播平台。北京积极举办多届"北京非遗购物节"，以直播形式传承非遗文化，并在电商平台设置专题页面，化流量为现金流；京城"八大祥"之一瑞蚨祥、内联升、龙顺成、同仁堂、荣宝斋等"中华老字号"纷纷借助网络平台拓展青年客群，传承非物质文化；大兴区文化馆借助网络直播，举办线上"非遗大兴·寻找非遗地图"，助力大兴区域属地非遗文化传承；天坛以母亲节为事件标的，以非遗文化——玲珑枕为物质标的，举办线上"母亲节非遗手工体验"；北京以线上形式积极举办"北京市戏曲进校园系列活动"，以北京属地内的大学生、中学生为主要受众，积极拓宽传统戏曲文化受众。未来，北京将持续借助网络直播推进文化赓续。

3. 新媒体创新宣传矩阵

当前，社交媒体日渐成为以中青年为核心的社会主要劳动群体的社交工具。以微信平台为代表的图文模式助力受众畅通工作渠道、分享生活经历，以抖音、快手为代表的音视频模式推动受众文娱、购物多元化，多元社交媒体正成为社会各界分享生活、沟通工作的主要渠道。北京立足国际交往中心建设目标，在2023年政府工作报告中明确提出，"完善国际交往中心功能体系，聚焦国际传播的地方职责和北京的超特大城市功能定位，加强国际传播能力和平台建设，要发挥好以在脸书、推特、优兔以及照片墙等多个社交媒体开设的'北京文旅'官方账号为龙头的对外传播方阵压舱石的作用，最大限度地挖掘社交媒体平台传播潜力"。截至2022年12月底，"北京文旅"脸书粉丝数为219万、推特粉丝数为12.97万、照片墙粉丝数为3.5万、优兔粉丝数为0.17万，粉丝潜力有待进一步开发。通过分析已发布内容热度，受众对北京特色明显的内容更为关注。因此，北京借助"中国戏曲文化周""品读建筑　发现北京之美""长城好汉""北京国际音乐节"等极具北京特色的各类活动，引进社交媒体达人，创新社交媒体内容制作与呈现方式，立足中央层面楼兰国际传播智慧云平台，借力抖音国际版，充分发挥国际主流社交平台的传播优势，强化北京宣传推广，拓展中华传统文化传播方式与路径。

4. 政策创新指引科技创新

日前，以 ChatGTP 为代表的生成式 AI 技术以及各类应用场景的涌现，一方面推动互联网信息服务产业快速发展，强化产业供给端技术革新与产品迭代；另一方面在治理端也给各级政府部门带来不小的挑战。北京作为互联网信息服务产业高地，产业供给端百度推出"文心一言"，360 推出"360 智脑"，商汤科技推出"日日新"，清华大学推出"ChatGLM-6B"，中国科学院自动化研究所推出"紫东太初"等，产业供给端在深度和广度上持续拓展。北京为推动互联网信息服务业有序健康发展，打造科技创新中心城市，从产业治理层面不断做深、做实治理机构、治理政策等工作。北京提早布局治理机构建设，设立北京互联网法院，明确产业治理机构；深化服务业扩大开放综合示范区建设，为产业供需两端营造良好的营商环境；制定出台《北京市互联网信息服务算法推荐合规指引（2023 年版）》，聚焦算法生命周期、算法类型以及算法应用场景，加强算法领域的应用管理，引导企业合规有序推进产业发展。2022 年全年，北京市积极响应"清朗·2022 年算法综合治理"专项行动。在企业平台层面，针对 36 家重点企业进行现场执法。在算法应用层面，指导 60 余个算法应用自查整改。在算法备案层面，助力 38 家企业共计 85 个主体完成备案。[①] 北京市发轫互联网信息服务产业治理机构、专项政策、产业引导等，通过精准监管，推动产业健康有序发展，为完成科技创新中心建设任务添砖加瓦。

三 北京创作表演服务业

根据国家统计局发布的《文化及相关产业分类（2018）》，创作表演服务业归属于内容创作生产，进一步细分为文艺创作与表演、群众文体活动以

---

① 《北京发布互联网信息服务算法推荐合规指引》，腾讯网，2023 年 4 月 28 日，https：//
news. qq. com/rain/a/20230428A007WM00。

及其他文化艺术业三小类。创作表演服务业尽管归类为内容创作生产，但是从文化内容生产到文化项目传播，再到终端文化产品消费，涵盖了文化产业全产业链流程。当前，通用人工智能技术与应用领域持续突破，给创作表演服务业带来深刻影响，进而推动文化生产、传播与消费数字化转型升级，进一步向数智化跨越式发展快速迈进。

2022年以来，区块链技术推动创作表演服务业持续创新和健康发展，主要体现在提供安全可信的交易环境、全新的销售和交易模式、版权保护和改善收益分配模式等方面。区块链技术的去中心化特性增加交易透明度和安全性，使创作者和表演者可便捷地与各方进行交易，且确保这些记录不可篡改，保证交易的安全可信。区块链技术简化漫长的审核流程和复杂的交易过程，实现去中心化的点对点交易，使创作者和表演者可直接向观众销售作品或表演门票，降低交易时间和成本。区块链技术可实现智能合约，使交易过程更加自动化和透明化。区块链技术可记录版权内容在创作、发行、销售等全过程中的信息，有效防范盗版和侵权行为。区块链技术的去中心化特性使收益分配更加公平和透明，精确记录每一笔交易的收益并自动分配给创作者和表演者，保障其合法权益。

（一）相关政策法规

2022年7月15日，北京市人力资源和社会保障局发布《北京市创意设计专业职称评价试行办法》，为拓展创意设计专业人员职业发展通道，促进创意设计产业与现代制造业、商务服务业、信息业、文化旅游业等融合发展，助力全国文化中心建设，在工艺美术系列开设了创意设计专业。

2022年9月30日，北京市文化和旅游局印发《北京市扩大文化和旅游新消费奖励办法》，提出支持开发弘扬中华优秀传统文化的旅游消费新产品：深入挖掘北京历史文化名城资源，支持鼓励文物、典籍、园林、生肖、节日、节气、历法、烹饪、武术、服饰、中华诗词、音乐舞蹈、书法绘画、曲艺杂技等中华优秀传统文化的创造性转化和创新性发展，设计推出能展现首都文化内涵的旅游消费新产品。支持科技赋能旅游消费新场景：充分把握北京建设科技创新中心和全球数字经济标杆城市的机遇，支持鼓励大数据、云计算、物联网、区块链、5G、虚拟现实、增强现实等新技术应用到旅游消费场景中，创造出更多新型的消费场景，促进传统的消费场景提质增效，推动旅游消费场景向数字化、网络化和智能化升级发展。

2023年3月3日，北京市通州区人民政府办公室印发《北京城市副中心文化旅游区发展建设三年行动计划（2023—2025年）》，提出培育多元化演艺娱乐生态。引进国内外优质演出剧目、大型文艺、体育、媒体、品牌活动及盛典，打造地标性演出商业消费群体。以"动漫、演艺、会展+NFT元宇宙数字化内容"概念为起点，引进线下演出、数字艺术展，打造沉浸式互动演艺秀、原创动漫和数字产品线下空间、超维度城市剧院的综合体。

2023年4月18日，北京市商务局印发《加快恢复和扩大消费持续发力北京国际消费中心城市建设2023年行动方案》，要求加快推动北京"演艺之都"建设。发挥"大戏看北京"风向标作用，推出沉浸式、互动式等演出业态。

2023年5月19日，北京市文化和旅游局发布《2023年北京市演艺服务平台资助项目（演艺空间培育类）征集公告》，提出聚焦培育多元演艺空间，鼓励传统剧场、主题公园、园区街区、文化文物单位、商业综合体等活化空间利用、丰富演出样态，发展体验式、互动式、沉浸式演艺项目，打造文旅深度融合的创新性驻场演出或体验场景。明确参与申报的演艺空间应以发展演艺业态为主，积极探索多元业态融合；具有完整、科学、可行的运营计划和商业模式；具有清晰、精准的受众群；能够实现较好的社会效益和经济效益。

2023年8月25日，中共北京市委办公厅、北京市人民政府办公厅印发《关于进一步推动首都高质量发展取得新突破的行动方案（2023—2025年）》，提出打造"首演首秀首发"平台，提升"演艺之都"国际影响力。

2023年初，北京市委印发《北京市建设"演艺之都"三年行动实施方案（2023年—2025年）》，为打造集聚魅力、树立标杆、服务大众的"演艺之都"，北京围绕优质的演艺内容、创作主体的培养与支持、市场的深度开发、表演空间的优化利用、品牌形象的塑造推广、传播手段的创新运用以及生态环境的营造与保护等 7 个方面制定 30 项重点任务。

（二）北京市创作表演服务业发展现状

1. 艺术表演市场快速复苏

2020~2022 年，北京市艺术表演市场受限于环境因素，线下市场严重受挫。随着我国进入"乙类乙管"常态化疫情防控阶段，线下艺术表演市场进入全面复苏阶段。三年疫情防控时期的积累，使消费端线下观演需求达到爆发临界点。因此，艺术表演市场进入常态化运行之后，消费者纷纷涌入各类艺术表演场所进行观演。根据北京市文化和旅游局公布的数据，2023 年演出市场快速复苏，尤其是第三季度，市属表演团队的演出场次达到 1728 场，演出收入达到 5683 万元（见图 1）；北京市重点艺术表演场所演出场次达到 13552 场，演出收入达到 69608.6 万元（见图 2）。其中，演唱会市场表现十分亮眼。2023 年 5 月，北京市演唱会市场进入旺季，陈粒、任贤齐、李宇春、五月天等成功举办个人演唱会。演唱会市场的火爆带动票务经济快速复苏，同时演唱会市场的辐射带动作用也不容小觑。明星周边衍生品市场、交通餐饮市场也欣欣向荣。

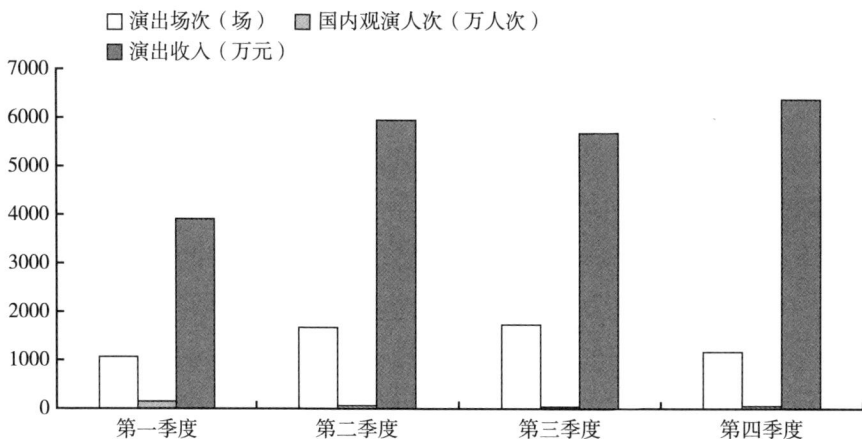

图 1　2023 年 1~4 季度北京市属表演团队相关市场数据

资料来源：北京市文化和旅游局。

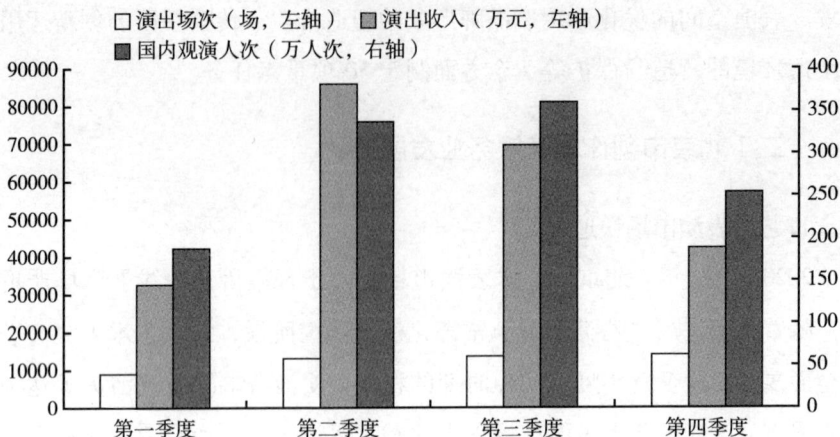

图2 2023年1~4季度北京市重点艺术表演场所相关市场数据

资料来源：北京市文化和旅游局。

2."演艺之都"建设成为创作表演重要抓手

北京市政府于2023年首次将"着力打造'演艺之都'"纳入政府工作报告。北京希望通过"演艺之都"建设，进一步提升全国文化中心地位，丰富广大市民的日常休闲娱乐生活。其实，北京的"演艺之都"建设早已起步，且发展成效不断显现。北京聚焦各类创作表演需求，积极打造各类演艺场所。以"大剧场"塑造北京"演艺之都""文化动脉"，以"小剧场"重塑北京"演艺之都""毛细血管"。根据《新京报》的统计数据，经过十多年的快速发展，截至2023年5月，北京拥有大中小剧场179个。当前，北京积极通过展演活动推动"演艺之都"建设由"量"向"质"迈进。以"大戏看北京"展演季为例，从2022年11月5日开幕，到2023年3月闭幕，为广大市民提供多达35部剧目139场演出。"大戏看北京"以"文艺展新姿，精品献人民"为主题，以现实主义题材为核心，依次推出《山海情》《杨家岭的春天》《五星出东方》《觉醒年代》等众多优秀文艺作品，作品类别涵盖歌剧、诗剧、舞剧以及电视剧等。北京通过"演艺之都"建设，一方面成功塑造北京新兴文化品牌，另一方面则为广大市民提供一场场"艺术盛宴"。北京以"演艺之都"建设为重要抓手，坚持"艺术源于人民，艺术服务人民"的发展理念，加快推进创作表演向高质量发展。

3."线上"文艺演出逐渐常态化

新冠疫情倒逼、数字赋能、文化崛起，为北京文艺演出市场"线上"常态化发展提供可能。疫情防控时期，以线下市场为主的文艺演出受挫严重。消费者尽管出行受阻，但对文艺演出的需求从未消减。北京作为国内最为发达的文艺演出市场之一，特殊的社会环境倒逼"线上"文艺演出蓬勃发展。当前，以5G、云计算、虚拟现实、增强现实以及混合现实等为代表的新型数字技术应用成果持续涌现，北京作为全国新型数字技术集中策源地，占据天时地利人和，各类数字技术应用示范项目纷纷落地。近年来，我国文化自觉与文化自信持续加强，北京作为全国文化中心，文化发展势头日益昂扬。在特殊的社会环境、强大的数字技术以及丰富的文化资源等多元因素联合推动下，北京"线上"文艺演出逐渐实现常态化运营。国家话剧院打造全国第一个5G智慧剧场，通过场所升级改造，为"线上"文艺演出市场发展布局基础设施；国家大剧院陆续推出"华彩秋韵""声如夏花""冬日之约"等一系列精彩的线上文艺演出，为广大民众提供多元的文化盛宴；北京人艺以70周年重点庆祝事件为背景，推出8K版高清实时直播《茶馆》纪念版，让经典再现在每一位观众的眼前。北京作为全国文化中心，"线上"文艺演出的常态化发展，有助于带动我国文艺演出"线上"市场的快速发展。

4.演艺新空间助力文艺表演多元化

当前，北京通过活化传统演艺空间，培育新兴演艺空间，旨在通过探索演艺新空间，助力北京文艺演出市场多元化、时代化发展。北京以"会馆有戏"为传统会馆谋求品牌再生。吉祥戏院、正乙祠重新起步，再现历史风貌；湖广会馆、颜料会馆等先行先试，引入民间多元文艺表演。"会馆"作为北京极具特色的文化标识，长期以来饱受内容陈旧、建筑老旧的困扰。北京近年来通过"会馆有戏"品牌建设，推动老旧会馆无论是外在建筑还是内在内容都呈现璀璨新颜。"会馆有戏"不仅让传统会馆文化、传统戏曲等活了下来，还使其通过建筑外貌与文化内涵的"续航"，重新在大众视野"亮相"。此外，北京根据新时代文化发展需求、新时代消费者喜闻乐见的内容，积极引育新型演艺空间。2022年12月，"开心麻花"新一代演艺综合空间"开心麻花·花花世界"在望京盛世起航；2023年3月，天宁1号东方艺空间在天宁1号文化科技创新园正式启动。更值得关注的是，2023年4月19日，北京市东城区对首批演艺新空间进行授牌，包含77剧场、颜料会馆、笑果工厂隆福寺店、大麦新空间当然有戏沉浸式剧场以及南阳共享际等5家演艺新空间。北京通过激活文化底蕴，引入各类资本，借助演艺新空间打造，加快北京"演艺之都"建设，进而彰显中华民族文化的连续性、创新性、统一性、包容性、和平性。

（三）北京市创作表演服务业发展趋势

1. "演艺+"引领产业发展方向

当前，"跨界"成为多个领域的热点词语。"跨界热"兴起的主要原因是传统各行其是的发展路径、发展模式已经进入瓶颈期，而且随着居民生活水平持续提升，可支配收入持续上涨，对供给端提出了更高、更个性化的要求。北京市作为全国文化中心，各行各业、各类人士齐聚在这里，为"跨界"提供了生长所需的肥沃土壤。近年来，北京围绕全国文化中心建设进一步细分提出"打造'演艺之都'"，"演艺+"既是产业供给端拥抱创新的必然路径，也是产业需求端猎奇、追求个性化的必然路径。北京依托自身充盈的产业优势，积极探索演艺与旅游、科技、展览等领域的"跨界"融合。以"跨界"模式，寻求演艺的现代化创新、探索文化的传承沿革。当前，"演艺+"催生了"云演艺"、"剧本杀"以及旅游演艺等形色各异的文艺演出新业态。北京以"演艺+"新业态为突破点，构建"动线""动面"层面的消费圈。北京以此为目的，推出"文化商圈"计划，以前门、隆福寺、王府井等原有商业消费圈层为重点落地场景地，打造"演艺+"示范项目，探索打造"前门京味文化体验区""三里屯时尚演艺街区""台湖演艺小镇"等"演艺+"动线圈层与"演艺+""动面"群落。"文化圈层"计划一方面为文化演艺提供更为多元的落地场景，另一方面则进一步丰富消费商圈的多维选择。

2. 数字 IP 推动文艺表演复苏与崛起

疫情防控时期，严重依赖线下市场的文艺表演团队和个体遭受重挫。随着"乙类乙管"有序推进，文艺表演的线下市场复苏路径成为各方关注的重要问题。此外，加快推动文艺表演受众的年轻化也是文艺表演利益相关各方必须解决的关键问题。面对文艺表演线下复苏需求以及文艺表演受众年轻化需求，北京市依托自身丰厚的文化积淀与商业优势，积极探索文艺表演的复苏与崛起路径。其中，数字 IP 成为推动北京市文艺表演复苏与崛起的重要抓手。游戏 IP 作为数字 IP 的典型示范，自带"流量"与"年轻"属性，在刺激数字经济与提振线下消费方面作用突出。2023 年 2 月 25 日，从《王者荣耀》衍生出的原创中文音乐剧《摘星辰》在北京保利剧院成功开幕。《摘星辰》从游戏 IP 出发，积极探索以数字 IP 带动文化实体产业的发展新模式。《摘星辰》通过衍生游戏 IP 元素，以自身流量属性刺激线下演艺市场，以自身年轻化属性吸引年轻受众前往剧院。此举一方面助力线下文艺表演的快速复苏，另一方面通过推动文艺表演受众的年轻化助力传统文艺表演的传承。面对行业发展环境与受众困境，北京市积极发挥自身数字经济优势，以数字 IP 带动传统文艺表演产业发展，积极探索文艺表演发展的新模式、新业态。

3. "沉浸式"拓展演艺市场新业态新模式

当前，在"万物皆可沉浸"的背景下，"沉浸式"成为演艺市场的一项新选择。一方面，"沉浸式"丰富了文艺表演的表现形式，进一步丰富了文艺表演项目供给；另一方面，在需求端，"沉浸式"增强观演群体的"临场感""沉浸感"，可以使其更加真实、切身地感受剧目的情节变化，进一步丰富观演群体的欣赏选择。"沉浸式+演艺"，一方面需要以科技赋能点亮"沉浸式"，另一方面又需要厚重的文化沉淀和多元的演艺群体、场馆等做支撑，此外还需要成熟的演艺市场构成完整的商业闭环。北京作为全国经济、文化中心以及科技高地，充分发挥自身在科技、文化以及经济领域的优势，以"沉浸式"积极拓展演艺市场新消费、新业态。比如，77剧场推出《大真探赵赶鹅》，以全景沉浸剧场模式带领观众回望北京"老胡同"；大麦新空间推出《现在开市》，以沉浸式互动戏剧的模式赋予观众新的角色身份；颜料会馆推出《城南旧事之评书传奇》，以沉浸式话剧的形式再现古代建筑与传统评书文化，赋予传统评书文化新生；开心麻花推出《偷心晚宴》，以沉浸式互动戏剧形式将魔术表演与餐饮美食融合，为观众提供感官与味觉的双重体验。"沉浸式"通过科技发展新的观演形式，通过文化展现深刻的文化内涵，通过经济模式革新形成新的商业闭环，为北京市拓展演艺市场业态提供了一条康庄大道。

4. "内领外宣"争创文化演艺高地

北京作为全国文化中心，既积极巩固提升国内文化领军地位，同时还积极打造中华文化对外宣传窗口。北京通过内部引领、外部宣发，进一步巩固提升自身文化高地地位。当前，文化自信正成为国内各界人士的普遍共识。北京依托多元的文艺院团资源，以全国巡演等模式，引领国内文艺演出市场的复苏与振兴。中国评剧院以各类经典评剧剧目巡演山东，在齐鲁大地上演一场场评剧的文化盛宴；北方昆曲剧院让昆曲这一"活化石"再次响彻华夏大地，《牡丹亭》《西厢记》等经典剧目，让中华儿女重温昆曲的魅力；北京曲剧团带着《茶馆》，让石家庄观众"亲临"传统北京大茶馆；《五星出东方》时隔多年再次回到其发祥地，以舞剧的形式让新疆儿女感受中华传统文化的博大与多元。北京通过各类文艺院团剧目巡演，进一步强化自身文化高地建设。积极推动中华文化"走出去"是中华传统文化包容性的题中应有之义。近年来，北京通过影视剧、话剧、曲剧等形式积极提升海外影响力，打造中华文化"走出去"的重要平台。《流浪地球》《中国梦365个故事》等影视作品，向世界展现中国的现代化、科幻化魅力；北方昆曲剧院的《牡丹亭》、北京人艺的《司马迁》让世界感受中华传统文化传承的连续性与创新性。此外，《北京青年》《老有所依》等入选国礼，赠予外国政要。北京积极发挥自身文艺院团资源优势，加快构筑"内领外宣"高地，打造中国式现代化的文化策源地。

四　北京数字内容服务业

数字内容产业最早由欧美国家提出，称其为"内容产业"。1995 年，西方 7 国会议首次明确"内容产业"的概念；1996 年，在《信息社会 2000 计划》中，欧盟初步确定"内容产业"的具体内涵，指出内容产业初步涵盖信息产品及其服务的制造、开发、包装和销售。随后，我国"十一五"规划纲要提出"鼓励数字内容产业发展，积极发展信息服务业"等，并提出数字内容产业是提供图像、字符、影像以及语音等数字化信息产品及服务的新兴业态。自数字内容产业首次提出，经过近 30 年的发展，其内涵愈加丰富。美国等国将"内容产业"概括为"创意产业"，根据《北美产业分类系统》（NAICS）的产业划分，其包含数字游戏、数字学习、数字出版典藏、数字艺术等产业；韩国在此基础上，进一步提出"839 战略"，将智能机器人产业纳入其中。我国在《文化及相关产业分类（2018）》中，明确数字内容服务具体包括动漫、游戏数字内容服务，互联网游戏服务，多媒体、游戏动漫和数字出版软件开发，增值电信文化服务以及其他文化数字内容服务。

2022 年以来，增强现实（AR）技术在数字内容领域实现长足的发展。AR 技术通过将虚拟内容和真实世界结合，为人们提供全新交互体验，广泛应用于数字内容产业，未来有望推动用户交互方式的创新和发展。AR 技术能增强用户的感知体验，通过 AR 眼镜或手机应用，用户可看到额外信息或虚拟对象，这些信息或对象是对现实世界的补充或扩展。AR 技术能提供更加沉浸式的交互体验，使用户能与虚拟对象进行互动。AR 技术还能提高用户参与度和互动性，通过将用户的真实动作和虚拟对象相结合，使用户更加主动地参与到虚拟场景中。在社交媒体领域，AR 滤镜可以添加各种有趣特效和滤镜，提高用户的参与度和互动性。在广告营销领域，AR 技术可以通过虚拟试用或模拟购买等方式提高消费者的参与度和购买意愿。

（一）相关政策法规

2022 年 5 月 30 日，北京市经济和信息化局印发《北京市数字经济全产业链开放发展行动方案》（以下简称《方案》），助力全球数字经济标杆城市和"两区"建设全产业链开放发展、全环节改革的工作。《方案》提出加速数据要素化进程、推动要素市场化改革突破、打造数字技术新优势、赋能重点产业创新发展、加强数字经济治理、增强数字经济发展支撑等。

2022 年 11 月 25 日，北京市出台《北京市数字经济促进条例》。北京市以法律法规的形式，加强数字基础设施建设，培育数据要素市场，推进数字产业化和产业数字化，完善数字经济治理，促进数字经济发展，建设全球数字经济标杆城市。北京市从数字基础设施、数据资源、数字产业化、产业数字化、智慧城市建设、数字经济安全等多维度，规范指引北京市数字经济的健康有序发展。

2023 年 3 月 20 日，北京市朝阳区人民政府、北京市科学技术委员会、中关村科技园区管理委员会、北京市经济和信息化局印发《朝阳区互联网3.0 创新发展三年行动计划（2023 年—2025 年）》，提出支持建设产业服务平台。聚焦北京市数字人基地，建设光场采集、动捕平台和数字人存证平台，布局人工智能虚拟制片平台，实现基于深度学习模型的数字人自动演出能力，促进艺术创作资源聚集。面向 AR/VR 数字内容制作需求，推动建设新型云协同渲染系统。支持建设元宇宙一站式平台软件。支持搭建人工智能生产平台，利用 AIGC 提升模型渲染、内容创作能效生成大规模高质量模型与内容，打通数字人自研技术链条。

2023 年 5 月 19 日，北京市经济和信息化局等联合印发《北京市通用人工智能产业创新伙伴计划》，抢抓通用人工智能产业发展新机遇，推动大模型技术创新应用，拟组织实施"北京市通用人工智能产业创新伙伴计划"。伙伴计划聚焦于汇聚产业链上下游合作伙伴，构建政产学研用深度融合的协同联动产业体系，推进大模型研发和应用，解放和发展数字经济时代新的生产力，赋能千行百业数智化转型，助力全球数字经济标杆城市建设。明确产业创新伙伴包括算力伙伴、数据伙伴、模型伙伴、应用伙伴以及投资伙伴。

2023 年 5 月 30 日，北京市人民政府印发《北京市加快建设具有全球影响力的人工智能创新策源地实施方案（2023—2025 年）》，以实现高水平建设北京国家新一代人工智能创新发展试验区和国家人工智能创新应用先导区，加快建设具有全球影响力的人工智能创新策源地，有力支撑北京科技创新中心建设。

2023 年 5 月 30 日，北京市人民政府办公厅印发《北京市促进通用人工智能创新发展的若干措施》，以充分发挥政府引导作用和创新平台催化作用，整合创新资源，加强要素配置，营造创新生态，重视风险防范，推动北京市通用人工智能实现创新引领和理性健康发展。

2023 年 8 月 25 日，中共北京市委办公厅、北京市人民政府办公厅印发《关于进一步推动首都高质量发展取得新突破的行动方案（2023—2025 年）》，提出鼓励企业依托人工智能等技术开发消费类电子产品、搭建虚拟现实数字生态，扩大在远程医疗、教育技术等场景的应用。激活科幻消费潜力，推广"中国科幻大会"等品牌活动矩阵，与影视、阅读、科普、研学、文旅等场景深度结合，建设全球科幻创意争相迸发的中心节点。

2023 年 9 月 8 日，北京市人民政府办公厅印发《北京市促进未来产业创新发展实施方案》，聚焦元宇宙领域，提出聚焦突破纳米结构超透镜、虚拟化身、真 3D 显示、高性能算力芯片、虚拟现实操作系统等元宇宙前沿底层技术，确定互联网 3.0 发展路线。推动人工智能赋能元宇宙，推进元宇宙关键技术在智慧城市、影视娱乐、数字创意等领域的创新应用。

（二）北京市数字内容服务业发展现状

1. 数字化赋能教育公平与特色发展

北京市借助数字化赋能，通过《北京教育信息化三年行动计划（2018—2020）》和《北京教育信息化"十四五"规划》等政策引领，积极推动教育公平与学校特色发展。截至 2023 年 6 月，北京市区域内约 3000 家高校、中小学以及教育科研机构 100% 接入互联网，初步形成"一库""六系统""N 应用"的北京市教育大数据体系。北京市通过构建教育大数据体系,将57个教育业务系统的数据纳入其中,已经涵盖5.78亿条数据,其中包括320张数据表以及2.7万个数据要素。北京立足教育大数据体系,通过场景应用,形成教育公平新的驱动力。北京市教委立足现有"中学教师开放型在线辅导服务平台",升级打造"中学教师开放型在线答疑服务平台"。目前该服务平台已服务超过8900名教师、约10万名初中学生,服务频次超过300万次。北京市借助数字化优势,创新应用场景,在教育公平赛道上持续加速。北京市在努力打造教育公平的基础上,还积极依托数字技术进行差异化发展,构建数字教育领域的校际特色。如北京市第二十中学等聚焦人工智能,打造人工智能小课堂;史家胡同小学依托数字技术连通博物馆与校园,打造"中华优秀传统文化博悟课程",赋予文物新的"数字生命",塑造具有沉浸式、交互式特点的全新课堂学习环境。

2. 数字化打造综合立体阅读生态圈

北京市依托领先的数字技术研发集群优势与产业集聚优势,从企业、学校以及社会等多个维度发力,积极打造综合立体阅读生态圈。北京汇聚了大量优质的数字阅读企业。根据企查猫数据,当前中国数字阅读企业主要分布在南方,而北京作为全国科技、文化以及经济汇聚地,是我国数字阅读企业最多的5个省市中唯一在北方的。在数量上,北京市已注册的数字阅读企业仅次于广东省。通过供给端的优势汇聚,北京市的数字阅读产品得到"质"和"量"的双向提升。学校和社会是数字阅读的主要需求端。在学校一端,北京市已通过数字技术赋能校际多样性,打造多元多样的数字阅读模式。以东城区板厂小学为例,该小学依托数字技术打造"家校共育"平台,借助该平台,推荐以及分享形色各异的优质课程,并进一步开发"智慧阅读课程",涵盖自主阅读、图书馆阅读以及课后服务阅读等多种线上线下相结合的阅读模式。在社会一端,北京市积极提升数字阅读的社会关注度与影响力,举办"书香中国·北京阅读季"等系列阅读活动,并开辟"数字阅读推广及应用经验主题"专项论坛,借助政府公信力,进一步增强数字阅读的社会知晓度与社会影响力。

3. 数字游戏创新文化传承与宣传路径

通过十多年的持续发展，北京市数字游戏产业规模持续扩大，产业影响力持续提升。2023 年 4 月 30 日，第十届"动漫北京"顺利启动，会上发布了北京十年间的动漫游戏产业发展状况。"动漫北京"发布的数据显示，2022 年，北京市动漫游戏产业市场营业收入达到 1238.68 亿元。其中，游戏企业总产值约为 1051.13 亿元，占 84.86%，约占全国游戏市场收入的 35%。数字游戏成为北京市文化"走出去"的重要路径。经过近十年的发展，北京市成为我国游戏"出海"领域的领头羊。根据"动漫北京"公布的数据，2022 年北京市动漫游戏企业出口产值达到 597.14 亿元。北京市依托数字游戏创新文化传承路径，提升文化在青少年受众中的接受度与满意度。当前，北京市通过数字技术，以数字游戏为重要载体，积极创新文化传承路径。如 2023 年 5 月，北京市石景山区文旅局联合搜狐畅游，以"非遗+数字"的模式发布《新天龙八部》端游。石景山区文旅局通过数字游戏模式，将区级非遗项目"京式旗袍传统制作技艺"融入游戏人物服饰设计，提升"非遗"在青少年群体中的传播力与影响力，助力传统文化高效传承。北京市积极打造各类数字游戏新品牌。经过十届的发展，"动漫北京"成为北方最具影响力的动漫游戏品牌。

4. 数字品牌建设助力产业良性发展

北京市近年来加快推进数字品牌建设，全力推动全球数字经济标杆城市与中国数字经济发展"北京样板"建设进程。当前，北京初步培育出"动漫北京""文科汇""北京数字经济体验周"等众多标杆品牌。其中，"文科汇"由北京市国有文化资产管理中心负责举办，构建"文化+科技"融合创新体系。2023 年，该系列活动推出 4 期，包括多项产业化应用合作项目。这些项目以"文化+科技"为标的，积极引导金融机构、金融企业等助力文化企业、文化园区健康有序发展。如蚂蚁科技与首创朗园合作、北京文化产业园区协会与光大银行北京分行合作。此外，还积极引导数字科技企业与文化园区以及文化企业通力合作。如天桥演艺区与曝光云合作、中图云创与北京容积视觉科技合作等。"动漫北京"积极助力民族动漫精品发展，举办

"民族原创动漫形象大赛"，通过举办赛事模式，为民族原创团队提供亮相的重要舞台。"动漫北京"有力推动北京市动漫产业良性发展，畅通了北京动漫产业的创作、生产以及消费全产业链条。此外，北京市还积极举办"北京数字经济体验周"，通过现场体验数字娱乐产品以及科普研学数字内容，以场景化的引导提高受众对数字产业发展成果的直观感受，助力产业培育。

（三）北京市数字内容服务业发展趋势

1. 积极打造互联网3.0新高地

随着区块链等新一代信息技术的快速发展，高度去中心化的互联网3.0成为互联网未来的主要赛道。北京市在政策引领、产业集聚以及金融支持等领域多举措发力，积极打造互联网3.0新高地。北京市于2023年3月出台《关于推动北京互联网3.0产业创新发展的工作方案（2023—2025年）》，积极引导互联网3.0产学研用全链条发展。当前，北京市基于区级差异优势，积极推动区域协同发展。海淀区依托高校与科研机构优势，积极打造原始技术策源地；朝阳区基于产业优势，打造相关企业培育与集聚地；石景山区深度围绕"首钢"数字场景，为各类新型数字技术提供落地场景应用试验区；通州区围绕城市副中心新区建设，在文化旅游、智慧城市等领域提供区域规划建设地。此外，北京市建立产业创新联合体，助力互联网3.0的内容生态发展与产业集聚，进一步打造"群策群力"产业发展模式。在产业资金融通层面，北京市还积极出台各类金融支持措施，为互联网3.0解决"动力"问题。例如，北京市设立的互联网3.0投资基金，聚焦关键核心技术、共性技术支撑平台以及落地场景应用等领域，为其提供资金投融资渠道。目前，北京已初步形成由集群领军企业牵引、特色产业园区、共性技术平台、专业服务平台、标杆应用场景、产业投资基金等共同组成的互联网3.0产业生态，未来北京市将向着具有国际影响力的互联网3.0新高地持续迈进。

2. 努力夯实文化外宣重要路径

北京市以"国际网络游戏之都"建设为契机，积极夯实文化对外宣传新的重要路径。自2019年出台《关于推动北京游戏产业健康发展的若干意见》以来，北京市积极围绕"国际网络游戏之都"建设目标，在打造全球领先的精品游戏研发中心、网络新技术应用中心、游戏社会应用推送中心、游戏理论研究中心以及电子竞技产业品牌中心等目标方面取得不小成就。2022年7月，北京市东城区出台《国家文化出口基地建设实施方案》，进一步提出"健全国际网络游戏孵育体系，鼓励和支持精品化产品海外发行，弘扬中华优秀文化"。北京市在相关政策引领与支撑下，以数字游戏"出海"为契机，积极打造文化对外宣传新路径。当前，北京市基本形成游戏"出海"企业图谱，汇聚了江娱互动、猎豹移动、朝夕光年、祖龙娱乐、龙创悦动、乐元素、紫龙游戏、英雄游戏、点点互动、掌趣科技、有爱互娱、壳木游戏、麦吉太文、智明星通等众多游戏"出海"明星企业。此外，北京市还积极通过举办各类国际会议、论坛等引导数字游戏"出海"健康有序发展。如北京国际游戏创新大会、数字文化出口高峰论坛以及动漫游戏出口合作平台。数字网络游戏正成为北京市对外文化宣传的重要窗口，对于中国文化"走出去"产生深远影响。

3. 数字藏品成为新的城市文化名片

数字藏品在多领域实现产业创新与产业赋能。北京市积极紧抓数字藏品赋能实体经济效应，创新城市文化名片打造路径。北京文投联合北京文化产权交易中心打造"北京历史文化名城"系列数字藏品；首钢瞭仓数字藏品博物馆基于扩展现实等技术以数字藏品形式永久收纳永定河文化故事；东城区文旅局联合腾讯等共同打造"燕京八绝"系列数字藏品，以数字形式再现京绣、景泰蓝、宫毯、牙雕、玉雕、雕漆、花丝镶嵌、金漆镶嵌等"燕京八绝"。由此可见，北京市通过深入挖掘古都文化、京味文化以及红色文化等历史文化资源，通过传统文化资源数字化，契合当代消费者审美需求，以其喜闻乐见的数字藏品形式再现传统历史文化风貌。在文化资源数字化基础上，进一步赋能文创产品，以数字藏品带动实体文创产业的腾飞。北京市将进一步借助城市 IP 数字化，通过多元多维的数字藏品创新城市文化名片，进而以数字藏品赋能实体经济，实现数字藏品的二次创作，塑造数字藏品产业链。北京市委宣传部、文物局、文旅局、公园管理中心、各博物馆等传统历史文化资源端可联合市场化运营机构，适当授权城市地理标识、历史文化遗产等，进一步丰富数字藏品领域的资源池。

4. 媒体融合+AI 助力数字内容服务

2023 年 2 月 18 日，北京经济技术开发区融媒体中心在众多政府级融媒体中心中，率先引入通用人工智能大模型，以百度"文心一言"为核心，重塑"尚亦城"客户端业务矩阵，构建起"新闻+政府+商务"的互联网信息服务多维业务矩阵。北京经济技术开发区融媒体中心希望借助对话式通用人工智能语言类大模型，形成融媒体中心新的智能化内容生态体系，进一步推动媒体由数字化向智能化融合发展。此外，北京广播电视台推出数字主持人"时间小妮"，以北京广播电视台主持人徐春妮的形象和声音资源为蓝本，使其成为中国第一个广播级的数字人产品。北京广播电视台积极以数字人的方式，通过"媒体融合+AI"创新互联网数字内容服务。截至目前，"时间小妮"已参与北京冬奥宣传融合新闻节目、"文明驾车礼让行人"专项活动以及北京市接诉即办融合新闻等多项新闻服务节目与相关专项活动。当前，北京市积极通过数字技术尤其是通用人工智能和数字人等技术，加速媒体融合由数字化向智能化发展。通过现有阶段的积极主动摸索发展，未来北京市将进一步加快媒体融合与 AI 等通用人工智能领域相关内容与技术的"双向奔赴""合力发展"。以媒体融合创新数字内容服务的媒体矩阵，以AI 等通用人工智能赋能媒体融合，创新媒体融合的发展路径，重塑媒体融合生态体系，打造媒体融合发展新赛道，助力媒体融合健康有序发展。

五　北京景区游览服务业

根据《文化及相关产业分类（2018）》，景区游览服务业涵盖城市公园管理、名胜风景区管理、森林公园管理、其他游览景区管理、自然遗迹保护管理、动物园与水族馆管理、植物园管理服务等领域。在具体服务类型上，包含位置导览（地图、语音以及其他数字化手段）、票务服务、餐饮服务、购物服务等涉及旅游的"衣食住行"。当前，新型数字技术的快速发展正加速景区游览服务的数字化与智能化。票务服务，OTA 平台、短视频平台等快速抢占线上市场份额；演艺服务，各类沉浸式演艺成为景区新的引擎；停车服务，数字化与智能化持续革新落地场景；讲解服务，通用人工智能与数字虚拟人的双向合作将带来产业崛起。

2022 年以来，大数据技术的引入给景区游览服务的精准化带来了积极的影响。通过大数据分析，景区可以更好地了解游客的需求和行为，为游客提供更加个性化、精准化的服务，提高游客的满意度和忠诚度。同时，大数据技术还可以帮助景区优化营销策略、提高安全管理水平、进行资源管理和规划等，为景区的可持续发展作出贡献。尤其是，随着通用人工智能的快速发展，通用人工智能进一步提升大数据技术应用的可靠性与有用性，为景区智慧化提供更为可靠的落地路径。数字人 AI 导游、OTA 模式、景区导览大模型……景区智慧化逐渐成为旅游产业的共识与未来。

（一）相关政策法规

2022 年 5 月 25 日，北京市第十五届人民代表大会常务委员会通过《北京中轴线文化遗产保护条例》，自 2022 年 10 月 1 日起施行。该条例对北京中轴线文化遗产传承利用和公众参与作出明确规定，并进一步指出，市、区文化和旅游部门应当会同文物、交通等部门采取措施，统筹遗产发展和旅游资源开发，提升旅游品质，丰富旅游产品，促进北京中轴线保护和旅游融合发展。

2023 年 1 月 17 日，北京市发展和改革委员会等 11 部门印发《北京市推动先进制造业和现代服务业深度融合发展的实施意见》，鼓励文化旅游等服务企业通过委托制造、品牌授权等方式向制造环节拓展；以体验式消费需求带动新型智能终端的开发和应用；以家电、消费电子等为重点，落实生产者责任延伸制度，促进更新消费。

2023 年 3 月 3 日，北京市通州区人民政府办公室印发《北京城市副中心文化旅游区发展建设三年行动计划（2023—2025 年）》，强化数字科技赋能转化。深入挖掘数字科技与文旅产业融合创新点，加快 VR、AR、5G 等数字技术的应用，加速"数字+"解锁应用新场景。积极与国家级优秀产业协会、高新技术头部企业对接，拓展现实技术和数字孪生技术的场景转化，探索元宇宙技术应用。加强科技赋能，加快文化旅游区旅游资源数字化转化和开发，探索实现文旅产品交易、供求信息对接、内容分享等功能高效交互的落地路径，促进数字技术场景转化，推动文化、旅游与科技多元融合。

2023 年 4 月 18 日，北京市商务局印发《加快恢复和扩大消费持续发力北京国际消费中心城市建设 2023 年行动方案》，促进文旅消费提质扩容。推动《北京市扩大文化和旅游新消费奖励办法》落地，对文化和旅游消费领域符合条件的新产品、新场景、新业态、新商品项目进行奖励。深入挖掘三条文化带文化内涵，推出一批精品旅游线路。提高"漫步北京""骑游北京""网红打卡地""北京微度假""京华乡韵""京·花果蜜"等文旅促消费品牌影响力。聚焦城市文化形象塑造，组织实施各类文化创意项目。加快乡村民宿与周边景区、亲子教育、休闲农业、健康养生等深度融合，推动乡村旅游提质增效。

2023 年 8 月 25 日，中共北京市委办公厅、北京市人民政府办公厅印发《关于进一步推动首都高质量发展取得新突破的行动方案（2023—2025 年）》，提出打造一批新的文旅体精品。加强文物数字化保护和展示；打造"首演首秀首发"平台，提升"演艺之都"国际影响力。

2023 年 9 月 14 日，北京市商务局等 9 部门印发《进一步促进北京老字号创新发展的行动方案（2023—2025 年）》，提出要加强与旅游资源融合。利用老厂房、古建筑，将老字号工业旅游纳入北京经典旅游线路重点推介；鼓励重点公园、旅游景区引进老字号企业入驻，培育一批"老字号+公园景区"。

2023 年 12 月 19 日，北京市商务局等 5 部门印发《北京市着力打造国际文物艺术品交易展示中心的若干措施》，提出促进文物艺术品展示与城市新形态、新空间、新场景深度融合；支持城市更新项目聚焦文物艺术品赋能，打造集文化娱乐体验、新零售新创意于一体的"文商旅"复合空间。

2023 年 12 月 25 日，北京市文物局印发《北京市文物建筑开放利用导则（试行）》，指出由文物行政部门管理使用的各级各类文物建筑需尽可能向社会开放，已向社会开放的要进一步阐释价值、挖掘潜力、提升服务，未向社会开放的需明确开放时限。

（二）北京市景区游览服务发展现状

1. 景区服务数字化进程有序推进

北京市围绕国际消费中心城市建设目标，以景区游览服务为标的，积极推进景区服务数字化进程。经过近几年的加速发展，北京市在数字化导览系统、AR 导览系统、大数据分析、智能化服务、移动支付以及无人机拍摄等领域成效显著。故宫博物院、颐和园等景区先后依托手机端推出数字化导览系统；长城、北京动物园等引进增强现实（AR）技术，推出 AR 导览系统；故宫博物院以及北京动物园借助数字化终端服务积累了丰富的消费端数据，通过大数据分析，构架起数字化游客分析体系，极大提高景区运营管理水平；北京市主要景区通过引进移动支付，有力提升游客服务质量；长城、颐和园等借助无人机航拍，为游客提供差异化的观光视野。"北京智慧旅游地图"作为北京市文化和旅游局主要的智慧旅游服务平台，自 2017 年推出以来持续迭代，2023 年"十一"前夕该平台实现进一步升级。目前，已经实现分类搜索旅游景点、在线查询公共服务设施、虚拟导览等。数字化智慧旅游服务平台尤其便利了老年人以及残障人士等特殊消费人群的出行。2023年 7 月 26 日，北京召开国际消费中心城市建设两周年新闻发布会，北京市文化和旅游局副局长刘斌指出，北京已经有 212 家等级旅游景区、73 家红色旅游景区以及大运河国家文化公园等众多重点旅游景区实现 VR 虚拟导览服务。

2. 线上活动成为重要营销路径

三年疫情给以线下实景游览为主的景区游览产业造成重大冲击，但为线上各类景区游览活动的发展提供了强大的驱动力。景区游览服务产业的各类市场主体，包括景区方、第三方平台等积极发轫线上市场，寻求产业自救与业务外延。故宫博物院在 2023 年端午期间，通过"故宫展览"App 以及官方网站专门栏目，推出"纳天为书——韩美林天书艺术故宫展"、"何以中国展"、"光影共见——驻华使节眼中的故宫"摄影展等线上数字展；中国紫檀博物馆紫檀文化体验基地精心设计"博物馆里的端午节·云游紫檀宫"线上特展；北京市西城区文旅局联合北京河图推出"万象中轴"数字文化体验项目。第三方平台借助自身平台优势，通过整合景区游览服务产业上下游资源，做大做强"线上"产业规模。北京旅游网在中文网站推出"云上端午"专题，包含游京城、端午云赏大戏以及其他各类特色活动；中青旅国际旅游有限公司推出"觉醒年代 青春骑行"线上活动，通过引进全国特级导游张洋，引领游客线上重履"觉醒年代"。当前，线上景区游览服务正逐渐成为线下景区游览服务的重要补充部分。景区、第三方平台等通过线上与线下两个市场的高效协同，促进景区游览服务产业进一步复苏。

3. 景区文旅新场景打造成效显著

当前，北京围绕国际消费中心城市建设目标，以文旅消费为重要核心，在景区新场景打造领域成效显著。北京以自身景区文旅资源禀赋为基础，积极响应国家号召，深刻把握中华文化的创新性、连续性、包容性等特征，在国家文化和旅游消费试点城市、国家级夜间文化和旅游消费集聚区、国家级旅游休闲街区以及其他文旅新业态方面形成一批优秀案例。东城区、西城区、朝阳区、密云区和延庆区入选国家文化和旅游消费试点城市；天桥演艺区、前门大街以及亮马河国际风情水岸等 11 家单位荣获国家级夜间文化和旅游消费集聚区；三里屯太古里以及前门大街等共计 4 家入选国家级旅游休闲街区。北京围绕景区业态创新打造东城"故宫以东文化金三角"、门头沟"京西山水嘉年华"以及推出环球主题公园等新业态集聚区。此外，北京围绕数字赋能，推出多种多样的智慧文旅平台，比如北京在大运河国家文化公园、73 家红色旅游景区以及 212 家等级旅游景区推出依托虚拟现实技术的 VR 虚拟导览支持平台。北京近年来紧紧围绕"消费升级"，以景区转型升级为突破口，聚焦数字技术赋能，以景区文旅新场景打造为主要路径，进一步推动北京市景区游览服务产业的数字化与智慧化，进一步推动北京市景区游览服务高质量发展，加快建设国际消费中心城市。

4. 积极打造景区旅游精品体系

北京市作为全国文化中心，拥有丰富的文化历史资源以及各类文旅景区。为有效整合北京市文旅景区资源，构建景区旅游精品体系，北京市以游客视角集聚各类游客需求，重点关注毕业季、暑期、开学季等重点时间节点，推出风格各异的景区旅游精品体系。以 2023 年暑期为例，北京市围绕毕业季，精心打造"漫步北京——美好如初回忆之旅主题游线路"，以"初识"系列勾起众多毕业生对北京、博物馆、红叶以及公园划船等的美好回忆；北京围绕"暑期"全国客流，以北京核心文旅景区为主体，推出"漫步北京——核心区文化探访线"，让全国游客在有限的时间内充分感受北京中轴线上的文旅宝珠，一方面可以感受昔日皇家文化，另一方面可以充分感受世俗民间的"宣南文化"；北京围绕新生"开学季"，重点推出"漫步北京——好景好物迎新之旅主题游线路"，为初临北京的新生及其家长奉上北京游览最佳路径，使其充分感受首都之"文深""景美""店潮"。此外，北京以"七一"建党节为重要契机，积极打造"红色七月"研学路线，让全国游客充分感受北大红楼、李大钊故居、香山革命纪念馆、中国人民抗日战争纪念馆等重点红色旅游景区。凡此种种，皆为沧海一粟，北京市通过深入分析各类游客出行需求，融合重点时间节点，充分整合自身文旅景区资源，构建起风格各异的景区旅游精品体系。

（三）北京市景区游览服务发展趋势

1. 夜经济成为景区复苏重要场景

夜经济逐渐成为北京市旅游景区的重要提振点，助力北京景区游览服务产业快速复苏。通过政策引导与景区主动迎接新变化，北京市传统景区、街区与现代街区积极通过夜经济拓展客流，为景区游览服务产业注入新的活力与激情。长城作为中华民族的重要象征，留给世人的印象主要是白日的巍峨壮观景象。近年来，北京市八达岭长城、慕田峪长城以及古北水镇司马台长城推出夜游项目，拓宽景区游览时间维度，进一步让大众感受长城夜晚的魅力。其中，古北水镇司马台长城精心设计八大夜游项目，包括"提灯夜游""湖畔晚餐""摇橹汤河""星空温泉""品酒观星""音乐盛宴""畅游泳池""枕梦星宿"等，涵盖夜间"行""食""住""娱"等多个维度。前门大街通过光影技术装扮，将集合传统的老字号与彰显现代的文创产品再现在夜间游客面前。北海公园以静心斋为主要载体，在每周的周二、周三、周五以及周六的20点，将古典皇家园林的夜间美呈现在大众面前。此外，北京世园公园、北京世界花卉大观园等众多景区纷纷开辟夜间游玩路径，进一步助力北京景区游览服务产业的快速复苏。以"夜经济"为核心的新型文旅业态逐渐成为景区复苏的重要场景。

2. 短视频助力景区营销可视化

短视频逐渐成为重要的营销推广平台。通过在短视频平台发布内容，市场主体可以以更低的成本、更快的速度将更全的内容送至受众面前，并可以直接接受相关反馈。北京市景区服务产业相关主体，包括景区主体、产业协会以及旅游博主和众多游客，产业供给端通过短视频助力景区游览服务数字化、线上化、便捷化，产业需求端借助短视频平台，可以便捷地获取目的地景区的衣食住行等相关游览信息。北京市景区游览服务产业借助短视频，构建起供给端与需求端双向的数字化沟通渠道。北京市通过短视频平台积极构建"出海"宣传新路径。北京市文化和旅游局推出《京·粹》系列短视频，并通过其海外社交媒体官方账号"北京文旅"（Visit Beijing）进行宣传推广，让海外大众可以更直观地获取北京"最美印象"。北京各文旅景区纷纷搭建自己的官方短视频账号，通过短视频平台定期发布景区最新信息，为广大游客提供各类所需信息。此外，旅游博主以及已经游览完毕的游客借助短视频推出景区游览小提示以及游览路径推荐等各类自媒体信息，极大地推动景区游览服务产业主体之间的交互。近年来，北京市旅游行业协会联手北京旅游网举办多期短视频培训活动，从短视频制作、传播到整个运营流程，为从业者提供更为有效的产业辅导。

3. 微度假目的地拓宽景区维度

2022年12月，北京市文化和旅游局联合东城区等推出"北京微度假"文旅新消费品牌。首批微度假目的地包括故宫以东·城市度假文化金三角、门头沟小院的悠闲时光、来影都过周末、桃醉平谷·金海露营、心宿密云山水·休闲古北、最美冬奥城。疫情发生以来，受限于各种不利条件，微度假成为消费者的主要出行选择。在供给端，微度假成为旅游景区"复工复产"的重要提振手段。北京市积极出台政策助力微度假目的地健康发展。《北京市推动微度假促进文旅消费工作方案》为北京市微度假目的地打造明确了发展路径。北京市鼓励金融机构助力微度假目的地高效建设。北京银行作为北京重要的地区性银行，在官网开辟"北京微度假"专栏，以北京首批微度假目的地为主要服务对象，根据其相关文旅企业、项目发展需求，制定定向性的金融扶持办法。经过一段时间的市场培育与品牌打造，北京市初步构建起"北京微度假"产品体系，以品牌为核心，初步构建以短视频、微博、微信公众号等为核心的新媒体宣传矩阵。"北京微度假"作为北京市面向新型文旅发展需求推出的重要品牌，将进一步推动北京市景区游览服务产业的复苏。"北京微度假"逐渐成为北京市景区游览产业新的标杆与重要风向标。

4. 景区游览主题路径逐渐明晰

"文化中心"是党中央赋予北京的"四个中心"城市战略定位的重要组成部分。根据《北京文化发展报告（2021~2022）》，北京全国文化中心建设的主要方向包括古都文化、红色文化、京味文化和创新文化。这些方向体现了北京作为大国首都的文化定位，同时也符合北京丰富的历史文化底蕴，展现了北京独特的文化特色和风采。2021年，北京积极挖掘古都文化资源，以"一城三带"为核心，深入推进历史文化名城的保护工作。在城市遗产保护与有机更新、活化利用的结合上，北京市取得丰硕成果。古都的历史文化风貌与现代都市的交融，进一步展现了城市的文化魅力。这为"十四五"时期深入推进传统文化传承和城市遗产保护打下了良好的基础。随着建党百年系列活动的开展，北京红色文化场馆的建设进展迅速，众多的红色文化遗址迎来了参观热潮。红色戏剧和影视作品也成为热门话题，红色旅游线路的数量和质量都有了大幅提升。作为一座有光荣革命传统的城市，北京的红色文化成为顶级的热门内容。在 2021 年国务院公布的第五批国家级非物质文化遗产代表性项目名录中，北京入选 25 项，位居全国前列。其中包括八大处传说、六郎庄五虎棍、北京果脯传统制作技艺等。尽管北京是一座古都，但同时也拥有浓厚的创新文化氛围，引领着新时代文化发展的方向。

案例篇 ﹃

B.4
北京文化科技融合发展典型案例研究

刘兵　何雪萍　王竞然　刘晓鹏　黄晴　何逸铭[*]

摘　要： 本报告在互联网信息服务、创作表演服务、数字内容服务、景区游览服务等重点文化科技融合领域，选择北京地区的 16 个代表性案例，阐释科技对文化产业的支撑作用。在互联网信息服务领域，大模型成为产业发展的重要引擎，搜索、电商、网络安全以及短视频新业态领域大模型持续发展；在创作表演服务领域，数字人、沉浸式技术加速推进文化科技融合，科技装置与艺术的融合拓宽跨界维度；在数字内容服务领域，融媒体、云游戏成为产业转型升级的重要路径与载体；在景区游览服务领域，智慧地图、数字门票、线上景区等推动景区游览数字化升级。

* 刘兵，工学博士，文化科技创新服务联盟秘书长，研究方向为文化科技融合；何雪萍，文化科技创新服务联盟副秘书长、科技服务专委会主任，研究方向为文化大数据与人工智能场景应用；王竞然，文化科技创新服务联盟副秘书长、政府事务与产业研究部主任，研究方向为文化消费新业态；刘晓鹏，文化科技创新服务联盟政府事务与产业研究部研究员，研究方向为企业管理；黄晴，中国科学院科技战略咨询研究院硕士研究生，研究方向为情报分析方法与技术；何逸铭，黑龙江大学新闻传播学院本科生，研究方向为网络舆情、新闻实务与媒体融合。

关键词： 互联网信息服务 创作表演服务 数字内容服务 景区游览服务 北京

一 互联网信息服务

（一）搜索引擎领域大模型

典型案例 1：百度"文心"

1. 案例概况

自 2023 年 3 月 ChatGPT 横空出世以来，OpenAI 在全球按下生成式 AI 急速发展的按钮。生成式 AI 技术成果的场景化落地，在互联网信息服务产业领域，将加速搜索引擎内核的快速迭代，推动搜索引擎市场向"数智化"正式迈进。

百度作为搜索引擎领域的行业龙头，以"文心"为核心，打造"模型""平台""产品"全链条研发+应用体系。以"文心大模型""飞桨（Paddle-Paddle）"深度学习平台为研发基底，借助通用人工智能技术特征，应用在传媒、金融、制造以及能源等多个产业，百度"文心"借助专业社区成功连通了产业化上下游相关从业者，包含开发者与需求用户等。

百度"文心"为百度多年积淀的产物。百度早在 2019 年 3 月即发布预训练模型 ERNIE 1.0，其中文能力即已超过 BERT[①] 模型；2019 年 7 月推出 ERNIE 2.0，发布中英文公开数据集共 16 个；2021 年 7 月推出 ERNIE 3.0——首个知识增强百亿大模型，可实现语义理解与生成的同时完成；2021 年 12 月推出全球首个知识增强千亿大模型"鹏程-百度·文心"；2022 年 5 月推出文心·行业大模型。经过多年的发展，百度"文心"大模型初

---

① BERT 的全称是 Bidirectional Encoder Representation from Transformers，即双向转换器的编码器，因为解码器是不能获得要预测的信息的。模型的主要创新点都在预训练方法上，即用遮蔽语言模型和下一句预测两种方法分别捕捉词语和句子级别的编码形式。

步构建起基础大模型、任务大模型、行业大模型三级技术生态体系。其中，基础大模型以通用性、泛化性为核心，夯实 NLP、CV① 以及跨模态大模型研究，构建模型基底；任务大模型聚焦搜索、对话以及生物计算等下游应用需求，构建多元任务类型；行业大模型聚焦产业场景，与市场主体构建 11 个行业大模型，推动产业模型落地。

百度公司成立于 2000 年 1 月 1 日，总部位于中关村。百度的创始人是李彦宏，他拥有"超链分析"技术专利。这项技术使中国成为仅有的四个拥有搜索引擎核心技术的国家之一，其他三个国家是美国、俄罗斯和韩国。百度每天能够响应来自 100 多个国家和地区的数十亿次搜索请求，成为网民获取中文信息和服务的主要入口，服务于 10 亿互联网用户。百度基于搜索引擎还发展出了语音、图像、知识图谱、自然语言处理等人工智能技术。在过去的十年中，百度在深度学习、对话式人工智能操作系统、自动驾驶、AI 芯片等前沿领域进行了投资，使百度成为一家拥有强大互联网基础的领先 AI 公司。百度是为数不多的提供 AI 芯片、软件架构和应用程序等全栈 AI 技术的公司之一，被国际机构评为全球四大 AI 公司之一。百度的使命是"用科技让复杂的世界更简单"，并坚持技术创新的道路。百度致力于成为全球顶级高科技公司，要最懂用户，以帮助人们成长。

2. 经验解读

抢先布局，构建先发优势。百度立足自身在互联网领域的技术与市场优势，尤其是在互联网搜索领域的长久积累，聚焦人工智能领域前沿技术，抢先布局：一方面构筑技术防火墙；另一方面探索应用场景构建，打通技术到产业的商业生态环路。随着通用人工智能领域技术突破，百度紧随前沿技术发展趋势，加快预训练模型领域的技术研发与投入，于 2019 年、2021 年先后推出多款自研预训练模型的迭代产品，产品技术成熟度与应用可落地性持续提升。

---

① CV 大模型是指用于计算机视觉任务的大型深度学习模型，通常采用卷积神经网络（Convolutional Neural Network，CNN）等深度学习算法来实现。

夯实基础，构建研发基石。百度长期以来高度重视技术研发领域的人、财、物等资源的倾斜投入，聚焦产业发展长远利益，构筑产业可持续发展的坚实基础。经过近十年的研发投入，百度在自然语言处理、深度学习以及对话式人工智能领域处于国内领先位置，并在国际上被有关机构评选为全球四大 AI 公司之一。百度通过加强互联网新型基础设施的布局，使其在通用人工智能领域拥有杰出表现，这正是由于其始终要求夯实技术基础，以技术研发为产业发展构筑腾飞基石。

立足链条，构建产业体系。百度以"文心"为核心，构建起链接通用人工智能领域的模型、平台以及产品等多维生态体系。其中，产品主要依托"文心大模型"，在通用性与适用性等领域进行研发；平台主要立足"飞桨（Paddle-Paddle）"深度学习平台，通过互联网社区模式连通技术研发群体，集思广益，借助"众智"助力自身发展；应用场景持续丰富，从制造、能源等第二产业再到金融、传媒等第三产业，百度以通用大模型为基础，持续拓展产业应用场景领域。

3. 启示借鉴

面对机遇，主动出击，不犹豫、不观望。人工智能作为互联网信息服务领域的研发热点早已成为各界的共识，但众多企业在持续的犹豫与观望中丧失了发展先机。而百度在互联网信息服务产业机遇来临时选择主动出击，抢先布局。产业主体应该结合自身优势与短板，明确自身可以有所作为的赛道，以企业长远发展目标为标的，深入细分领域开展工作。产业主体应该正确看待产业发展初期的投入产出效益，以人才、技术等资源积累为基础，为企业未来的腾飞积蓄力量。

面对挑战，沉淀自我，不急躁、不回避。百度作为传统互联网搜索引擎领域的龙头之一，近年来受到传统搜索引擎市场竞争对手以及短视频等新兴搜索业态的冲击，危机四伏，市场份额持续被蚕食。百度面对挑战，不固步自封，而是积极进行技术研发，在人工智能等领域形成大量技术积累，为企业的再次腾飞夯实了基础。当前，产业发展瞬息万变，各类挑战层出不穷，尤其是互联网信息服务领域，随着数字技术的快速突破与应用场景的持续拓展，各类市场主体应积极面对挑战，厚植自我，等待机遇。

面对趋势，审时度势，不高估、不守旧。当前，新型数字技术迭代速度持续提升，场景应用日新月异，优胜劣汰频度与力度都远超产业平稳发展时期。身处日新月异的产业技术变革期，产业各方主体应对外审时度势，认清机遇与挑战，对内"自我把脉"，摸清自身优劣势，既不过度夸大即将面对的众多挑战，也不墨守成规、因循守旧，而是积极以自身优势资源匹配市场机遇，及时补齐短板，以应对尚未可知的诸多挑战。总之，各方主体应结合产业发展规律"自练内功"，以迎接即将到来的发展大势。

（二）电商领域大模型

典型案例 2：阿里巴巴"通义"大模型

1. 案例概况

阿里巴巴作为人工智能领域的领军企业，2022 年 9 月，在由阿里巴巴达摩院举办的世界人工智能大会"大规模预训练模型"主题论坛上发布"通义"大模型系列。阿里巴巴借助其在网络购物、数字金融、数字娱乐等产业领域的优势，积极推动其"通义"大模型的产业化场景应用。当前，"通义千问"已经陆续接入即时通信、语音助手、电子商务、电子导航等阿里巴巴自有生态体系，同时积极引入外在多场景落地。

阿里巴巴借助其在人工智能领域的优势，通过统一底座层，逐步构建起通用模型与专业模型协同发展的层次化人工智能生态体系。其中，阿里巴巴基于 M6-OFA 模型打造统一底座层。该底座层在不增加结构的情况下，可以处理超过 30 种跨模态任务。阿里巴巴基于统一底座层打造通用模型层和专业模型层。其中，通用模型层包含 NLP 模型"通义-AliceMind"与 CV 模型"通义-视觉"以及多模态模型"通义-M6"。阿里巴巴在通用模型层基础上，进而深入产业领域，推动"通义"大模型在电商、金融以及娱乐等多产业领域的场景化落地。

"通义"大模型采用统一学习范式 OFA，使其具备了多种任务的"大一统"能力。单一模型可以同时处理图像描述、视觉定位、文生图、视觉蕴含、文档摘要等10余项单模态和跨模态任务。经过升级后，"通义"大模型还可以处理超过30种跨模态任务，包括语音和动作等。该模型采用了统一的Transformer架构，用于预训练和微调，无须增加任何特定的模型层来适应不同任务。无论是NLP还是CV等单模态任务，抑或图文等多模态任务，都采用了同一个框架和训练思路。所有单模态和多模态任务都被统一表达为序列到序列（Seq2seq）生成的形式，使同类任务的输入非常相似。

通义-M6是一种多模态大模型，经过不断发展，已从2020年6月的3亿参数基础模型发展到2021年10月的10万亿参数全球最大预训练模型，最终发展成为2022年1月业界首个通用统一大模型M6-OFA。2021年3月，通义-AliceMind发布，是达摩院开源的深度语言模型体系，在CLUE1.1总排行榜中排名第二。AliceMind生态体系包括通用语言模型StructBERT、多模态语言模型StructVBERT、多语言模型VECO、生成式模型PALM、文档图像理解模型Structural LM、表格理解模型SDCUP、超大中文理解与生成模型PLUG（包含24层StructBERT编码器和"24-6"层的PALM编码器-解码器），以及超大图像-文本模型mPLUG等。通义-视觉大模型采用了底层统一算法架构、中层通用算法和上层产业应用的划分。在电商行业中，通义-视觉大模型可以应用于图像搜索和万物识别等场景，并在文生图、交通和自动驾驶等领域发挥着重要作用。"通义"大模型凭借其卓越的跨模态能力，可以促进各种下游任务质量和效率的提升。例如，在淘宝服饰类搜索场景中，实现了跨模态搜索的文搜图功能，在AI辅助审判中可以进行司法卷宗的事件抽取和文书分类等任务，并提升了3%～5%的应用效果。此外，在开放域人机对话领域，通过建立中文开放域对话大模型，实现了主动对话、广泛话题和紧跟热点等丰富的对话体验。

阿里巴巴集团成立于1999年，总部位于杭州，是一家全球领先的互联网科技公司。公司旗下拥有多个业务板块，包括电子商务、云计算、数字娱乐、金融科技、物流等。其中最知名的业务是淘宝和天猫，淘宝是一个C2C的在线购物平台，天猫是一个B2C的电商平台。此外，阿里巴巴还在云计算领域有重要的布局，阿里云是全球领先的云计算平台之一。阿里巴巴还在金融科技领域发展迅速，旗下的蚂蚁金服提供多种金融服务，支付宝是中国最大的第三方支付平台。阿里巴巴致力于为用户提供全方位的互联网服务，推动技术创新和数字化转型，打造一个智能、便捷、高效的数字经济生态系统。

2. 经验解读

以开源的核心模型引入全球智力。阿里巴巴通过开源"通义"大模型核心模型，在人才培育、开发成本控制、产品技术迭代以及产业资金支持等领域获取众多助力。通过开源大模型，吸引全球相关领域专业人才共同参与产品研发、应用等，打造潜在的人才梯队；通过开源大模型，可以较低的边际成本获取新的技术代码，可以相对较低的成本获取应用场景；通过开源大模型，有望推进相关技术的可持续发展，以及全球专业人才参与产品持续维护；通过开源大模型，还可以获得开源基金会的资金融通支持。

以海量的优质数据构筑训练优势。阿里巴巴经过数十年的发展，尤其是在互联网快速崛起的几年间，通过消费、金融、娱乐、导航等各个产业领域积累了海量的优质数据，为大模型的预训练提供了坚实的数据基础。当前，大模型发展在基础架构基础上，最为重要的就是数据喂养，而且其涉及的数据需求在质和量两方面都有较高要求。阿里巴巴多年积累的私域数据无疑为数据"质"的要求提供了保障，而其在网络消费领域的霸主级地位也为其数据"量级"奠定了扎实功底。

以大量算法工程师夯实智力资源。阿里巴巴经过多年的发展，在人力资源领域形成了成熟的人才梯队，拥有大量的算法工程师等通用人工智能发展所需的专业人才。阿里巴巴在人才培养领域形成"一带多"的人才培育模式。将团队人员与接班人培养纳入直属领导考核指标，增强领导培育下属的信心与责任心。同时，阿里巴巴高度重视人才的思想教育，加强价值观建设，引导人才团队首先明确正确的思考方向。通过技能与价值观的双向加持，阿里巴巴积累了丰富而多元的智力资源。

3. 启示借鉴

以更加开放的格局拥抱全球发展。中国文化得以传承数千年的最主要原因就在于中华文化特有的包容性，海纳百川，吸引各民族智慧共举文化传承。尤其是进入人工智能时代以来，技术、产业等的发展日新月异，市场主体"闭门造车"只能"自娱自乐"，与市场发展"脱钩"。相关市场主体应该以更加开放的格局、更加豁达的心态，以"抛砖引玉"之势，拥抱全球发展，借助全球智慧，争抢"潮头"。中国通用人工智能产业的发展前路，必将是举全球之力，携手共谋未来发展之路。

以更加精细的态度积累优质数据。互联网时代"数据为王"的趋势在通用人工智能时代进一步加剧，人工智能大模型预训练对于数据的需求进一步增强，即在过去互联网时代对数据"量"的要求基础上，对数据"质"的要求进一步提高。相关企业主体在企业运营过程中，应注重数据"数量"与"质量"的双向叠加，在数据采集过程中，尽可能扩大数据资源池范围，在数据清洗过程中，进一步提高数据筛选标准，通过数据采集与数据清洗的双重把关，为通用人工智能时代的到来做好准备。

以更加长远的观念构建人才梯队。当前，部分企业在人才培育领域观念比较短视，纠结于短期利益，对于人才的"留""育"关注度不高，甚至是漠不关心。这类企业在短期内可获取部分短期利益，但从产业长远发展的角度来看，必将被产业浪潮淹没。尤其是在"秒"新"时"异的通用人工智能时代，人才作为企业发展的基石，其作用与影响更加不容忽视。因此，相关企业主体应加快革新人才"留""育"观念，以更加长远的人才发展观念构建人才梯队，始终关注人才的引育与培养。

（三）网络安全领域大模型

典型案例3：360智脑4.0大模型

1.案例概况

2023年3月29日，360发布360智脑1.0。2023年6月13日，360智脑大模型4.0应用发布会在北京成功举办。经过近3个月的迭代，360智脑有了长足的发展。360集团的创始人周鸿祎在发布会上向大家介绍了360智脑在最新研发方面的成果，以及三个重要能力的升级。此外，他还宣布360

智脑插件平台即将发布。在发布会上，周鸿祎亲自演示了360智脑赋能下的三种数字人形象，分别是数字名人、数字员工和定制数字人。其中，定制数字人可以根据用户上传的私有知识库模仿特定的思维方式和语言风格，从而形成用户独一无二的数字人形象。此外，发布会还展示了通过上传照片、发言稿等方式生成的"周鸿祎数字人"，其具备相应的口语和腔调。360智脑还首次在国内发布了"文生视频"功能，并对多模态等关键能力进行了升级，使文字、图像、语音和视频处理能力都得到了显著提升。此外，360智脑还与360全端产品（如360安全卫士、360安全浏览器、360搜索等）进行了整合，实现了桌面悬浮待命、网页滑动唤醒、智能搜索等功能，从而改变了人机协作的方式。值得一提的是，360智脑成为国内首个通过工业和信息化部信通院认证的可信AIGC大模型。

2023年6月12日，360智脑的360GPT-S2-V8型号产品经过中国信息通信研究院的评估，获得了"可信AIGC大语言模型基础能力"评估报告，成为国内首个通过该权威评估的大模型产品。这一认可进一步证明了360在人工智能领域的研究和应用实力。此前，360作为人工智能领军企业，在杭州通用人工智能论坛暨AIIA人工智能产业发展大会上成为《大规模预训练模型技术和应用评估方法第四部分：模型应用》标准编写单位，并将参与编写中国大模型应用标准。

"四路并发"商业化场景助力360大模型技术的应用。在360人工智能发展战略中，有四个主要的优势场景，分别是用户端、中小企业端、政府及企业端和安全领域。在用户端，360借鉴了微软New Bing模式，将360GPT的产品矩阵"360智脑"与搜索场景相结合，推出了新一代智能搜索引擎。该产品已经开始邀请企业客户进行测试，并计划未来推出AI浏览器、AI个人助理等产品。在中小企业端，360将推出结合360智脑能力的SaaS化垂直应用。在政府及企业端，360将开拓私有化大模型市场，为城市和企业提供定制化的GPT解决方案。在安全领域，360计划将核心的安全能力与GPT结合，推出360GPT安全应用框架。

360集团成立于2005年，企业主营互联网安全。它致力于为用户提供安全、便捷的互联网产品和服务，涉及安全软件、搜索引擎、浏览器和智能硬件等多个领域。在人工智能通用技术应用领域，360集团取得了显著成效。在大模型技术方面，360智脑是该公司的核心产品之一。它是一个基于深度学习和自然语言处理技术的智能对话系统，具备理解、生成和推理等多种能力。通过大规模预训练和精细调优，360智脑能够模拟人类的思维方式和语言风格，实现与用户的自然交互。在安全领域，360集团利用人工智能技术提供了一系列创新的安全解决方案。通过对大数据的分析和挖掘，结合深度学习算法，360集团开发了基于AI的安全检测和防御系统。这些系统可以高效地识别恶意软件、网络攻击和其他安全威胁，为用户提供全面的网络安全保护。除了安全领域，在教育、医疗、金融等领域，360集团也取得了一定的成果。通过与合作伙伴的合作，360集团将人工智能技术应用于各个行业，推动了其数字化转型和智能化发展。

2.经验解读

聚焦数字人，深化通用人工智能产业融合路径。360集团在通用人工智能大模型研发目标设定之初，就深度聚焦数字人场景化应用。在数字人身份设定上，分门别类设定数字名人、数字员工与定制数字人等多元社会人物角色，根据各类角色的不同需求，深入融合通用人工智能大模型。以多模态跨模态的大模型为智力支持与内容支撑，赋能数字人，点亮数字人之"魂"。其中，高度定制化的个性数字人通过深度学习个人上传的"用户私有知识库"，可以高度还原对应主体的"语言风格"。360以大模型为智力支持，以数字人为产业化应用接口，持续探索通用人工智能产业融合路径。

锚定领军，深度参与通用人工智能行业建设。360积极优化提升自身大模型品质，成为国内首个大模型产品通过"可信AIGC大语言模型基础能力"评估的企业，并成为《大规模预训练模型技术和应用评估方法第四部分：模型应用》标准编写单位。360通过长期优化迭代自研大模型产品，锚定领军，在完善自身通用人工智能大模型基础上，参与产业发展标准编制，引领通用人工智能产业健康有序可持续发展。同时，深度参与产业标准编制也为360集团自身的发展夯实了品牌形象。

连通链条，畅通通用人工智能场景应用路径。在 360 人工智能发展战略中，有四个主要的优势场景，分别是用户端、中小企业端、政府及企业端和安全领域。在用户端，将"360 智脑"与搜索场景相结合，推出了新一代智能搜索引擎。在中小企业端，定位 SaaS 化垂直应用。在政府及企业端，为城市和企业提供定制化的 GPT 解决方案。在安全领域，推出 360GPT 安全应用框架。360 在夯实大模型技术基底的基础上，深入定位多场景应用，通过场景定制化模型推动技术落地，贯通产业链条。

3. 启示借鉴

聚焦产业链条，寻求产业机会。通用人工智能的快速发展，进一步刺激产业链条机遇的爆发。相关市场主体应根据自身优劣势，结合通用人工智能技术端、平台端以及应用端等链条的差异化机遇与挑战，通过优势与机遇的结合谋求产业升级，通过劣势与挑战的倒逼助推产业转型，通过优势与挑战的匹配寻求产业优势，通过劣势与机遇的分析避免产业陷阱。相关市场主体要避免盲目进入相较于自身而言的产业盲区，避免"资本陷阱"，坚持契合自身发展的产业道路并坚定"走下去"。

勇担产业责任，助力产业建设。通用人工智能产业作为新兴产业、技术密集型产业、场景多元化产业，与传统产业的发展路径、发展逻辑等方面存在较大差别，需要产业各方主体协同多领域推动产业发展。产业监管端要结合产业指数级迭代的特征，及时出台相关产业政策，助力产业健康有序发展。产业技术端应加强技术开源，产业平台端应拓宽产业链条，与产业需求端形成全方位交互，积极拓展技术应用场景。

关注场景建设，推动技术落地。近一年来，通用人工智能之所以为大众快速接受，究其根源在于技术应用场景契合大众的日常生活、工作。以 CharGPT 为代表的通用大模型切实带给大众便利、带给消费者新的体验。通用人工智能大模型作为新型数字技术的最新成果，涉及的学科颇多，知识较为密集，如果只停留在技术研究领域，就只能束之高阁，为少数专业人员"自娱自乐"。而场景应用探索为技术的落地开辟了新的路径，为技术与产业的高效衔接提供了发展思路。

（四）短视频领域大模型

典型案例 4：字节跳动火山方舟平台

1. 案例概况

2023 年 6 月 28 日，北京字节跳动科技有限公司（以下简称"字节跳动"）旗下云服务平台火山引擎发布火山方舟大模型服务平台。火山方舟平台意图通过构造产业化中间服务平台，链接其模型提供方与模型使用方，进而搭建起技术研究与训练、产业应用与变现、产业反哺技术研究的循环生态。

火山引擎希望通过该平台的搭建，更加高效地连通模型提供方与使用方，助力大模型产业生态的快速建设。模型提供方在获客成本、产业规模化发展层面可以更低的投入获取更有成效的产业实践。模型使用方通过该平台则可以根据业务场景的不同选择与之匹配的应用模型，在获取流程与获取成本上更加高效和节约。平台服务方火山引擎，通过将火山引擎机器学习平台与火山方舟深度整合，集数据管理、模型训练与迭代、基座大模型应用等于一体，可以为模型供需两端提供链条式的技术研发与产业服务。

火山方舟围绕模型的产学研用，在模型集聚、评估以及精调等领域构建功能矩阵。平台将不同版本的模型集中在同一媒介，以供客户调用。客户可通过调用推理 API，大幅降低"想法"到"产业初试"的时间成本与资金成本。平台根据客户业务需求定制评估指标，通过多次迭代，助力企业选择最适合其业务需求的模型。平台聚焦垂直领域，助力客户构建私有精调数据集，通过数据的优化依托小模型可以达到与大模型相当的效果，进而为相应企业进一步压缩产业成本。

火山方舟立足互信技术，促进供需互信共赢。火山引擎通过构建安全沙箱，增强硬件支持，并加速开发联邦学习，积极构建模型提供方、模型使用方以及产业服务平台三方的互信与共赢。通过构建安全沙箱，实现计算隔离、存储隔离、更加安全的逻辑通信链路、共同的流量审计，强化平台上相关企业信息的安全；通过结合 CPU 的 TEE 技术、英伟达 H800 与 H100 可信计算技术，实现硬件级别的加密；火山引擎积极研究联邦学习在大模型领域的应用，进一步增强模型提供方与使用方的互信。

火山方舟强化技术验证，加速产业落地。目前，火山方舟集成了百川智能、出门问问、复旦大学 MOSS、IDEA 研究院、澜舟科技、MiniMax、智谱 AI 等高校与企业的大模型，并通过邀请测试进行平台技术验证。同时，火山引擎依托抖音集团业务树，将其深度融合进自有业务体系，加速产业服务平台的落地应用。

火山引擎是字节跳动旗下的云服务平台，将字节跳动快速发展过程中积累的增长方法、技术能力和工具开放给外部企业，提供云基础、视频与内容分发、数智平台 VeDI、人工智能、开发与运维等服务，帮助企业在数字化升级中实现持续增长。字节跳动成立于 2012 年 3 月，旗下有产品今日头条和抖音（及其海外版本 TikTok）、西瓜视频等。至 2018 年，字节跳动的移动应用月度用户超过 10 亿人，估值 750 亿美元，超越 Uber 成为全球最有价值的创业公司。截至 2019 年 7 月，字节跳动的产品和服务已覆盖全球 150 个国家和地区、75 个语种，曾在 40 多个国家和地区位居应用商店总榜前列。

2.经验解读

搭建平台，沟通技术应用。字节跳动作为短视频领域的领军企业，拥有丰富的应用场景，但与其他技术企业相比，在通用人工智能大模型研究领域存在一定弱势。因此，火山引擎依托字节跳动的丰富功能业态，另辟蹊径，以平台定位自身产业发展方向。火山引擎以字节跳动进行背书，借助其在平台领域的优势与经验，聚焦产业链缺失点，通过搭建大模型产业服务平台，连通模型提供者与模型使用者，寻求自身在通用人工智能领域的产业机会，打造自身产业优势与产业特色。

深研技术，增强产业互信。火山引擎深入研究产业互信领域的关键技术与硬件支持，增强模型提供方与模型使用方的产业级互信，同时强化模型供需方与平台三方的产业信心，使模型提供方不必担忧核心代码泄露、模型使用方不必担忧产业秘密泄露，并提升双方对于产业服务平台保守产业秘密的信心。

强化验证，拓宽应用场景。传统平台服务商在发展初期由于缺乏足够的用户群体，在短时间内平台技术无法得到有效验证，平台初期投入成本高昂，极易造成产业服务平台的夭折。火山引擎以字节跳动丰富的应用生态为基础，通过将火山方舟平台引入相应业务运营管理流程，一方面进一步验证平台运营的可靠性，另一方面拓宽平台的应用场景。同时，在成本平衡方面，合作伙伴之间的长期合作合同为初期成本的控制提供坚实基础。火山引擎通过可靠性与适用性的多方验证与改进，实现火山方舟平台的多场景流畅运营。

3. 启示借鉴

审"内"度"外"，寻求产业机会。市场主体在寻求产业发展机会过程中，要始终认清自我，对于自身的优势劣势能够有清晰的认知；同时，还要及时关注国内国际产业发展机遇与挑战。尤其是在当前，通用人工智能产业进入高速发展期，各类模型"秒"新"时"异，产业变化多端，市场变化难以预测。因此，通用人工智能产业领域的相关市场主体，包括模型提供者、模型使用者以及监管方，都应紧盯产业发展趋势，及时调整相应产业政策与发展策略，以谋求产业领先地位，确保产业的健康发展。

夯实技术，深研发展内功。创新是发展的第一生产力。创新的最直接成果就是各类技术研发成果。尤其是在通用人工智能时代，技术的迭代速度呈现出前所未有的局面。因此，各类市场主体应更加关注技术研发投入，通过长时间的资本、人力以及各类资源的大量投入，深研发展内功，构筑其自身坚实的发展基础。技术研发成果在短期内难以创收，甚至会持续亏损，但市场主体要避免短时效应，关注企业、产业长远的发展机会，寻求企业的可持续健康发展。

聚焦应用，拓宽落地场景。当前，技术变现主要依托各类落地场景。在一定程度上，场景应用的进程决定了技术的变现进程。一方面，技术是场景的根源，没有技术，场景就是无根之木、无源之水。另一方面，场景成为技术可行性、成熟度的重要验证途径，场景的产业化测试应用可以为技术的发展成熟度提供可靠的测试路径。尤其是在通用人工智能领域，大模型的预训练需要海量的高质量数据进行"投喂"，场景作为数据的集中地，其重要性更加凸显。

二 创作表演服务

（一）数字虚拟人带来观演新体验

典型案例5：邓丽君再现北京卫视春晚

1.案例概况

2023年，北京卫视春晚借助数字虚拟人、视觉特效技术以及混合现实等新型数字技术让邓丽君这一华语流行音乐领域教主级歌手再现在大众眼前。北京卫视此次春晚以"我与春天有个约会"为主题，以"新起点、新征程、新拼搏"为宗旨。在"我只轻轻地爱你"环节，邓丽君、韩雪、王心凌跨越时空，让甜蜜风暴引爆全场。酷云互动实时监测数据显示，当晚北京卫视平均收视率登上同时段各大卫视直播热度榜首，达到1.39%。此外，在微博、抖音等新媒体平台，"虚拟邓丽君""邓丽君王心凌韩雪同台"等话题登顶热搜之后，在相关榜位持续保持热度。

邓丽君出生于1953年，1995年去世，其对华语流行音乐的发展贡献巨大，其本身也成为20世纪末期华语流行音乐的先驱与代表人物之一。邓丽君对华语流行音乐的影响延续至今，其仍是当前全球华语乃至全球华人社群文化最为重要的纽带之一。邓丽君数字虚拟人的登台在之前江苏卫视等已经过尝试，反响巨大。数字虚拟人的全真再现大致需要从采集原始素材、重建面部模型、捕捉目标动作、合成虚拟形象到最后输出全息影像五个阶段。首先，技术人员需要根据邓丽君生前的各种影像资料，有选择地提取有关"音""容""貌""身"等各类元素资料，搭建基本元素数据库。其次，根据基本元素数据库，进行面部模型重建。此时，需要借助面部表情捕捉系统采集模特演员面部表情，采集要精准到每一个皱纹，进而构建出高清立体网状结构脸。在面部模型重建基础上，特效师根据场景差异，制作与之相适应的表情，进而形成包含多元表情的面部数据库。再次，借助计算机动作捕捉系统，以身形相似的歌手模特为蓝本，将各类传感器贴合在模特的手指、胳膊以及面部等位置，让其模仿邓丽君唱歌的动作、表情等，进而通过传感器对身体动作、姿态以及表情等信号进行捕捉，提升邓丽君数字虚拟人的"灵动感"。复次，将前期获取、捕捉的数据资料整合生成虚拟模型，进而借助虚拟现实软件（如 unity/VRP/DVS3D）进一步调试、渲染等，在机器自动化操作基础上，由人工进行精细度调整，以实现声音、口型统一等。最后，依托全息投影技术，借助高清投影机将邓丽君数字虚拟人呈现在成像膜上，让大众再次观赏邓丽君的精彩表演。

北京卫视近两年在春晚舞台聚焦文化科技融合多方用力，成效显著，连续在春晚播出当晚收视率排名前列。2022 年，北京卫视以"全景沉浸式"为主题进行舞美设计，定调"大展宏图"。具体而言，依托天幕、地屏、可移动开合屏以及斜角屏等物质载体，以全景角度渲染舞台布置，为观众呈现720 度全景沉浸体验。其中，《千里江山图》最为出圈。该项目以故宫博物院典藏画卷《千里江山图》为蓝本，通过数字技术再现传统文化，打造了极具东方美学价值的沉浸式演艺作品。2023 年，北京卫视在视觉呈现上，借助 8K 超高清以及 AIGC 等技术支撑，进一步打造沉浸式观演体验，数字虚拟人邓丽君的完美演绎将文化科技融合的魅力进一步放大。

作为技术提供方的数字王国诞生于美国好莱坞，在香港联交所上市。数字王国一直是感官体验虚拟化领域的领军企业。在数字虚拟人、影视特效以及可视化等领域，数字王国拥有雄厚的人才、技术等实力，可以进行全球化产业布局。在 2023 年北京卫视春晚"数字虚拟人邓丽君"作品中，数字王国基于虚拟人技术以及机器学习等技术，通过渲染系统"Mystique Live"打造出"邓丽君"数字虚拟人。

2. 经验解读

演艺+科技，助力创作表演转型升级。北京卫视先后在 2022 年、2023年推出《千里江山图》、"我只轻轻地爱你"等科技与演艺完美融合的数字时代创作表演的新风尚。北京卫视借助各类新型数字技术，在场景上全力打造沉浸式观演环境；在内容上，应用数字虚拟人、增强现实、虚拟现实以及混合现实等最新数字技术成果，推出各类极具创新意义的新型演艺作品。

数字虚拟人，革新创作表演逻辑。北京卫视通过与数字王国等技术团队合作，经过近些年来的演艺实践，成功实现趋于实时的数字虚拟人打造手段，塑造相对完善的数字虚拟人展演矩阵，逐渐积累起丰富的数字虚拟人演艺实践经验。数字虚拟人正在从多领域多维度革新传统创作表演逻辑。数字虚拟人将传统创作表演聚焦于此时此刻的空间叙事语言，进一步发展为既可以跨越时间维度——回溯过往，又可以冲破空间维度——天涯咫尺等的多空间多维度现代数字演艺。

人机交互，引领产业新方向。随着科技的不断发展，人机交互已经成为引领产业新方向的重要领域。数字虚拟人在一定程度上为虚拟场景中的人机交互、人人交互创造了崭新的载体形式，消费者群体有机会通过其虚拟替身在虚拟场景中开展交互行为。

3. 启示借鉴

主动应用数字技术，推动创作表演服务产业有序健康发展。主动应用数字技术是创作表演服务产业有序健康发展的必然趋势。数字技术的应用为创作者和观众带来了更多的机会和体验，也为创作表演服务产业带来了更多的商业机遇。只有不断跟上数字化的步伐，积极应用数字技术，创作表演服务产业才能实现持续创新和繁荣发展。

加快发展数字虚拟人技术研究与应用。数字虚拟人技术的出现，使人们可以通过虚拟替身在虚拟场景中与虚拟人物进行互动。消费者可以通过数字虚拟人来体验虚拟现实、增强现实等技术带来的沉浸式体验。他们可以与数字虚拟人进行对话、互动，享受到更加丰富多样的交互体验。未来，随着人工智能、虚拟现实等技术的不断进步，数字虚拟人技术将进一步完善和应用，为人们带来更加智能、便捷、沉浸式的人机交互体验，引领产业新的发展方向。

积极投身人机交互发展。人机交互与演艺产业的协同发展为创作表演服务产业带来了新的发展机遇。通过人机交互技术，观众参与演艺作品的方式更加丰富多样，艺术家和创作者的创作工具和表达方式也得到了拓展。同时，人机交互技术也为演艺产业带来了更多的商业机会。只有不断推动人机交互技术的创新和应用，促进人机交互与演艺产业的协同发展，创作表演服务产业才能实现持续创新和繁荣发展。

（二）沉浸式话剧拓展演艺业态

典型案例 6：沉浸式话剧《北平 1948》

1. 案例概况

2023 年 2 月 21 日，沉浸式话剧《北平 1948》在北京市广安门内大街报国寺盛大启幕。该剧目得到中共北京市委宣传部以及西城区委宣传部的大力支持，由北京演艺集团担任出品方，具体由北京儿童艺术剧院制作。沉浸式话剧《北平 1948》是北京演艺集团"会馆有戏"的又一力作。该剧目通过再现 1948 年前夕的北京城，将国宝保卫战呈现在观众身边，赋予千年古刹报国寺新生。沉浸式话剧《北平 1948》以报国寺为物理载体，以"国宝保卫战"为内容支撑，以沉浸式话剧为表现形式，推动北京创作表演服务产业走向新阶段。

沉浸式话剧《北平 1948》中的故事发生在 1948 年的北京城，以"国宝南迁"为故事主轴，人物设定包括国军押运将领、女记者、地下党、女特工等。观众入场须持"特别通行证"，沉浸式的观演方式，让观众可以随意地在不同场景、不同人物之间转换。《北平 1948》充分借助报国寺三大殿，将其重塑为沉浸式话剧的全新演艺空间，依托多媒体动画、现代装置艺术，赋予传统话剧表演、舞美特效新的展现形式，极大地增强了话剧表演的交互感，观众不再置身事外，而是身在其中，对于话剧故事、人物表演可以更进一步地亲身感受。

报国寺也被称为双松寺，始建于辽代，在明成化二年（1466）和清乾隆十九年（1754）经历两次重修，1997 年开始对外开放。报国寺 1984 年入选北京市第三批市级文物保护单位，2006 年入选第六批全国重点文物保护单位。

北京演艺集团为北京市属国有独资文化企业，集团包含中国杂技团（北京市杂技学校）、中国评剧院、中国木偶艺术剧院、北京歌剧舞剧院、北京儿童艺术剧院、北京曲艺团、北京民族乐团、北京市河北梆子剧团、北京市曲剧团等 9 家文艺院团，还有北京市电影公司、国家体育馆，以及音像公司、传媒公司、艺发公司、舞美公司、体育公司、军艺英华公司、电影器材、新影联（票务）、京演（香港）公司等 26 家企事业单位。

北京演艺集团作为北京市文化事业、产业发展的中坚力量，积极响应市政府号召，自 2021 年 7 月原市委书记蔡奇提出"大戏看北京"36 条以来，引领市属文艺院团转型升级，助力首都文化事业和产业发展，推出一系列戏剧精品，积极打造"大戏看北京"新城市名片。2021 年 9 ~ 10 月，中共北京市委宣传部、东城区委宣传部、西城区委宣传部联合北京演艺集团，推出"会馆有戏"系列演出。时至今日，"会馆有戏"成为"大戏看北京"重要的组成部分，以北京东西城原有的会馆遗存为物质载体，推出一系列"小而精""小而美"的特色剧目。

2. 经验解读

"软文化"赋能"硬建筑"。沉浸式话剧《北平 1948》作为北京演艺集团"会馆有戏"的一大力作，以报国寺为物理载体，以"国宝保卫战"为内容支撑，以沉浸式话剧为表现形式，以极具代表性的红色经典文化点亮报国寺这座千年古刹，赋予传统寺庙"硬建筑"新的文化与时代生机，有力推动中国传统历史建筑、文化的新的传承。

"亮技术"点亮"暗建筑"。《北平 1948》利用报国寺三大殿，提升了沉浸式话剧体验。通过多媒体动画、现代艺术装置等数字技术赋能，提升了传统话剧表演、舞美特效表现效果。观众不再置身事外，而是身在其中，对于话剧故事、人物表演可以更进一步地亲身感受。《北平 1948》以新一代数字技术，通过声光电等"亮技术"赋予报国寺这座"暗建筑"新的光影魅力。

"集资源"驱动"传统产业"。北京演艺集团以北京市丰厚的红色文化底蕴为基础，通过整合自身演艺资源，借助报国寺这一重要的历史文明古迹，驱动旅游这一"传统产业"迎来新时代的潮流。北京演艺集团与报国寺的合作，实现产业与资源优势的融合以及资源与产业的有效对接，活化传统红色文化，赋能传统历史古建筑，实现了文化、旅游与古建筑等多领域的跨界融合。《北平1948》成为通过资源整合赋能旅游产业升级的一个典型案例。

3. 启示借鉴

文化活化建筑，打造多元场景舞台。通过"软文化"与"硬建筑"的跨界合作，打造创作表演的多元场景舞台。当前，广大观演群体对于演艺项目的需求不仅限于传统的舞台剧目，街区、景区、商业综合体等各种多元场景都可以成为创作表演的新型舞台。通过深入挖掘在地街区、景区等文化IP，将街区、景区的文化底蕴通过演艺的表现形式再现在观演大众面前。经过文化、景区（街区）、创作表演的跨界融合，突破传统演艺项目对于固定舞台的"执念"，实现多维多元演艺舞台的打造。

科技赋能产业，赋"智"于创作表演。当前，以5G、虚拟现实、增强现实以及混合现实为代表的新一代数字技术迎来技术突破与应用拓展的集中爆发期。数字化、数智化正快速改变着创作表演的传统产业链条，从创作端到传播端再到消费端，数字技术正逐渐由生产要素向生产力转变。数字技术不再只是一个独立的生产要素即生产工具，而是成为一种重要的生产力，其自身已经可以逐渐取代部分传统需要人力操作的工作。创作表演服务产业各方主体要积极应用数字技术，以"数智"助力产业升级。

跨界重塑产业，实现市场多方共赢。文化、旅游与科技的融合发展既得益于政策端的持续利好，也源于消费端的广阔需求。政策端通过鼓励引导文化、旅游与科技的多元融合，加快文化自信建立、旅游振兴与科技落地，实现文化传承、产业发展与技术落地的多方共赢。创作表演服务产业各方主体应积极立足自身发展实力，借助政策优势与市场需求，加快自身产业链条与文化、旅游以及科技的多元融合，通过多元多维的跨界融合重塑产业链条与产业逻辑。

（三）上古神话与现代科技的碰撞

典型案例7：沉浸式山海经主题互动演出《山海奇观》

1. 案例概况

《山海奇观》是导演乌兰雪荣对于上古奇书《山海经》神话传说及书中部分要素脉络的延伸想象和填补，是一场集戏剧、音乐、舞蹈、视觉艺术于一体的沉浸式综合互动演艺。精心设计的场景、道具和灯光效果，神秘的山海幻境，翩翩起舞的仙女和上古奇珍异兽等神话生物不断沉浸式呈现，让观众带着"主角"光环穿越时空，深入万类生灵的内心世界，感受别具一格的山海幻境。

项目故事创意主要围绕智慧女神觉光穿越时空，追寻神龙、白虎、朱雀、玄武、鲛人等奇世智灵展开，讲述了《山海经》前传、《山海经》缘起、《山海经》奇旅三个篇章的故事。其中一部分内容体现了智慧女神觉光收复四兽并命其各守一方以安定天下的故事，另一部分内容则描绘了封"四季神"后四季祥和、世间安泰的景象。

在现场，观众不仅通过"看"去体验，还能调动触觉、味觉参与其中。

剧目运用了先进的 XR 技术，包括5D+视觉、嗅觉、触觉、动觉、特效等高精尖数字技术手段。这些技术通过环境型混合现实呈现模式，使观众在观看演艺活动的过程中，能够调动多种感觉，如视觉、听觉、嗅觉、味觉和触觉，以"视、听、嗅、味、触"来欣赏演艺活动，从而更加深入、真实地感受剧情和场景。

数字特效是《山海奇观》中的一项重要技术。特效的运用使演艺在视觉呈现上更为立体、生动。例如，在表演中，观众可以看到神话元素如神龙、白虎、朱雀等的生动出现和消失，以及四季变换、风雨雷电等自然现象的呈现。这些特效不仅增加了视觉冲击力，同时也更加真实地展现了《山海经》中的神奇世界。

虚拟与现实结合，加上优秀艺术家们现场的倾情演绎互动，可以为现场观众创造更为立体的五维沉浸式体验。这也是《山海奇观》演艺的最特别之处。

2. 经验解读

活化传统文化，推动文化传承与利用。《山海奇观》取材于中华优秀传统文化遗产《山海经》，通过精心打造的智慧女神"觉光"文化IP，将神龙、白虎、朱雀以及玄武等经典传统文化IP串联。《山海奇观》植根于中华优秀传统文化长河，活化中华优秀传统文化遗产，给"四神兽"精神内涵与文化价值观以时代价值。《山海奇观》以当前目标受众喜闻乐见的形式掀起对于"四神兽"经典形象的回忆，实现中华优秀传统文化遗产的传承，以符合时代发展的价值观深化"四神兽"的精神象征，推动中华优秀传统文化资源"古为今用"。

深化交互深度，加快数字技术赋能产业。《山海奇观》运用了先进的XR技术，通过打造环境型混合现实呈现模式，使观众调动多种感官来欣赏演艺活动，从而更加深入、真实地感受剧情和场景。《山海奇观》通过数字技术赋能演艺项目，将演艺项目的交互维度从视觉、听觉进一步延伸到嗅觉、触觉以及动觉，通过多感官的交互提升受众的观演体验与剧目理解。

3. 启示借鉴

厚植传统文化，赋能产业内涵。中国经过几千年的传承发展，历史文化脉络绵长不绝，积淀了丰富的文化遗产。但长期以来，国内创作表演以"引进来"为主流，对于在地文化的关注度较低。在一段时间内，"引进来"模式促进了国内经济文化的快速发展，但随着我国经济文化实力的显著增强，文化自信与文化自觉成为我们屹立于世界民族文化之林的根本。当前，加快推进中华优秀传统文化的传承与利用成为政府、企业以及大众的共识。立足传统文化，深耕国内市场并"走出去"，成为创作表演服务产业发展的必由之路。

深化技术应用，打通体验"经络"。视觉与听觉体验长期以来都是创作表演的主要考量因素。当前，数字技术的快速突破与应用升级，使演艺项目可以提供除视觉与听觉之外的嗅觉、味觉以及触觉等多维度的感官体验，这就为创作表演服务产业提供了新的发展机遇。创作者可以进一步增强剧目创作深度，表演者可以拓宽表演维度，为观演者提供多维度、多空间等全方位的观演体验。

（四）现代舞与科技装置的对话

典型案例 8：装置现代舞剧《谈·香·形》

1. 案例概况

2023 年 8 月 11 日，由著名演员、导演、跨界艺术家黄渤和著名编导、舞蹈家高艳津子合作创作，由北京现代舞团倾情出演的装置现代舞剧《谈·香·形》，在 2023 北京戏剧嘉年华迎来首次演出。这部现代舞剧融合了装置艺术与舞蹈，创新性地运用了"Breaker 系列"装置作品，让观众在视觉、触觉、听觉和嗅觉等多维度体验中感受舞台艺术的魅力。黄渤的创作和北京现代舞团的表演，共同塑造了这部引领当代艺术潮流的装置现代舞剧。

《谈·香·形》这部作品，引领观众沿着"镜—竞—静—境—净"的轨迹，去体悟和探索生命最原始的追问。它以独特的剧场表达方式，融合了现代舞和装置艺术，一动一静，形影不离。观众在观看过程中，可以获得独特的视觉享受，并生发出更丰富、奇幻的想象。作品深刻地探讨了身在交"谈"，心有余"香"，灵魂显"形"等主题，带给观众一次深刻而独特的艺术体验。

黄渤，一位跨界艺术家，在谈到他的艺术作品《Breaker·激浪》时，他表示灵感来自一个人进入水中激起浪花那一瞬间。这个作品将打破平静的这一瞬间凝固了下来，以表现生活中的各种平衡不断被打破的状态。他认为每个人都身处其中，当舞蹈演员躺在艺术装置中时，就完美地表达了这个作品想要传达的理念。我们每个人都是打破平衡的关键因素。

"谈"是"谈话"的"谈"。语言是人类交流的工具，舞蹈也是。相较于语言，肢体上的动作更加淳朴、真实，容不得弄虚作假。由肢体动作演化而来的舞蹈可以直接深入人们的灵魂深处。因此，通过舞蹈来传达"谈"，更能够表现出舞蹈的独特魅力，进而让人感受到"香"

"香"是"香味"的"香"。在《谈·香·形》这部作品中，"香"不仅仅是具体的香味，还是一种意象，它承载了许多情感和内涵。剧目以"香"为媒介，通过舞蹈和装置艺术等表现形式，赋予了"香"更多的意义和内涵。就像鱼儿在海洋中生活一样，我们每个人也都处于社会之中，面临未知的未来和各种挑战。但是，每个人都有自己的理想和信念，它们为我们指明了前进的方向，提供了不竭的动力。同时，我们也立足于现实生活之中，感受着亲情、友情、爱情的滋养和丰富，这些情感经历让我们在生活中历经苦涩和甜蜜，但也在精神上充实着我们。"香"就像是一种润物细无声的存在，它弥漫在我们的精神世界里，滋养着我们的心灵，同时也温暖着周围的人。虽然"香"是看不见、摸不着的，但它始终伴随我们左右，成为我们生活中不可或缺的一部分。通过《谈·香·形》这部作品，我们得以探讨人类与木石的区别以及人与人之间的不同，进而成就了一个个独一无二的个体——"我们"。

"形"是"形状"的"形"。"形"使"香"得以具化，"香"则赋予"形"更多灵动感。空洞的语言是索然无味的，同样，没有内涵的舞蹈也只是肢体的随意摆动，缺乏灵魂。舞剧《谈·香·形》以"香"塑造舞蹈的形态，以"形"来表现"香"的内涵，两者相辅相成，将只存在于意念和感知中的情感外化为舞蹈，通过视觉的传递，让更多的人在同一时空下感受到情感的共通。无论你是朝九晚五的上班族，还是充满青春活力的大学生，抑或已经步入暮年的回首往事、珍惜未来的长者，眼前的舞蹈都将与你建立起一种深层次的联结，引领你找到心灵的归宿。舞者通过舞蹈与观众进行交流，透过一朵浪花的象征，观众可以窥见自己内心的一角、精神的一隅。在这个过程中，舞蹈成为沟通心灵、传递情感的重要工具。

《谈·香·形》这部作品，带领观众在虚与实之间、动与静之中探索和感受生命的魅力。它以独特的舞蹈语言和装置艺术表达方式，给观众带来多维度的感官体验。

2. 经验解读

舞蹈与装置的合作。这部作品巧妙地将现代舞和装置艺术相结合，通过舞蹈动作和装置的互动，营造出独特的视觉效果和氛围。剧场表达中，舞蹈动作和装置相互呼应，一动一静，形成鲜明的对比。舞蹈与装置的结合，给观众带来了多维度的感官体验。通过现代舞和装置的结合，作品传递给观众独特的视觉效果，并激发观众更丰富、奇幻的想象。这种表达方式使作品具有更强的表现力和感染力。

多感官交互。《谈·香·形》的剧场表达还注重声音和触感等感官体验。舞剧中的音乐、声音和触感都被用来营造氛围、增强表演效果。观众在观看过程中不仅能够看到精彩的舞蹈表演，还能够感受到音乐、灯光、触感等多重感官刺激，这使整部作品更加立体、生动。

3.启示借鉴

跨界合作，拓宽产业边界。当前，跨界合作逐渐成为众多产业门类拓宽产业边界，寻求产业新的增长点的重要路径。跨界合作，将原本相互独立的产业门类打通，实现各类资源的共享，进而达成产业共赢。创作表演服务产业以传统的演艺领域为基础，与展览展示等产业门类融合发展，借助数字技术最新成果，以演艺的动态效果增添展览展示产业的表现维度，以展览展示的静态表达丰富演艺项目的精神内涵，进而实现创作表演服务产业与展览展示产业共同发展。

数字赋能，丰富感官体验。数字技术的快速发展，推动创作表演由传统的视觉、听觉体验迅速向触觉、嗅觉等多维感官体验拓展。这一方面是创作表演服务产业供给端加快文化科技融合的成果展现，另一方面则主要源于观演群体需求的多样化。技术为感官体验的丰富提供可能性，而观演群体的需求变化则为感官体验的丰富提供必要性。创作表演服务产业的创作者在剧目创作过程中，可进一步拓展创作维度，以更深维度的剧目创作丰富项目的表现力与感染力。

三 数字内容服务

（一）融媒体助力传统媒体转型升级

典型案例9：融媒体交互作品"鲜花献英烈"

1.案例概况

清明云端寄哀思成为缅怀英烈新的路径。2021年，大众登录光明日报社新媒体，可以为英雄敬献鲜花；2022年，大众登录人民日报社新媒体，既可以表达敬意，还可以感受"新长征"发射的壮阔景象。这都依赖于中国传媒大学电视学院推出的"鲜花献英烈"融媒体产品。

2021年、2022年，中国传媒大学电视学院先后联合光明日报社、人民日报社持续推出"鲜花献英烈"融媒体产品1.0、2.0。产品一经推出，便受到各界的欢迎与好评。"鲜花献英烈"经过连续两年的迭代，在内容与技术领域都实现了跨越性突破。

内容坚守红色基因，拓展文化外延，"鲜花献英烈"2.0在保持缅怀英雄、传承红色文化的主旨基础上，进一步强化参与者的体验感，以"隐藏彩蛋"的形式升华参与者的红色感悟。"隐藏彩蛋"在献花页面设置了两种场景：长征5B运载火箭发射与和平鸽翱翔蓝天。基础页面与"隐藏彩蛋"的结合提升了参与者的兴趣与体验感。

技术聚焦场景，持续引入新型数字技术。1.0产品依托场景建构、3D建模以及虚拟现实等技术，提升开屏、叙事、致敬以及海报等页面的体验感。2.0产品进一步引入单点触摸交互、并行计算以及沉浸式音视频表达等技术，持续提升参与者的体验感。预计3.0产品将深化混合现实技术的落地应用。

以"鲜花献英烈"为代表的融媒体产品正成为传统媒体数智化转型升级的重要路径。融媒体使传统出版媒体可以在已有产业基础上，通过和相关专家与机构合作实现文化科技的融合发展。

中国传媒大学电视学院数字出版专业于2022年开设，成为中国传媒大学新闻传播学科最年轻的专业之一。在理论建设上，电视学院于2022年7月16日承办首届"数字出版与文化传播"专业建设研讨会，与来自业界、学界的专家一道，共同推动数字出版专业的建设和发展。在实践教学中，电视学院发挥融媒专长守正创新，积极投身数字传播实践，开创各类数字传播实践项目。"鲜花献英烈"融媒体产品充分发挥数字出版专业的学科特色与专业优势，传承红色基因，以高互动性、高参与度、高体验感的理念打造新型思政教育，为课程思政教育和网络新媒体人才培养提供了独具中国特色、中国风格、中国气派的融媒体实践教学方案。

2. 经验解读

传承红色文化。中国传媒大学电视学院通过联合光明日报社、人民日报社，以新媒体为载体，借助当代广大民众喜闻乐见的数字呈现形式与参与模式，推动红色文化有效传承及红色文化当代价值的有力探索。"鲜花献英烈"通过产品迭代，丰富了受众的多元体验。在缅怀英雄、传承红色文化基础上，通过"隐藏彩蛋"的形式，可以让受众沉浸式观看长征 5B 运载火箭发射与和平鸽翱翔蓝天的现场画面。通过丰富的受众体验，激活红色文化基因。

聚焦用户思维。当前，各行各业用户成为产业发展的重要着力点。深入挖掘用户需求，以其可接受、乐于接受的模式讲述内容成为传媒产业重要的发展方向。"鲜花献英烈"1.0 利用场景构建、3D 建模和 VR 技术增强了开屏、叙事等页面体验。2.0 新增触摸交互、并行计算和沉浸式音视频，进一步提升体验。3.0 计划深化混合现实技术，持续优化用户互动。"鲜花献英烈"产品迭代深入捆绑最新数字技术成果，以更加契合当代受众审美取向的形式讲述中国故事。

进行媒体融合升级。电视学院依托自身在理论以及技术领先的优势，聚焦社会热点内容，积极探索媒体讲述故事的新路径、新模式。光明日报社和人民日报社依托新媒体平台，积极引入各类融媒体作品，丰富自身媒体矩阵的内容。这是以高校为代表的学术机构与以传统报社为代表的产业的强力合作，二者共同推动了媒体融合升级路径的有力探索。

3. 启示借鉴

数字赋能文化传承。中华传统文化以其创新性与包容性绵延长存。进入数字文明时代，面对社会文明的发展进步，数字化转型升级成为各行各业的必然选择。当前，数字技术发展带来的社会福利已经覆盖大众生活的方方面面。文明传承路径长期以来停留于口耳相传与文字记载，数字技术使文明传承由"二维"时代进入"多维"时代。以数字技术为主导的数字文明使文化成为"眼耳口鼻"皆可体验的新形态，数字技术实现了为文化传承的多维度深入赋能。

产品开发思维转向。长期以来，因为文化的"事业"属性，文化资源供给端成为文化产业和文化事业发展的主导力量。这导致大众的可选择性长期受限。当前，文化产业发展正式进入需求主导的时代。大众不再仅限于接受供给端决策，个性化需求、定制化需求快速发展，逐渐成为主导产业发展的重要力量。因此，无论是文化产业还是文化事业单位，在文化产业链条中，在产品策划初期即应聚焦用户，以用户思维主导文化类产品以及项目的开发，这样方能生产出皆大欢喜的产品。

媒体加速转型升级。纸媒时代、互联网时代，传统媒体一直是各类信息的主要提供者，在产业链条中占据重要地位。进入数字时代，数字化转型升级成为各传统媒体不可"绕行"的新型大山。如何转型、如何升级，长期以来一直困扰着相关方，融媒体使传统出版媒体可以在已有产业基础上，通过和相关专家与机构合作实现文化科技的融合发展。这样既可以避免对原有产业基础的全盘变革，又将"难转向"劣势转化为"大基础"优势，以助力传统媒体的有序健康发展。

典型案例 10：北京 IPTV 智能推荐系统

1. 案例概况

北京 IPTV 智能推荐系统于 2021 年 11 月正式依托联通上线，并入选 2022 年北京市广播电视媒体融合典型案例。该系统作为"基于大数据 AI 人工智能算法在北京 IPTV 中的应用"融合媒体项目的主要成果，由北京新媒体（集团）有限公司、国家广播电视总局广播电视科学研究院以及矢量光线（北京）科技有限公司联合打造。

北京 IPTV 智能推荐系统基于北京 IPTV 现有用户数据库中归集的用户收视/订购行为数据以及内容数据，借助 AI 算法、多维度分析等数字推荐技术，通过机器训练以及推荐结果反馈等模式的高频次迭代，持续优化内含系统的运行策略和算法模型，进而实现对北京 IPTV 业务用户各个需求场景的智能推荐，并最终整体上提升北京 IPTV 相关核心业务指标。

智能推荐系统有效提升平台运营效率。自智能推荐系统和信息流场景上线以来，北京 IPTV 的运营效率得到了显著提升，同时也大大减轻了人工运营的工作负担。传统的运营模式中，许多烦琐的任务都需要人工操作，例如节目筛选和推荐决策等，这无疑增加了运营人员的工作压力。然而，通过引入智能推荐系统，许多烦琐的任务可以由机器自动完成，从而降低了运营人员的工作压力，并使他们能够将更多的精力投入更有价值的工作中，例如提升用户体验和服务质量等。同时，智能推荐系统的引入也提高了推荐的准确度和用户满意度，进而提升了用户的黏性，为北京 IPTV 带来了更多的商业价值。

智能推荐系统强化用户核心理念。智能推荐系统能够更有效地将节目内容传递给目标用户，并帮助用户在海量的节目内容中快速找到自己感兴趣的节目，从而改善用户收视体验。通过这种方式，智能推荐系统有效地提升了北京 IPTV 的核心业务指标，包括用户收视数据、用户使用时长和用户留存等。智能推荐系统通过提供更加方便、智能的交互收视体验增强用户对北京 IPTV 的信任度和忠诚度，从而为平台带来更多商业价值。智能推荐系统的引入促使用户更多参与北京 IPTV 的各项业务活动，例如节目互动、评论和分享等，进而推动北京 IPTV 业务的多元化发展。

数据隐私和安全问题、算法偏见和误差问题是目前可知的智能推荐系统最为重要的挑战。智能推荐系统确实需要采集并深度剖析用户的观影历史、行为数据等个人信息，这会引发公众对用户数据隐私和安全问题的热议，但是只要数据保障措施得到足够的重视并实施，用户数据的泄露风险便能够有效降低，从而避免给用户带来任何不便甚至风险的可能。智能推荐系统的核心依赖于通过算法进行数据解析和推荐决策。算法有可能存在偏见或者误差，这可能会使推荐结果不公平或者不准确。另外，由于算法只能按照预定的程序逻辑进行运算，完全准确地理解用户的个人喜好和需求并做出相应推荐可能也存在一定的难度，这意味着推荐结果可能会存在一定的偏差。

2. 经验解读

数字技术创新媒体融合。北京广播电视台先后推出真人数字人"时间小妮"、北京 IPTV 智能推荐系统等一系列融媒体创新产品，其中，前者是我国首个广播领域的智能交互数字人，后者则将媒体融合的触角由产品供给端向产品服务端转变。北京广播电视台依托数字技术，步步为营，逐步实现从传统媒体项目制作数字化到媒体受众服务数智化的链条式融合发展。当前，北京广播电视台逐步构建起"新闻+政务+服务"的数字化转型升级路径，为传统媒体产业探索出一条新的发展路径。

数字技术提升用户黏度。当前，"信息黑洞"使数据信息呈现"指数级"增长特点，"选择困难"成为困扰大众的突出问题。北京 IPTV 智能推荐系统依托数字技术应用成果，深入分析用户的观看历史以及行为信息等私域用户数据，构建起详尽的用户画像，实现电视娱乐信息推送的个性化，进而提升观众的服务体验，实现用户需求的个性化满足。北京 IPTV 智能推荐系统通过推荐符合用户口味的电视节目，满足用户个性化需求，进而实现电视节目收视率提升，扩大电视台播放基础收益。

3. 启示借鉴

AI 助力媒体融合深化。当前，人工智能技术快速变革传统媒体产业路径，媒体产品的制作、传播等链条数智化水平持续提升。尤其是 2022 年底以来，以大语言模型为代表的人工智能技术与应用端产品呈现爆发级突破，为传统媒体的数字化转型发展指明了路径。在工作基础设施以及工作流程数字化基础上，通过自研或者引入大语言模型，降低劳动密集型领域的人力成本，同时有效辅助知识密集型岗位。以"人+AI"的模式实现媒体融合的弯道超车。未来，人工智能技术的应用程度与深度将成为传统媒体转型升级的重要考核标准与发展标杆。

用户为王时代仍在延续。在媒体融合的时代，各个媒体平台之间相互交融，信息传播渠道多样化，用户的需求和行为也在发生深刻变化。因此，媒体融合必须以用户为中心，充分考虑用户的需求和体验。媒体融合不仅仅是技术的融合，更是用户需求的融合。媒体平台需要关注用户的需求和行为变化，根据用户的需求来布局和设计产品与服务。

数据安全与公平引关注。在媒体融合的环境下，数据的收集、使用和交易变得更加复杂，容易出现数据滥用、数据歧视等问题，会损害用户的公平权益。为了维护数据公平性，需要建立完善的数据治理规范，明确数据的权益归属和流通标准，保障用户合法权益和社会公共利益。

典型案例 11：走进中轴线上的网红打卡地

1. 案例概况

2022 年，北京中轴线申遗保护工作迈入了极为关键的一年，宣传报道中轴线的历史、文化和旅游资源具有重要意义。"走进中轴线上的网红打卡地"这一融合产品的推出，旨在通过多种形态的内容让用户更好地了解和感受中轴线的魅力。

作为一款集 VR 全景视频、5G 慢直播、手绘长图、互动 H5、互动征集社区等多形态内容于一体的融合产品，"走进中轴线上的网红打卡地"通过多种形式展现中轴线的美丽和魅力。

VR 全景视频创新中轴线呈现方式。利用高清、720 度的拍摄设备对中轴线上的景点进行全方位的拍摄，让用户能够身临其境地感受景点的氛围和美丽。同时，VR 全景视频还具有互动性，用户可以自由控制视角和方向，进行自主探索和发现。这种沉浸式的体验可以让用户更加深入地了解中轴线的历史和文化内涵。

独家视角畅享 5G 慢直播。通过 5G 网络的高速度和大带宽实现低延迟、高清流畅的直播效果。在中轴线上的各个景点设置摄像头，进行实时的直播信号传输，让用户可以随时随地在线观看景点的实时画面。这种直播方式不仅提供了真实的视觉体验，还增加了产品的生动性和趣味性。

以手绘长图感受更生动的中轴线。通过手绘的方式将中轴线上的景点进行生动的描绘和展示，同时配以文字描述和历史背景介绍，使用户更加深入地了解景点的历史和文化内涵。这种创意呈现方式增强了产品的生动性和趣味性，使用户更容易理解和接受中轴线的历史文化。

强化用户交互，提升用户参与感。互动征集社区是该产品的另一种形态，通过互联网平台征集用户对中轴线上的网红打卡地的感受和体验，以及用户的创意和想法。同时，在社区中发布相关文章和资讯，介绍中轴线上的景点和历史文化，加深用户对中轴线文化的认识和理解。这种互动形式增加了用户的参与度和黏性，也使产品更具活力和吸引力。

"走进中轴线上的网红打卡地"融合了多种形态内容，以生动、有趣、互动的方式让文博知识和传统文化走进用户心中。作为一款"新闻+历史"的富媒体融合产品，它不仅有助于提升公众对北京中轴线的认知度和文化自信，还能够助力北京中轴线申遗工作的推进。

2. 经验解读

VR全景视频立体化呈现中轴线。VR全景视频使用了高清晰度的拍摄设备，对中轴线上的各个景点进行了全面的记录。这种全景式的拍摄使用户可以720度无死角地观察到景点的每一个角落，仿佛身处现场，感受到身临其境的体验。观众可以通过滑动屏幕或转动控制器来改变视角，深入观察他们感兴趣的细节，甚至可以"触摸"到某些物体，如古建筑上的雕刻或历史文物。当观众观察到故宫的九龙壁时，他们甚至可以感受到龙仿佛要从壁画中跃然而出的生动场景。

5G慢直播穿越空间实时感受中轴线。无论是故宫的庄严雄伟，还是景山公园的风景如画，都可以通过5G慢直播实时呈现给观众。5G慢直播的另一大特点是其穿越空间的特性。通过5G网络，观众可以在任何有网络覆盖的地方随时随地看直播，突破了空间的限制。无论身处何地，观众只要想观看中轴线的实时景色，就可以通过5G慢直播实现。

用户交互提升参与感。H5技术被广泛应用于各种互动式的体验中。"走进中轴线上的网红打卡地"也采用了这种富媒体技术，通过H5页面实现中轴线知识的问答、拼图等互动游戏，为用户提供了寓教于乐的体验方式。同时，H5的多媒体特性还可以实现语音识别、人脸识别等高级功能，为互动游戏增添了更多的趣味性和科技感。互动征集社区是"走进中轴线上的网红打卡地"的另一个特色。社区通过互联网平台征集用户对中轴线上的网红打卡地的感受和体验，以及用户的创意和想法。这种互动形式为用户提供了一个分享和交流的平台，使用户可以在社区中互相交流旅游心得、拍照技巧等，从而增强用户之间的互动和用户黏性。

3. 启示借鉴

数字技术创新文化遗产呈现方式。利用增强现实（AR）和混合现实（MR）技术，可以将虚拟元素与现实场景相结合，为观众提供丰富而独特的体验。例如，观众可以通过手机或 AR 眼镜在参观文化遗产时看到相关历史信息的注释或者历史场景的再现。利用数字技术还可以创建数字模型和虚拟展馆。使用 3D 扫描和虚拟现实（VR）技术将文化遗产转化为数字模型，可以实现在互联网上以 720 度全景或游览者主体视角进行游览。这不仅可以使公众足不出户就能欣赏到丰富的文化遗产，还能在一定程度上防止文物被破坏或盗窃。

数字技术打破文化传承时空限制。数字技术可以将文化遗产进行数字化处理，以电子化的形式进行存储和分享，不再受限于物理空间或时间。例如，通过扫描和数字化处理，可以将珍贵的文物和艺术作品转化为可以在互联网上分享的数字图像或 3D 模型，使更多人能够欣赏到这些文化遗产。虚拟现实和增强现实等技术可以创造出身临其境的体验，使受众能够更加深入地了解和体验文化遗产。例如，通过虚拟现实技术，游客可以在家中体验到实地旅游的沉浸式感受，获得与实地旅游几乎无异的体验。

数字技术实现用户交互性的提升。数字技术可以使传统的交互方式变得更加自然和人性化。通过语音识别和自然语言处理技术，用户可以与计算机进行交互，无须学习特定的指令或关键词，使交互更加自然和直观。此外，数字技术还可以实现多模态交互，包括视觉、听觉和触觉等多种感官体验的交互，使交互方式更加丰富和生动。数字技术可以增强交互过程中的趣味性和吸引力。通过虚拟现实和增强现实技术，用户可以进入一个全新的虚拟世界中，实现身临其境的体验。此外，数字技术还可以通过交互式动画、音效和动态图像等方式，提高交互过程的互动性和吸引力，使用户更加愿意参与其中。

（二）云游戏助力文化传播

典型案例 12：云游长城

1. 案例概况

点击"云游长城"小程序，瞬间进入长城的历史长河。在这里，可以溯源长城建造史，感叹先人与自然拼搏的伟岸；在这里，可以亲手修复长城遗址，体悟先人的高超技艺；在这里，可以"亲临"喜峰口西潘家口段长城……"云游长城"项目在 2022 年 6 月 11 日我国第十七个"文化遗产日"正式问世。项目由国家文化公园建设办公室和国家文物局指导，以腾讯为主要技术支撑方，以腾讯公益慈善基金会和中国文物保护基金会为主要资金支持方。

"云游长城"项目作为全球首个基于云游戏技术打造的大规模文化遗产数字还原项目，以其"毫米级高精度""沉浸交互式体验"，一经问世就受到各界好评，荣获多项国内外大奖。"云游长城"通过文明复刻、游戏思维以及教育延伸，开辟了文物遗产保护与传承的全新路径。

文明复刻。技术再现长城。腾讯团队以喜峰口长城为蓝本，基于扫描重建技术，构建涵盖 5 万余张高清图片的基础图片集，然后经过技术处理，生产 10 亿余个面片。技术团队本着精益求精的原则，先后迭代 107 次，经历五个大版本，实现对喜峰口长城的"1∶1"复刻。技术营造环境。腾讯团队依托 PCG 技术，打造长城周边错落有致的植被景观，构建完整的长城景观体系。技术方便观众。腾讯团队立足游戏引擎技术，依托腾讯云端优势，将高清渲染进程放置云端，观众通过普通手机即可欣赏更具真实感和细腻感的"万里长城"。

游戏思维。"云游长城"首次将游戏思维应用于文化遗产的保护与传承，游戏的易操作性、交互感和趣味性，使文化遗产的保护与传承告别"呆板说教"，走入"自主体验"。"云游长城"引入游戏操作模式与激励机制，借助双轮盘便捷用户操作；增加攀登脚步音效，深化用户视听沉浸。"云游长城"以游戏的模式持续降低观众"阅读""万里长城"的门槛，让文化遗产走入"寻常百姓家"、走入青少年群体。

教育延伸。作为香港中小学的教学案例，学生能够借助这一项目学习到长城的历史、文化和建筑技艺等方面的知识。同时，进入长城沿线博物馆后，观众能够通过数字技术深入了解长城的历史和文化价值，更好地领略长城这一世界文化遗产的魅力。"云游长城"还将作为数字技术的创新型内容形态和互联网传播载体，为讲好长城国家文化公园故事提供新的思路和方法。通过数字技术，可以将长城的各个部分进行数字化呈现，让观众更加直观地了解长城的历史和文化内涵。同时，通过互联网传播，可以让更多的人认识和了解长城国家文化公园，吸引更多游客前来参观和游览。

2. 经验解读

唤醒公众保护意识，提升公众参与度。"云游长城"通过数字化实现"万里长城"的"活化"，将线下远距离、多耗时、高成本的旅游出行转变为线上的"零距离"接触，使公众可以深刻感受世界文化遗产的特有魅力。"云游长城"将长城这一经典民族文化元素以游戏的形式展现，一方面，以低门槛的网络路径让更多的人欣赏长城的伟奇，唤醒公众的文化遗产保护意识；另一方面，借助游戏操作的自由度增强公众的参与意愿和参与程度，实现文化遗产保护的创意开发。"云游长城"通过文化资源的有效利用，有助于增强公众的文化自信、文化自觉。

创新文物保护路径，助力文化遗产新生。"云游长城"创造性地将严肃的文物保护与利用和活泼的游戏娱乐结合起来，实现传统与现代的对话，实现"古为今用"，在文物古迹传统价值基础上赋予其当代价值。文物不再"束之高阁"、不再"只可远观"，"云游长城"让公众不仅可以"远观近摸"感受长城，甚至可以用游戏的模式参与长城的修复，进一步感受中华先人的高超技艺与坚韧精神。"云游长城"借助云游戏的模式，实现文化产品的创意性开发，为各类文化遗产保护提供了一条可借鉴之路。

丰富文化宣传路径，助力文化遗产传承。文化遗产要实现新时代的发展，既要有严肃的考古发掘、文物修复，这需要一批又一批的专业人士扎根其中，又要有多元的参与通道、宣发路径，这需要一类又一类新媒体的众星拱月。"云游长城"依托云游戏这一新颖的载体，在宣发路径上，借助微信公众号和视频号、微博、小红书、抖音、快手等新媒体，成功打造文物遗产保护与利用的新媒体矩阵。通过新媒体的宣传和推广，进一步提升长城的影响广度与深度，助力长城文化的传承与创新。

3. 启示借鉴

多元参与，共同促进文化传承。"云游长城"项目得到了中国文物保护基金会、腾讯公益慈善基金会、天津大学建筑学院、长城小站等众多致力于长城保护与研究的专业机构和社会团体的广泛参与和积极贡献。这种多元协作的模式不仅拓宽了文化遗产保护的资金渠道，汇聚了各类资源，更是文化遗产保护的创新模式，可以为其他非物质文化遗产保护项目提供可供借鉴的宝贵经验。同时，通过互联网和数字化手段，"云游长城"项目能够让更多人关注和参与文化遗产的保护和传承，集大众之力，共同传承文化精粹。

创新文物保护理念和路径。传统的文物保护方式通常由政府和专业的保护机构负责实施，而"云游长城"项目则创新了文物保护的理念和路径，为这一领域注入了新的活力。通过采用数字化的技术手段，该项目降低了公众参与的门槛，同时也增强了其吸引力和便捷性，使更多人能够亲身参与到文化遗产的保护工作之中。这种广泛的参与不仅增加了项目的透明度和公正性，同时也使更多的人了解到文化遗产保护的重要性和意义。

数字技术助力文化传播。"云游长城"通过数字技术将长城这一世界文化遗产真实、完整地呈现给公众，让更多人可以沉浸式体验长城的雄伟壮观。这种数字化的方式可以助力文化的传播，让更多人了解和认识中国的文化遗产。在数字技术的助力下，"云游长城"还为文化的传播提供了新的途径和平台。公众可以通过网络和移动设备随时随地访问"云游长城"平台，了解和学习长城的历史和文化，领略中华传统文化的精髓和魅力。这种数字化的方式不仅为文化遗产的传承提供了新的思路和方法，而且为传统文化的推广和发展注入了新的动力和活力。

四 景区游览服务

（一）智慧地图引导服务走向云端

典型案例 13：北京智慧旅游地图

1. 案例概况

为了推动北京智慧旅游的发展，利用各种旅游公共服务信息，实现旅游服务信息的智能化、便利化和精准化，从 2017 年开始，北京市旅游发展委员会开始规划和建设"北京智慧旅游地图"微信公众号，利用微信平台为游客提供多种旅游资源点的分类搜索、虚拟导游、旅游景区公共服务设施在线查询等服务，包括旅游等级景区、红色旅游景区、冰雪游景点、老年人文化旅游接待基地等。到 2022 年，"北京智慧旅游地图"平台进行了全面升级，实现了全市各级景区在线游览的功能。

目前，"北京智慧旅游地图"平台已经实现对旅游等级景区、红色旅游景区、冰雪游景点、老年人文化旅游接待基地等多种旅游资源点的分类搜索、虚拟导游和旅游景区公共服务设施在线查询等功能。该平台为游客提供了吃、住、行、游、娱、购六要素的旅游公共服务信息。相关服务主要分为三大类。分类搜索：以电子地图的形式，提供了旅游等级景区、红色旅游景区、冰雪游景点、老年人文化旅游接待基地等各类旅游资源的信息。虚拟导游：游客可以通过虚拟现实技术足不出户地进行个性化的旅行体验，并欣赏到全市旅游等级景区、红色旅游景区的 VR 全景导览。旅游景区公共服务设施在线查询：提供旅游景区公共服务设施在线查询服务，包括停车场、卫生间、游客服务中心以及无障碍游览路线等内容，以提升游客出行的便捷度和满意度。

其中，虚拟导游功能可提供全市所有旅游等级景区以及 91 家红色旅游景区、17 家老年人文化旅游接待基地的语音导览，旅游景区公共服务设施在线查询功能则为出行提供极大便利，停车场、卫生间、游客服务中心一目了然。

特别是针对老年人、残障人士等特殊人群，平台还提供了无障碍旅游景区、无障碍卫生间、家庭卫生间以及无障碍游览路线的专属查询功能，旨在实现旅游服务的精准化。这项服务在 2021 年被文化和旅游部选为首批发展智慧旅游提高适老化程度的示范案例。

经过多年的持续建设和维护，"北京智慧旅游地图"不仅在栏目内容建设和服务功能创新上取得了显著进展，还成为北京旅游资源宣传展示的新平台。该平台连续两年在中国国际服务贸易交易会上进行专题展示，并在

2021 年度北京市文化和旅游局公众满意度评价中获得 94.9 分的高分，位居"职责履行"打分板块的第一名。

2. 经验解读

服务走向云端。新冠疫情三年倒逼旅游产业快速实现云端化。非接触式服务成为景区游览服务产业最为重要的发展方向，仔细分析"北京智慧旅游地图"的发展历程可以发现，北京早于 2017 年即开始布局景区游览服务的线上平台发展。前期依托"北京智慧旅游地图"微信公众号提供相关搜索服务。随着数字技术尤其是虚拟导览相关技术的快速发展，"北京智慧旅游地图"服务在时间维度与空间维度都实现了跨越式的突破。

导游拥抱虚拟。"北京智慧旅游地图"微信公众号的核心服务栏目是虚拟导游，它主要使用虚拟现实技术，帮助用户尤其是老年人近距离、全面地欣赏北京的旅游景点，为精准旅游提供参考。在虚拟导游的其他功能设置上，页面设计充分考虑了老年人的使用场景和使用需求，采用简单的图标或文字；自动语音播放功能可以让用户在听取景点介绍的同时，同步收听生动的导游解说，如果需要关闭声音，只需在屏幕上简单点击一下即可；一键拨号功能省去了用户退出界面拨打景区咨询电话的麻烦，可以在当前页面实现快速拨号。

服务适老改造。随着老年出游群体的不断增加，北京市文化和旅游局持续推进全市无障碍环境建设三年行动计划，指导各区对旅游景区、宾馆酒店、文化馆、图书馆、剧院等进行无障碍环境提升工作，共完成 1230 个无障碍元素的改造，以硬件提升满足残障人士及特殊人群的无障碍旅游出行需求。然而，如何让老年人或有无障碍出行需求的用户在出行前或出行中了解旅游景区的无障碍环境情况，是北京智慧旅游地图亟待解决的问题。

3. 启示借鉴

景区游览服务主动拥抱科技。随着科技的不断进步，越来越多的景区开始主动拥抱科技，以增强游客的游览体验。例如，一些景区已经引入智能导览系统，通过语音识别和定位技术为游客提供更加精准的导游服务。此外，还有一些景区利用虚拟现实技术开发出逼真的场景和环境，让游客能够深入了解当地的历史和文化。另外，一些景区还引入了移动支付技术和智能门禁系统，为游客提供更加便捷的购票和入园体验。总之，景区游览服务正在不断地与科技相结合，为游客提供更加优质、便捷的游览服务。

立足虚拟现实夯实游览服务。运用虚拟现实技术增强游览服务正在成为旅游业的新趋势，越来越多的景区开始利用虚拟现实技术来提升游客的游览体验感。这些景区以虚拟现实技术为基础，通过创建逼真的三维场景和环境，让游客在室内或远程位置就能够感受到现场的真实场景和氛围。例如，一些景区利用虚拟现实技术模拟出历史事件的场景和环境，让游客能够深入了解当地的历史和文化。此外，一些景区还利用虚拟现实技术创造出一些独特而有趣的游览体验，例如模拟驾驶、飞行、潜水等极限运动，让游客在安全的环境中体验到极限运动的刺激和乐趣。

聚焦中老年客群提升服务。为了增强老年游客的旅游体验，景区游览服务需要进行适老化改造。这种改造包括提供老年人友好的设施和便利，例如建设无障碍通道和卫生间、提供轮椅租赁服务、设置老年人优先购票和入场通道、提供专业的医疗救援服务等。此外，景区内的导览和解说服务也需要针对老年人的需求进行优化，例如提供更加详细和易懂的指示牌、提供语音导览服务、设置专门的老年人导游服务等。这些改造将有助于提高老年游客的满意度和忠诚度，同时也能够增加景区的知名度和美誉度。

（二）数字门票走入万里长城

典型案例 14：八达岭长城数字纪念票

1. 案例概况

八达岭长城是中华民族的重要标识，吸引了大量的国内外游客前往游览。持续饱满的客流为景区提供了充足的门票收入，但也为八达岭长城相关产业的可持续发展埋下了隐患。过度依赖门票经济，造成八达岭长城营收体系高度脆弱。同时，三年新冠疫情对线下客流造成严重冲击，八达岭长城商业模式岌岌可危。面对内部模式缺陷与外部环境冲击，北京八达岭智慧旅游有限公司（以下简称"八达岭智慧旅游"）联合杭州行象旅游、支付宝，开始探索产业数字化发展路径——数字纪念票。

游客需求与数字技术的"巧遇"。面对产业危机，八达岭智慧旅游深入剖析游客需求。长期以来，游客都将景点门票作为"到此一游"的重要佐证与纪念品，而随着电子客票的推广与普及，游客的确无须再排长队购买纸质门票，在一定程度上便捷了游客出行，但是，游客也丧失了收藏纸质门票的乐趣。与此同时，以区块链为技术基础的数字藏品快速爆火，八达岭智慧旅游迅速抓住游客需求与技术突破的双重机遇，将产业数字化转型的重点放在数字纪念票上。

活化文化遗产，保障受众权益。八达岭智慧旅游在确定了产品形态后，聚焦年轻受众喜好、文化遗产传承等多个维度，创新数字纪念票具体呈现形式。八达岭智慧旅游借助插画艺术的静态展现形式与动画渲染的动态技术，将八达岭长城的建筑之美、精神之烁再现在《龙腾万里》八达岭长城数字纪念票上。八达岭智慧旅游为保障购买者的切身权益，借助支付宝蚂蚁链，赋予每一张数字纪念票"唯一"的哈希值，并提供版权认证中心证书，让《龙腾万里》既具有艺术之美，又具有经济价值。

多场景营销，提升产品曝光度。八达岭智慧旅游及其合作方进行明晰的产品定位、精心的产品设计之后，借助线上支付宝、微信、微博以及各类短视频平台等新媒体矩阵与线下售票处、索道等候处、商业街等区域，打造多场景营销矩阵，提高《龙腾万里》的产品曝光度。线上线下的多场景营销可以同时为不同年龄段、不同偏好的游客提供更具针对性的营销宣传内容，进一步提升数字纪念票的受众知晓度与美誉度。

八达岭长城位于北京市延庆区军都山关沟古道北口，是中国古代伟大的防御工程万里长城的重要组成部分，是明长城的一个隘口。八达岭长城是明长城向游人开放最早的地段，被誉为"玉关天堑"的八达岭长城，以其雄伟的景观、完善的设施和深厚的历史文化内涵而著称于世，是举世闻名的旅游胜地。

杭州行象旅游文化发展有限公司成立于 2016 年 12 月 28 日。蚂蚁链是蚂蚁集团代表性的科技品牌，原名为蚂蚁区块链，2020 年 7 月 23 日升级为蚂蚁链（ANTCHAIN），致力于打造数字经济时代的信任新基建。

2. 经验解读

用户为王，深研游客需求。八达岭智慧旅游在数字纪念票设计之初，即摆脱传统的"为产品而产品"的设计理念，深入研究目标受众需求，坚持用户为王。从产品定位设定伊始就坚持从用户实际需求出发，围绕其纸质票情怀，考虑当前电子客票逐渐取代纸质票造成无法留存纸质票的遗憾，结合最新数字技术成果，通过数字纪念票的形式满足目标受众留存"纸质票"的旅游出行需求，而且实现"纸质票"的永久收藏与专属唯一。

技术创新，紧抓数字机遇。在过去一段时间，"元宇宙"概念大行其道，在产业界引起轩然大波，也为各类实体景区的运营者提供了一个景区转型升级的绝佳路径。八达岭智慧旅游联合支付宝平台，紧抓数字技术发展机遇，借助支付宝平台在区块链等数字技术领域的技术与应用优势，以数字藏品形式研发推出数字纪念票，打造"八达岭元宇宙"的第一个标杆，以迎合广大中青年消费客群"追新""求异"的差异化消费需求。八达岭智慧旅游借助数字技术实现了实体"纸质票"收藏向"元宇宙虚拟票"的转型升级。

权益唯一，有力保障购买者权益。传统纸质票虽然具有较高的实体收藏价值，但是在产品专属性、唯一性上难以满足新一代目标消费群体的情感与价值需求。八达岭智慧旅游通过赋予数字纪念票唯一的哈希值，借助区块链技术，实现数字纪念票的不可篡改性、专属性与唯一性，同时借助版权中心背书，给予购买者相关数字纪念票的版权证书，进一步强化数字纪念票的经济价值与情感价值。

3. 启示借鉴

以用户需求为中心，首先要明确目标用户群体，通过深入调研和数据收集描绘出用户画像，为后续的用户需求分析提供详尽的基础。在完成用户画像后，进行深入的用户需求分析。这一阶段的目标是挖掘出目标用户需求中的核心利益点，包括功能需求、情感需求、价值需求等。通过对用户需求的深度理解，可以发现新的产品创新点，为产品设计和优化提供有力的支持。

以创新技术为手段，突破传统行业的限制，关注当前的热门数字技术，探索与之结合的可能性。例如，借助全网络热门的"元宇宙"概念，可以搭建智能化平台，利用数字虚拟人、虚拟现实、增强现实、混合现实以及全息沉浸式技术等，创造丰富的"元宇宙"产品与内容。同时，通过投入5G、云计算、区块链等前沿技术，实现虚拟世界与现实世界的城市、景区的无缝连接。

通过线上线下多渠道推广营销，将产品推向市场。在各个端口内进行宣传推广，利用生活号做好内容推广；同时，在支付宝首页智能位置、品牌搜索 BOX 区域、【有点东西】专区等多方位进行宣传推广，实现支付宝平台主被动曝光的多重覆盖。在端外进行宣传推广，包括线上和线下两个部分。在线上，通过微信、微博、抖音等渠道进行图文和视频宣传，也可以在各平台上通过直播进行宣传推广。在线下，在景区游客的关键动线节点布置宣传物料，进行推广。

（三）全景故宫云端重现

典型案例 15：全景故宫

1. 案例概况

2022 年 11 月 9 日，文化和旅游部资源开发司公布"2022 智慧旅游创新企业和项目推选活动"结果，"全景故宫"成功入选，其成为 2022 年智慧旅游领域的典型案例。故宫博物院依托"全景技术"将故宫再现在"云端"。该项目通过全景摄影技术线下拍摄故宫博物院的建筑外景和内部陈设，将其制作为 720 度全景 4K 高清照片集，再结合云端展示技术，让游客可以通过电脑、平板以及手机等多终端进入"云端故宫"。

"全景故宫"成为疫情下的重要"救赎"。"全景故宫"一方面为"无法出户"游客提供"足不出户"欣赏故宫的路径，另一方面也是故宫博物院探索线上发展的重要举措。"全景故宫"自问世以来，访问量与日俱增，尤其是在 2020 年疫情防控期间，日访问量达到惊人的 10 万余人次。

"全景技术"突破传统导览时空"限制"。故宫博物院通过引入"全景技术"，突破传统博物馆在时间和空间运营领域的限制，使目标受众在有网络的前提下可以随时随地随心地访问故宫。"全景技术"使目标受众可以脱离线下拥挤的人群，更加直观地感受故宫的建筑之美、陈设之威、文化之深。目标受众无须按照故宫博物院的运营时间，无须按照故宫现场的物理设置，而是以"上帝视角"更加深入、更加沉浸地感受故宫的"美"。

"全景故宫"创新传统文化传承路径。传统文化的传承长期以来延续口头传承、文字传承等方式，文化的多维多元魅力难以通过传统的传承路径再现。"全景故宫"通过数字技术将口头传承与文字传承升级为更具体验感和更具沉浸感的"云端"传承。传承者可以借助网络，以更近的距离、更真实的视角感受传统建筑的硬性之美与传统文化的软性魅力。

北京故宫是中国明清两代的皇家宫殿，又称紫禁城，位于北京中轴线的中心。其以三大殿为中心，占地面积约 72 万平方米，建筑面积约 15 万平方米，拥有 70 多座大小宫殿和 9000 余间房屋。北京故宫于明成祖永乐四年（1406）开始建造，以南京故宫为蓝本，至永乐十八年建成，成为明清两朝二十四位皇帝的皇宫。

2. 经验解读

游客游览出行数智化。当前，故宫博物院积极响应国家文化产业数字化转型、智慧化升级，并主动引领文化产业尤其是传统文化遗产保护领域加快事业、产业数智化发展。故宫博物院以"全景故宫"为标杆项目，在推动游客游览出行领域紧抓实干，成效显著。故宫博物院依托 5G、云计算等新一代信息技术，聚焦目标游客的游览出行全流程，推出各类数字化服务。游客既可以畅游在"数字故宫"，也可以亲临故宫的"数字化"。"数智化"逐渐成为故宫博物院新的时代标签。

"内管外服"数智化。故宫博物院作为文化事业类博物馆的典型，长期以来经营管理模式倾向于传统的事业单位管理模式，"行政"属性较强。传统博物馆运营管理模式造成业务链条冗长，严重影响博物馆的内部管理效率与外部服务质量。近年来，故宫博物院通过引入数字技术以及定制各类数字化运营管理平台，以"数智化"进一步压缩业务链条，使管理线与业务线聚力，逐步实现博物馆内部管理的数字化与外部服务的智慧化，管理效率与服务质量有了显著提升。

文化资源"活态"创新。故宫博物院立足全景技术，将故宫建筑之美再现在网络端，拓宽参观游览的线上路径。同时，故宫博物院积极探索虚拟现实、增强现实以及混合现实技术，"活化"各类馆藏文化资源，使原本"深藏箱底"的珍贵文化重现在大众视野中。文化资源依托数字技术的"活态"创新呈现模式正逐步变革文化旅游产业的发展模式，由传统的线下远距离参观到线上 720 度全方位的微距离感受，由传统的物质空间到充满科幻感的虚拟世界，故宫博物院为博物馆的新生开辟了一条全新路径。

3. 启示借鉴

景区导览服务数智化。当前，景区游览服务产业的供给端与需求端都要求产业向数字化、智慧化发展。供给端可以通过数字化、智慧化，推动景区游览前攻略制定、旅游路线设定，游览过程中景点、餐厅、住宿、卫生间搜索以及景区游览结束后的攻略分享的数字化。各类景区应积极引入 5G、云计算等新一代信息技术，将各类便捷服务集成在 App、小程序以及网页等多种呈现载体以及多元终端，实现"一机在手"，畅游景区的多维服务。

景区运营管理数智化。博物馆由于其特殊的文化属性与文化地位，长期以来一直作为文化事业单位进行运营管理。从资源汇聚来看，博物馆汇聚了该区域最为集中、最具代表性的各类文化资源，由于文化资源的国有属性，为防止文化资源的流失，需要借助国家进行背书；从管理人员来看，博物馆的事业属性使其工作人员多为在编人员。因此，传统的博物馆运营管理以行政管理模式为主，从管理效率与管理效能上说，都无法满足文化产业的现代化发展。博物馆应积极借助各类数字技术，推动博物馆运营管理机制的数智化，助力运营管理人员的思维转变，以数字化的战略思维助力文化产业的现代化发展。

文化传承数字创新化。传统文化作为一个民族最为重要的标识，文化传承的成功与否决定着一个民族能否真正实现文化自信与文化自觉。文化建设作为"五位一体"总体布局的灵魂，对于实现民主富强文明和谐美丽的社会主义现代化强国具有重要意义。长期以来，文化传承一直借助纸笔、口耳，说教形式严重，容易激起青少年群体的反感，借助数字化创新文化传承，可以让青少年群体更加直观地感受中华文化的内在魅力，坚守中华文化的连续性、创新性、统一性、包容性、和平性，推动中华文化的历久弥新。

（四）数字中轴创新传承

典型案例 16：数字中轴

1.案例概况

北京中轴线北起钟鼓楼，南至永定门，全长 7.8 公里。

中轴线既贯穿北京这座千年古都，也联通古今文化。从北至南，中轴线穿越 3 处世界文化遗产、11 处全国重点文物保护单位、2 处北京市市级文物保护单位、1 处普查登记在册文物、1 处历史建筑和 6 处历史名园。

北京中轴线申遗工作近年来成效显著。2012 年，北京中轴线入选中国世界文化遗产预备名单。2020 年北京出台《北京中轴线申遗保护三年行动计划》。2021 年 10 月底，国务院办公厅印发《"十四五"文物保护和科技创新规划》，首次明确科技创新的重要性，要求重视数字技术在文化遗产保护和利用领域的应用，并指出要重点推进北京中轴线等的文化遗址申遗工作。

当前，虚拟现实、增强现实以及混合现实技术快速发展，文化遗产保护路径不断拓展。"元宇宙"成为文化遗产保护领域重要的新赛道之一。"数字中轴"以物理世界北京中轴线相关节点建筑以及建筑蕴含的深厚中华优秀传统文化为蓝本，借助云计算、区块链等新型数字技术成果，积极打造数字世界的"北京中轴"，加速北京中轴线申遗工作，助力北京全国文化中心建设进程。

"数字中轴"目前已正式上线"北京中轴线数字展陈""北京中轴线 IP强化""北京中轴线文化遗产可持续发展指数"等内容。

"北京中轴线数字展陈"借助数字技术打通线上线下艺术展陈。打造由北京中轴线官网、中轴线 App 以及"云上中轴"小程序等构成的线上数字博物馆；重塑线下展陈，更加凸显科技与文化的融合，强化展陈的交互感。"数字中轴"依托数字技术，讲好中国故事，传播中国好故事。

"北京中轴线 IP 强化"深挖北京中轴线文化内涵，重塑文化典型 IP，构造北京中轴线数字系列 IP。通过音乐、短视频、游戏等各类展现形式，赋予中华优秀传统文化新的时代印记，以青少年群体为重点目标人群，加速传统文化的传承创新。

"北京中轴线文化遗产可持续发展指数"通过深入调研北京中轴线文化遗产形成系列指数维度，进而研判其发展趋势，并通过收纳典型案例，对外向世界展现北京中轴线的可持续发展现状，对内为北京中轴线的发展出谋划策。

作为"数字中轴"的重要合作伙伴，腾讯围绕文化遗产保护和利用，主动探索其可持续价值的开发模式，提出"公益捐赠+技术投入"的全新发展模式。

2. 经验解读

文化和科技融合。腾讯依托自身在游戏技术、地图导航、AI 知识图谱以及区块链领域的技术优势，以北京中轴线为蓝本全力打造"数字中轴"，助推文化和科技的有机融合。以数字展陈为目标，加强对游戏引擎技术、云游戏技术以及物理仿真技术等的应用；以数字 IP 打造为目标，通过区块链技术塑造独一无二的数字藏品系列；聚焦数字导览，通过 AI 知识图谱重塑虚拟导览助手；通过腾讯地图全新上线"数字中轴"定制地图，落地沉浸式展陈。

文化 IP 活化挖掘。当前，数字藏品日渐成为文化 IP 重要的展现形式，尤其受到中青年消费群体的欢迎。雨燕作为北京的重要标识，一直都受到各界人士的喜爱。"数字中轴"以雨燕为设计原型，开发 9999 款各不相同的雨燕数字藏品，一经上线便被抢购一空。腾讯表示将继续开发"数字中轴"文化 IP，全力打造"数字中轴"数字藏品体系。"数字中轴"数字藏品的推出以其特殊的文化形象实现了讲好中国故事，而且特殊的数字藏品形式也有利于传播好中国故事。

沉浸式再现文化盛景。"数字中轴"借助区块链、云计算等新一代数字技术，实现北京中轴线的"线上展示"，使全球各国人士可以更加直观、更加沉浸地感受"中轴"之美、中华文化之美。《数字中轴·小宇宙》先导片依托数字技术，再现"中轴"的古今对话、复刻"中轴"的四季变换。目标受众可以"上帝视角"沉浸式感受北京中轴线的历史变迁与自然变幻。

3. 启示借鉴

活化文化遗产，创新文化讲述方式。过去很长一段时间，文化遗产如何保护一直困扰着专家、政府的各相关部门。当前，数字技术为文化遗产保护提供了一条有效的路径。通过数字技术，可以将物质世界的所见再现在数字世界。数字技术赋予传统文化新的生命力，以更加契合当代各类群体的模式，按照其喜闻乐见的形式，进行传承与创新。我们既需要继承中华优秀传统文化的内涵本质，又需要对其形式等进行创新，如创新文化讲述方式，拓宽受众群体。

创新文化形式，拓宽文化传播路径。传统文化长期以来主要通过读者的形象思维"跃然纸上"，而数字技术的快速发展将这一系列"抽象概念"再现为"具象感知"。应通过深入挖掘中华优秀传统文化，重塑典型文化IP，并借助数字藏品等新形式实现文化传播路径的拓宽。传统文化长期以来通过"口耳相传""书本教育"等形式进行传承，说教风格严重。数字技术使受众主动接受文化传承，并乐在其中。"主动学习""快乐教育""沉浸式感悟"使文化传承成为一种乐趣。

赋能文化体验，革新文化体验模式。当前，数字技术的快速发展使文化体验由主要依靠个人思维感悟向多元多维全感官"体悟"转变。"沉浸式"正赋能文化体验，快速革新文化体验模式。"沉浸式"使受众告别传统文化只可"远观"的体验模式，受众可以更加直观、更加直接的方式接触传统文化、感受传统文化魅力。"沉浸式"将文化体验从单一的"看"向"听""闻""摸"等多感官体验转变。文化体验模式正进入"沉浸"时代。

专题篇 ❯

B.5
元宇宙背景下北京新兴文化产业的
社会认知现状及治理研究

——以网络游戏产业为例

黄琳　王凯　张嘉杰*

摘　要：　当前北京市系列新兴文化产业中，与元宇宙相关的网络游戏产业具有较强的代表性，也是目前政府治理关注的焦点。结合北京市的实际情况，课题组有针对性地开展了问卷调查，结合一手调查数据，分析把握北京民众对元宇宙及相关的网络游戏的认知情况和治理期待，从缺乏法律保障风险、运行发展风险、影响青少年群体风险、开放包容视野和多元主体协同共治挑战等方面分析了北京元宇宙相关的网络游戏产业面临的风险及挑战，并提出了开展相关法律法规政策实施情况的跟踪评估、建立健全多方参与的监

---

* 黄琳，北京市科学技术研究院创新发展战略研究所党总支书记、正高级经济师，研究方向为文化科技融合、科技政策；王凯，北京市科学技术研究院创新发展战略研究所研究员、中国政法大学信访与治理研究中心秘书长、《信访与治理研究》刊物执行主编，研究方向为社会风险治理，大数据、人工智能与社会治理创新；张嘉杰，中国社会科学院大学政府管理学院博士研究生，研究方向为党内法规与廉政治理。

管治理体系、重视教育课程和公众宣传并强化家长监管、持续完善青少年防沉迷系统、完善青少年心理健康支持和咨询等对策和建议。

关键词： 元宇宙 网络游戏产业 北京

近年来，伴随移动互联网、人工智能和云计算等现代信息技术的稳步发展，我国元宇宙相关产业呈现快速崛起的趋势。元宇宙相关产业变革和创新发展的同时，也带来一系列风险与挑战。与元宇宙相关的系列新兴文化产业中，网络游戏产业具有较强的代表性，也是目前政府治理关注的焦点。目前，与元宇宙相关的网络游戏产业正呈现蓬勃发展的态势。游戏产业分析机构 Sensor Tower 发布的《元宇宙概念下的移动游戏市场洞察》显示，2022 年上半年，全球元宇宙应用已获 1.7 亿次下载，共营收 6.5 亿美元，其中游戏应用下载量高达 1.1 亿次，游戏应用收入占比高达 94%。[1] 最新发布的《2023 年中国游戏产业报告》显示，截至 12 月 10 日，2023 年国内游戏市场实际销售收入 3029.64 亿元，同比增长 13.95%，首次突破 3000 亿关口，用户规模高达 6.68 亿人。[2]

当前，我国政府也高度关注元宇宙及相关的网络游戏产业的发展及治理。2023 年 8 月 29 日，工业和信息化部等五部门联合印发《元宇宙产业创新发展三年行动计划（2023—2025 年）》，强调"以培育元宇宙新技术、新产品、新模式为抓手，发挥有为政府和有效市场合力，统筹发展和安全，系统性谋划、工程化推进、产业化落地，推动元宇宙产业高质量发展"[3]。

---

[1] 《游戏成元宇宙"主力军"：上半年收入占比达 94%》，"新浪财经"百家号，2022 年 9 月 2 日，https://baijiahao.baidu.com/s? id=1742858912888397740&wfr=spider&for=pc。

[2] 《〈2023 年中国游戏产业报告〉发布 国内游戏市场实销收入首次突破 3000 亿元》，江苏省新闻出版局、江苏省版权局，2023 年 12 月 19 日，https://www.jssxwcbj.gov.cn/art/2023/12/19/art_34_77662.html。

[3] 《工业和信息化部办公厅 教育部办公厅 文化和旅游部办公厅 国务院国资委办公厅 广电总局办公厅关于印发〈元宇宙产业创新发展三年行动计划（2023—2025 年）〉的通知》，中国政府网，2023 年 8 月 29 日，https://www.gov.cn/zhengce/zheng ceku/202309/content_6903023.htm。

就北京市而言，2023 年 3 月 17 日，北京市科学技术委员会等三部门联合印发《关于推动北京互联网 3.0 产业创新发展的工作方案（2023—2025年）》，提及推动虚拟现实、人工智能、区块链、数字孪生等技术在城市服务管理场景中的应用，打造一批具有沉浸感知、虚实融合、智能交互的示范应用场景。① 2023 年 9 月 8 日，北京市人民政府办公厅印发《北京市促进未来产业创新发展实施方案》，强调要重点发展高性能算力芯片、虚拟现实操作系统等元宇宙前沿底层技术，确定互联网 3.0 发展路线。② 在政府政策的引领与推动下，北京市相关企业加快布局，健康有序发展。中国新闻网2023 年 12 月 25 日报道称，国家新闻出版署发布了最新批准的 105 款国产游戏版号，国产游戏版号单次审批数量首次过百，创下历史新高。③ 2024 年 2月 27 日，国家新闻出版署公布 2 月份国产网络游戏审批信息，共有 111 款游戏获批，④ 涵盖游戏范围广泛，这也是国产网游版号发放量连续第 3 个月突破百款。

新形势下，为促进元宇宙相关的网络游戏产业的平稳可持续发展，有必要结合北京市的实际情况，开展北京市元宇宙相关的网络游戏产业的运行现状分析，了解北京民众对元宇宙及相关的网络游戏产业的认知情况与治理期待，这对积极应对元宇宙相关领域面临的风险与挑战具有重要意义。为此，课题组开展了北京市元宇宙相关的网络游戏产业公众参与情况及社会风险现状的专项调查。此次调查采用网络调查的方式进行，共获得有效问卷 2277份。分析调查结果，有利于准确把握北京民众对元宇宙及相关的网络游戏产

---

① 《北京市科学技术委员会 中关村科技园区管理委员会 北京市经济和信息化局关于印发〈关于推动北京互联网 3.0 产业创新发展的工作方案（2023—2025 年）〉的通知》，北京市科学技术委员会、中关村科技园区管理委员会，2023 年 3 月 17 日，https：//kw. beijing. gov. cn/art/2023/3/17/art_736_639986. html。

② 《北京市人民政府办公厅关于印发〈北京市促进未来产业创新发展实施方案〉的通知》，北京市人民政府网站，2023 年 9 月 8 日，https：//www. beijing. gov. cn/zhengce/zfwj/202309/t20230908_3255227. html。

③ 《12 月 105 款国产网游获批 单次审批数量首次突破百款》，"中国新闻网"百家号，2023 年 12月 25 日，https：//baijiahao. baidu. com/s? id=1786217341603673587&wfr=spider&for=pc。

④ 《2 月国产网游审批信息公布 共 111 款游戏获批》，《新京报》百家号，2024 年 2 月 27 日，https：//baijiahao. baidu. com/s? id=1792040727451969879&wfr=spider&for=pc。

业的认知情况和治理期待，了解北京民众参与元宇宙相关的网络游戏产业的现状特点，并在此基础上分析研判相关领域存在的风险及挑战，为相关部门有效制定落实相关领域的政策和治理措施提供有益参考。

一 元宇宙概念的由来及发展

（一）国外学者对于元宇宙的界定

2021 年以来，"元宇宙"成为引发社会关注的热词。美国科幻作家尼尔·斯蒂芬森 1992 年出版的《雪崩》（*Snow Crash*）一书首次明确提出"元宇宙"概念。"Metaverse"一词中"Meta"源自希腊语，释义为超越，"Verse"则代表宇宙。[①]《雪崩》中"Metaverse"特指"一种集体虚拟共享空间，由虚拟增强的物理现实和持久的虚拟空间融合而成"[②]。

"元宇宙"一词在诞生后的很长时间内并未引起理论界与实务界的广泛关注，而真正掀起关于元宇宙讨论高潮的是脸书（Facebook）CEO 马克·扎克伯格在 2021 年 10 月 28 日宣布将美国社交媒体"Facebook"正式更名为"Meta"（中文译为"元"）。据美联社报道，扎克伯格将元宇宙描述为可身临其境的"虚拟环境"，使用者能够通过智能应用程序或其他电子设备实现学习工作与休闲娱乐的目的。他表示虚拟现实和增强现实将成为其未来战略发展的重要部分，开启了互联网变革的新篇章。[③]

"元宇宙"一词源于国外文学作品，并迅速扩散到社会发展的众多领域。随着互联网的普及，元宇宙作为一种新兴技术的普遍表达，在全球范围内具有广泛影响。因此，系统梳理国外学界对元宇宙的理论研究与元宇宙的

[①] 黄永林、宋俊华、张士闪等：《文化数字化的多维观察与前瞻（笔谈）》，《华中师范大学学报》（人文社会科学版）2023 年第 1 期。

[②] 雷环捷：《元宇宙概念的社会建构透视》，《理论导刊》2023 年第 12 期。

[③] 《美国 Facebook 公司宣布更名为 Meta》，中国新闻网，2021 年 10 月 29 日，https：//www.chinanews.com.cn/gj/2021/10-29/9597798.shtml。

实践发展意义重大。国外学界将元宇宙的初始概念界定为下一代互联网应用程序，旨在创建实体应用对象，实现数字化交互的虚拟情境，其核心是将沉浸式互联网视为一个持久且共享的统一领域。[①] 元宇宙借助 5G、AI 等新型技术，将现实世界中的用户主体与物质生活数据化，构成了以信息或者比特为基本要素的虚拟世界。[②] 随着数字化智能时代的发展与转型，元宇宙的概念进一步得到明确，现实世界中的众多节点与元宇宙世界接触与重叠，形塑成具有独特性的增强现实交互空间，这种多个平行社会存在的系统可能指向一种建立在虚拟世界与现实世界重叠之上的大规模社交网络现象，有学者将其称为增强二元性[③]；2021 年，扎克伯格指出，元宇宙是移动互联网的后继，是"具身互联网"，具有前所未有的互操作性，能够为用户提供沉浸式体验[④]。

总体而言，国外学界对元宇宙的理解往往侧重于将其看作与现实世界进行双向信息交互的虚拟世界，在元宇宙中，虚拟世界作为现实世界的隐喻存在，可以实现日常生活在虚拟现实和增强现实之间的无缝切换。

（二）国内学者及机构对于元宇宙的界定与研究

国外学者关于元宇宙概念界定、特点分析与现实应用的著述为国内元宇宙问题的研究提供了参考。近年来，元宇宙广泛应用于国内各学科与各领域，影响力不断提升。国内学者对此进行了深入探讨，对元宇宙作出不同概念界定与分析。国内学者认为，就其内涵与本质而言，元宇宙的概念并不局限于"互联网"本身的定义，而是一个综合的技术性概念，包含了广泛的

---

① Lik-Hang Lee, et al., "All One Needs to Know about Metaverse: A Complete Survey on Technological Singularity, Virtual Ecosystem, and Research Agenda," Cornell University, Oct. 2021, https://arxiv.org/abs/2110.05352.

② Luciano Floridi, "Information Ethics: On the Philosophical Foundation of Computer Ethics," *Ethics and Information Technology* 1 (1999): 33-52.

③ M. Wright, H. Ekeus, R. Coyne, et al., "Augmented Duality: Overlapping a Metaverse with the Real World," Yokohama: the 2008 International Conference on Advances in Computer Entertainment Technology, New York, 2008.

④ 《复旦大学联合发布〈元宇宙报告（2021—2022）〉》，澎湃网，2022 年 1 月 24 日，https://www.thepaper.cn/newsDetail_forward_16438076。

技术。① 元宇宙是自然宇宙和虚拟宇宙融合形成的更为广阔的宇宙空间②，它代表了各项前沿技术所构建出来的与本宇宙相映射与交互的平行虚拟世界③，是精神社会与实体社会的统一④。从哲学本质层面看，元宇宙指的是与我们现实生活中的"本宇宙"相较而言"层次更原始的背景宇宙层次"⑤。元宇宙把人的主观能动性发挥到极致，使人能够利用世界的数据信息重建虚拟新宇宙，突破现实自然宇宙的束缚，实现人们宇宙观、创世观与伦理观等观念更新。⑥

就其技术层面而言，元宇宙是指依托互联网、虚拟仿真技术、数字技术等构成的一种沉浸式体验的互联网要素融合形态⑦，是对人工智能等信息新技术形成的信息时空的综合集成⑧。元宇宙是集成与融合了现在与未来全部数字技术的终极数字媒介，在连接现实世界与虚拟世界的过程中，形塑成为更高维度的超越现实的新型世界。⑨

伴随元宇宙快速发展的是相应的经济收益，这也引发了经济学研究热潮。学者将元宇宙与经济相结合，认为它是由集合式数字技术和硬件技术同步涌现所支持的、人类生活深度介入其中的虚拟世界及生存愿景⑩，是精神

① 邓璐璐、张政：《Metaverse 译名探析》，《中国科技术语》2022 年第 3 期。

② 黄欣荣、曹贤平：《元宇宙的技术本质与哲学意义》，《新疆师范大学学报》（哲学社会科学版）2022 年第 3 期。

③ 邓建鹏、李嘉宁：《数字艺术品的权利凭证——NFT 的价值来源、权利困境与应对方案》，《探索与争鸣》2022 年第 6 期。

④ 刘少杰：《从集体表象到数字表象——论元宇宙热潮的演化逻辑与扩展根据》，《河北学刊》2022 年第 4 期。

⑤ 韩民青：《宇宙的层次与元宇宙》，《哲学研究》2002 年第 2 期。

⑥ 黄欣荣、曹贤平：《元宇宙的技术本质与哲学意义》，《新疆师范大学学报》（哲学社会科学版）2022 年第 3 期。

⑦ 张夏恒、李想：《国外元宇宙领域研究现状、热点及启示》，《产业经济评论》2022 年第 2 期。

⑧ 黄欣荣、曹贤平：《元宇宙的技术本质与哲学意义》，《新疆师范大学学报》（哲学社会科学版）2022 年第 3 期。

⑨ 喻国明、耿晓梦：《元宇宙：媒介化社会的未来生态图景》，《新疆师范大学学报》（哲学社会科学版）2022 年第 3 期。

⑩ 袁园、杨永忠：《走向元宇宙：一种新型数字经济的机理与逻辑》，《深圳大学学报》（人文社会科学版）2022 年第 1 期。

表象与现实社会的融合①。此外，有学者还强调，元宇宙将诚信作为其运行基础与动力，构建"非接触经济体系"，为探索良性且快速的经济发展提供了数字身份与数字财产结合的全新路径。② 在数字经济发展过程中，元宇宙经济作为区别于传统经济的特殊形式，蕴藏着巨大的发展潜力。

近年来，我国元宇宙理论研究也取得了较大进展。通过发文量统计与高频关键词知识图谱聚现，可以更为具象化地把握元宇宙领域相关研究进展。以"元宇宙"为关键词在中国知网进行主题检索（截至 2024 年 5 月），共检索到北大核心与中文社会科学引文索引（CSSCI）（含扩展）文献 2019篇。据元宇宙研究领域年发文量（见图 1）可观察得出：2000~2021 年，学界关于元宇宙的研究处于起步探索阶段，发文量相对较少；2022~2024 年，发文量大幅度提高且增长较快。此外，关键词是对研究内容的高度概括。按出现频次对高频关键词进行排序（见表 1），可以发现近年来元宇宙研究主要聚焦元宇宙、图书馆、人工智能、NFT（Non-Fungible Token，非同质化通证）、ChatGPT、教育元宇宙等重要领域。

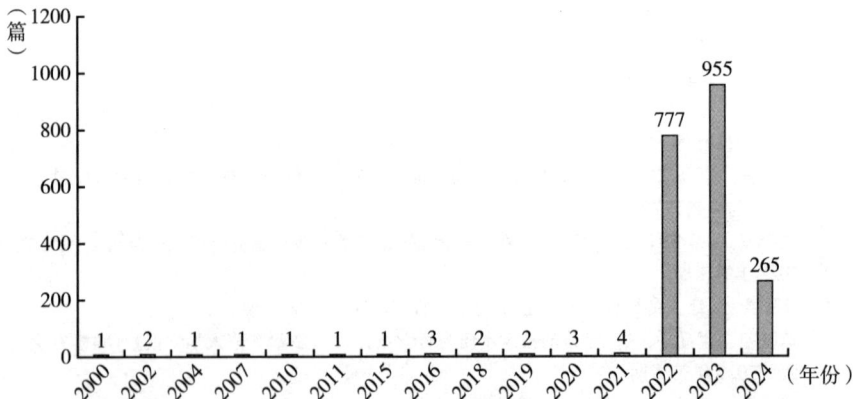

图 1   2000 年 1 月至 2024 年 5 月国内关于元宇宙研究的成果分布

① 赵国栋、易欢欢、徐远重：《元宇宙》，中译出版社，2021。
② 李晶：《元宇宙中通证经济发展的潜在风险与规制对策》，《电子政务》2022 年第 3 期。

表 1　截至 2024 年 5 月国内关于元宇宙研究的高频关键词统计

单位：次

排序	高频关键词	出现频次	排序	高频关键词	出现频次
1	元宇宙	1023	10	宇宙空间	18
2	图书馆	57	11	数字藏品	17
3	人工智能	34	12	数字出版	17
4	NFT	27	13	数字时代	16
5	"元宇宙"	24	14	实践路径	15
6	ChatGPT	22	15	数智驱动	14
7	虚拟数字人	21	16	应用场景	14
8	教育元宇宙	21	17	高质量发展	13
9	智慧图书馆	20	18	数字孪生	13

关键词共现是对学界关于元宇宙研究的核心关键词进行统计分析，有助于把握近年来学界关于该领域的研究动态与发展趋势。在中国知网对"元宇宙"领域论文进行检索并按相关性进行排序，从中选取 500 篇代表性中文文献，利用可视化分析软件 VOSviewer 进行关键词共现网络分析。将从数据库中选取的 500 篇文献导入 VOSviewer，设置阈值为 3，最终成功提取到 82 个关键词。结果显示，元宇宙研究领域大致可以划分为 13 个聚类，各个聚类具有其独立性，又存在密切联系。其中较为典型的有 4 个聚类，聚类 1 "元宇宙"乃研究重心所在，聚焦对元宇宙的宏观研究，涉及领域相对广泛，该聚类中主要包括"数字技术""技术赋能""主流意识形态""城市治理""社会治理"等；聚类 2 "虚拟现实"，关涉"元宇宙图书馆""元宇宙技术""场景理论""扩展现实""知识服务""空间生产"等关键词；聚类 3 "人工智能"作为近年来的研究热点，与"技术架构"等关联密切；聚类 4 "区块链"，聚焦"数字孪生""人机融合"等领域。

综上所述，元宇宙领域研究问题呈现多元化趋势，研究内容日益广泛深入，但专门聚焦元宇宙相关的网络游戏产业的研究成果相对较少，高质量文献相对欠缺。总体而言，随着元宇宙整体技术的日趋成熟，理论研究也将呈现全新态势，研究空间更加广阔。

（三）综合分析

统合国内外学者对于元宇宙的探讨，"元宇宙"作为近年来一个新的综合性概念，其内涵发展大致经历了三个阶段：第一阶段多呈现在文学作品中，象征着与现实世界相对应的平行世界；第二阶段则以互联网游戏为载体，体现为简单的信息投射；而第三阶段，元宇宙的迭代发展呈现出更高形态，与经济、社会等多领域相联系，旨在创设和建构一个现代信息技术与自然世界双向互动的虚拟空间，具有高度智能化与社会连通性[①]特征。

基于相关理论研究成果，官方组织和权威机构的相关资料和文件也对元宇宙概念进行了相应的界定。2021 年 12 月 23 日，中纪委刊文《元宇宙如何改写人类社会生活》指出，"元宇宙是基于互联网而生、与现实世界相互打通、平行存在的虚拟世界，是一个可以映射现实世界又独立于现实世界的虚拟空间"。[②] 2022 年，全国科学技术名词审定委员会将元宇宙定义为人类使用数字技术构建的虚拟世界，该虚拟世界映射或超越现实世界，并可与现实世界交互。[③] 2023 年 11 月 8 日，中国信通院联合虚拟现实与元宇宙产业联盟（XRMA）发布《元宇宙白皮书（2023 年）》，系统梳理了元宇宙在国内外的发展脉络，并在此基础上构建了元宇宙发展整体性视图。元宇宙白皮书的发布，在很大程度上推动了元宇宙概念的界定与明确。白皮书指出，元宇宙孕育着互联网发展的新元素与新趋势，它不是某项"新的技术"，而是区块链、虚拟现实与人工智能等新兴技术发展到一定阶段后"新的组织聚合方式"，以及由此衍生出的互联网新业态。[④]

---

① 谢俊贵：《基于元宇宙路向的万联时代社会变迁探论》，《社会科学研究》2023 年第 2 期。

② 《元宇宙如何改写人类社会生活》，中共中央纪律检查委员会、中华人民共和国国家监察委员会网站，2021 年 12 月 23 日，https：//www.ccdi.gov.cn/toutiaon/202112/t20211223_160087.html。

③ 《"元宇宙"相关术语有望尽快发布试用》，《光明日报》百家号，2022 年 9 月 14 日，https：//baijiahao.baidu.com/s？id=17439507921630237448wfr=spider&for=pc。

④ 《元宇宙白皮书（2023 年）》，中国信通院网站，2023 年 11 月 18 日，http：//www.caict.ac.cn/kxyj/qwfb/bps/202311/P020240326626098688125.pdf。

二　北京民众关于元宇宙的认知现状的调查分析

作为近年来的热门技术概念,元宇宙被众多新兴文化产业广泛关注,在与元宇宙相关的系列新兴文化产业中,网络游戏产业具有较强的代表性,也是目前产业发展和政府治理的关注焦点,尤其值得进行深入研究。伴随元宇宙的兴起与发展,开展北京民众对元宇宙相关的网络游戏产业的认知调查具有重要意义。为此,课题组利用网络问卷对元宇宙背景下北京民众对于元宇宙的认知态度、参与元宇宙相关的网络游戏产业的现状特点以及对相关风险的认知进行了专项调查,共获得2277份有效问卷。

(一)几乎全部受访者都对元宇宙概念有所耳闻,但了解程度有限

几乎全部受访者都对元宇宙这一概念有所耳闻,仅在了解程度上存在差异。调查显示,58.23%的受访者表示"听说过,但不完全了解";表示"听说过,我对它很熟悉"和"听说过,但几乎不了解"的受访者分别占29.64%与11.16%,表示"没有听说过元宇宙概念"的受访者仅有0.97%(见表2)。针对了解元宇宙概念的渠道,多数受访者选择了社交媒体。部分受访者则通过新闻报道、专业文章或报告、朋友或同事的讨论、书籍或学术研究、在线论坛或社区等获取到相关信息。

表2　受访者对元宇宙概念的认知情况统计

单位:人,%

您是否听说过元宇宙这一概念?	人数	比例
听说过,我对它很熟悉	675	29.64
听说过,但不完全了解	1326	58.23
听说过,但几乎不了解	254	11.16
没有听说过元宇宙概念	22	0.97
总计	2277	100.00

（二）多数受访者将元宇宙理解为通过电脑或 VR 眼镜进入的虚拟世界

本研究采取多重响应（multiple-response）的问卷研究方式分析多选题的调查结果，其中普及率是指选择某选项受访者占总受访人数的百分比，可用于独立分析有效样本下的各选项的选择比例，而响应率则是指选择某选项的受访者在所有响应（总选择次数）中的比例，可用于对比多选选项被选中的概率大小。分析受访者对元宇宙概念认知的多重响应频率①（见表3），发现受访者对元宇宙概念的理解呈现出显著差异。多数受访者将元宇宙理解为通过电脑或 VR 眼镜进入的虚拟世界，人们可在其中进行社交、游戏甚至工作的虚拟世界，全球性的、去中心化的在线社交平台，或者允许用户以数字化身份生活、交流的网络社区。相较于上述理解而言，其余一部分受访者将其看作对现实的在线复制品，通过对真实世界的在线复制，帮助我们更好地预测和理解现实世界的动态；另一部分受访者视其为前沿科技的融合与下一代互联网发展的演化样态，认为其集成虚拟现实、增强现实、区块链、人工智能等先进技术，能够提供更为丰富且沉浸式的网络体验；极少数受访者意识到元宇宙的兴起与发展不仅是一种技术的兴起，更是一种改变我们生活方式、价值观和社会结构的新趋势，深刻影响并重塑着我们的文化和社会。

表3　受访者对元宇宙概念认知情况的多重响应频率分析

单位：%

以下描述哪些最接近您对元宇宙概念的理解？	N（计数）	响应率	普及率
虚拟世界	1045	33.05	45.89
现实的复制	316	9.99	13.88
网络社区	545	17.24	23.94

---

① 多重响应频率分析表展示了选项的频率分布情况，包括个案数、响应率及普及率等。响应率为多选题（X）各选项的全部选择项比例情况，普及率为有效样本下的各选项的选择比例。

以下描述哪些最接近您对元宇宙概念的理解?	N(计数)	响应率	普及率
新经济空间	309	9.77	13.57
文化和社会变革	105	3.32	4.61
前沿科技的融合	387	12.24	17.00
互联网的未来	453	14.33	19.90
其他(请注明)	1	0.03	0.04
说不清	1	0.03	0.04
总计	3162	100.00	138.87

(三)受访者对元宇宙的发展持相对审慎乐观的态度

根据受访者如何看待元宇宙未来影响的认知态度统计分析,43.34%的受访者持中立态度,认为元宇宙既能够对未来工作与生活发挥特殊优势,又存在其局限性;40.14%的受访者持积极的态度,对元宇宙的未来发展趋势保持乐观;仅有11.60%的受访者对元宇宙的影响持消极态度;而4.92%的受访者处于观望状态,未作出明确表态(见表4)。总体而言,受访者对元宇宙未来影响的态度相对审慎乐观。

表4 受访者关于元宇宙未来影响的认知态度统计

单位:人,%

您如何看待"元宇宙"对未来工作、学习和娱乐方式的影响?	人数	比例
非常积极,它将彻底改变我们的生活方式	811	35.62
比较积极,它会带来一些改进和新机会	103	4.52
持中立态度,优点与缺点并存	987	43.34
比较消极,可能导致更多问题和挑战	175	7.69
非常消极,我对其持怀疑态度	89	3.91
说不清	112	4.92
总计	2277	100.00

综合分析发现,大部分北京民众对元宇宙的认知仍处于初级阶段。从长远而言,伴随元宇宙在社会各领域的应用日益普及和人们对相关领域研究与

实践的深入，北京民众对于元宇宙的认知也将不断深化。无论如何，元宇宙作为物质社会和精神社会紧密交融的新型社会形式，已成为当代社会发展不可回避的研究对象。①

（四）受访者认同元宇宙将会带来创新发展的机遇

随着元宇宙在实践领域的持续发展，北京民众越来越关注元宇宙带来的创新发展机遇。大部分受访者认为元宇宙的最大优势在于提供更加沉浸式的娱乐体验，促进社交互动和全新社区形式的形成。元宇宙作为先进网络社会的技术载体，具有高度的社会连通特征②，衍生出全新的社会交互方式，使人们获得独特的社交体验。

调查显示，约36.32%的受访者认为元宇宙的最大优势在于促进社交互动和全新社区形式的形成。由此可见，相较于传统技术方式，元宇宙以用户为导向，采用虚拟现实和增强现实技术，为消费者提供了更具交互性且不受场域限制的全新体验。31.14%的受访者则认为，元宇宙作为数字时代变革的重要载体，其核心优势在于创造新的经济和就业机会，为数字经济发展提供更多机遇。部分受访者则认为元宇宙优势体现在加速数字化转型和技术革新及推动教育和培训的创新等方面（见表5）。数智时代背景下，以元宇宙相关的网络游戏产业为代表的新型社会生产力不仅提升了用户群体的体验，更对数字化转型与引领相关产业发展，塑造全新业态发挥了重要作用。

表 5　受访者对于元宇宙最大优势的认知态度统计

单位：人，%

您认为元宇宙的最大优势是什么？	人数	比例
促进社交互动和全新社区形式的形成	827	36.32
创造新的经济和就业机会	709	31.14
提供更加沉浸式的娱乐体验	240	10.54

---

① 刘少杰：《从集体表象到数字表象——论元宇宙热潮的演化逻辑与扩展根据》，《河北学刊》2022年第4期。

② 谢俊贵：《基于元宇宙路向的万联时代社会变迁探论》，《社会科学研究》2023年第2期。

您认为元宇宙的最大优势是什么？	人数	比例
推动教育和培训的创新	156	6.85
加速数字化转型和技术革新	201	8.83
说不清	144	6.32
总计	2277	100.00

（五）受访者对于元宇宙具备相关风险认知

元宇宙的迭代发展正彻底改变着传统互联网世界。作为全新的技术融合形式，元宇宙为用户提供更高水平沉浸式体验的同时，也面临诸多难以回避的风险与挑战。据受访者对元宇宙相关风险认知情况的多重响应频率系统分析2277位受访者的回答，有助于全面辩证看待元宇宙的发展态势，进而制定多重维度干预政策应对潜在风险。

首先，55.12%的受访者认为元宇宙发展中面临的最突出问题是虚拟成瘾与心理健康问题（见表6）。元宇宙参与者过度沉迷于虚拟世界，易引发群体虚拟成瘾与心理健康问题，使其脱离现实世界。元宇宙具有高度致幻性[①]，青少年作为元宇宙背景下相关的网络游戏的主要参与者，可能过度沉迷于元宇宙世界，易忽视现实的人际关系，导致个体减少承担现实生活的责任义务，产生社交孤立和心理健康问题。

其次，分别有52.70%和25.43%的受访者强调元宇宙存在虚拟金融风险以及信息失真与虚拟欺诈问题（见表6）。元宇宙的虚拟环境可能会成为虚假信息、谣言和虚假新闻的传播平台，带来虚拟欺诈与金融风险等潜在风险与挑战。元宇宙中的匿名和自由度可能被滥用于欺骗行为。同时，由于信息失真，元宇宙中可能存在虚拟金融风险，导致虚拟货币的价值波动、投机和金融诈骗等问题。例如，2023年2月7日，北京市市场监管局发文称，近年来，打着"元宇宙""NFT"等新概念实施非法集资的现象开始出现。这些经济犯罪活动往往以"元

---

① 龚伟亮：《元宇宙与媒体秩序和文明秩序》，《学术界》2022年第9期。

宇宙投资项目"等名目吸收资金，涉嫌非法集资、诈骗等违法犯罪活动，对普通民众具有较大的诱惑力与欺骗性，参与者易遭受严重的财产损失。[①]

再次，元宇宙隐私和安全问题也引发受访者的高度关注。在元宇宙中，用户主体通过化身进行社会、文化和经济活动，衍生出隐私与安全性威胁，面临经济和成瘾问题。[②]元宇宙虚拟现实情境的独特特征对隐私和安全的相关法律与政策提出了挑战。[③]实证经验表明，要实现元宇宙发展的美好愿景，需要有效解决一系列隐私、安全和控制问题。为此，有学者提出构建可行的元宇宙零信任体系结构（ZTA）模型，以应对元宇宙系统中开发者、服务提供商和其他利益相关者面临的广泛挑战。[④]调查显示，47.91%的受访者认为元宇宙存在隐私泄露和数据安全风险。元宇宙涉及大量个人敏感信息的共享互动，增加了隐私泄露和数据安全风险。黑客攻击、数据泄露和身份盗窃可能会对用户造成损害。同时，并非每个社会个体都能负担进入元宇宙所需的技术和设备，元宇宙产业潜藏着数字鸿沟及数字信息和资源获取的不平等性。

此外，相较于传统产业，元宇宙相关产业易滋生知识产权问题，虚拟环境中的创意作品也可能被盗用或侵权，这对传统法律制度提出了严峻挑战。有学者已关注到虚拟数字人生成内容的可版权性问题[⑤]，元宇宙中虚拟数字人生成的内容涉及创作者、网络平台、传播者以及社会公众等众多主体的利益，并引发出新的版权问题[⑥]。例如教育学领域将元宇宙与教育紧密结合，探索"元宇宙+

---

① 《北京市市场监管局：警惕"元宇宙""NFT"等炒作 防范新型非法集资》，"央广网"百家号，2023 年 2 月 7 日，https://baijiahao.baidu.com/s? id = 1757178139736212477&wfr = spider&for = pc。

② Y. S. Seo, A. Kang, "Negative Attributes of the Metaverse Based on Thematic Analysis of Movie 'Belle' and 'Ready Player One'," *International Journal of Computer Graphics Animation* 1 (2023)：1-10.

③ M. Vondráček, et al., "Rise of the Metaverse's Immersive Virtual Reality Malware and the Man-in-the-Room Attack & Defenses," *Computers & Security* 1 (2023)：1-13.

④ A. Gupta, et al., "Metaverse Security: Issues, Challenges and a Viable ZTA Model," *Electronics* 2 (2023)：391.

⑤ 李晓宇：《元宇宙下赛博人创作数字产品的可版权性》，《知识产权》2022 年第 7 期。

⑥ 林星阳、胡延杰：《元宇宙中虚拟数字人生成内容的可版权性研究——基于与人工智能生成内容对比的视角》，《南京理工大学学报》（社会科学版）2024 年第 1 期。

教育"的概念，衍生出一种使用 VR、AR、AI 等技术为学生创造沉浸式、情境式和体验式的学习场景的新兴教育形式，这也会给版权合理使用带来挑战。[①]

还有 17.30%的受访者意识到元宇宙背后隐藏的文化价值观与意识形态冲突问题。元宇宙世界的设计者、管理人员以及用户在虚拟世界的化身等多元个体参与到元宇宙中，不同文化背景的参与者在参与元宇宙的交流互动过程中可能会出现价值观方面的分歧和冲突，因此，面临如何统一不同行为者差异性道德伦理，即为所有人确立普遍权利的一般性原则的问题。[②]

最后，元宇宙相关产业作为巨大的产业链条，涉及就业人数众多且产业自身具有技术依赖和脆弱性使其暗含社会风险。任何突发性重大政策转向都将对深度依赖元宇宙的群体成员造成巨大影响，系统中的技术故障或崩溃可能会导致他们失去重要的工作或资源，大量从业人员面临失业下岗的风险。

表 6　受访者对元宇宙相关风险认知的多重响应频率分析

单位：%

您认为元宇宙可能带来哪些风险或挑战？	N（计数）	响应率	普及率
隐私泄露和数据安全风险	1091	20.99	47.91
数字鸿沟与数字不平等问题	144	2.77	6.32
虚拟成瘾与心理健康问题	1255	24.14	55.12
知识产权问题	248	4.77	10.89
虚拟金融风险	1200	23.09	52.70
信息失真与虚拟欺诈问题	579	11.14	25.43
文化价值观与意识形态冲突问题	394	7.58	17.30
对现实世界的脱节或逃避问题	175	3.37	7.69
诈骗问题	59	1.13	2.59
技术依赖和脆弱性问题	51	0.98	2.24
其他	2	0.04	0.09
总计	5198	100.00	228.28

① Z. Lan, Y. Yan, X. Wang, et al., "Metaverse Education's Challenge to the Copyright Fair Use System: An Empirical Analysis," *Proceedings of the 4th International Conference on Education, Knowledge and Information Management* (ICEKIM 2023), May 26-28, 2023, Nanjing, China.

② E. H. Spence, "Meta Ethics for the Metaverse: The Ethics of Virtual Worlds," *Frontiers in Artificial Intelligence and Applications* 1 (2008): 3-12.

（六）受访者对元宇宙领域风险治理有所期待

2023 年 4 月 27 日，《数字中国发展报告（2022 年）》在第六届数字中国建设峰会开幕式上发布。报告指出，2022 年我国数字经济规模达 50.2 万亿元，总量稳居世界第二，占 GDP 比重提升至 41.5%，数字经济成为稳增长促转型的重要引擎。[①] 2023 年 8 月，工业和信息化部办公厅、教育部办公厅、文化和旅游部办公厅、国务院国资委办公厅、国家广播电视总局办公厅联合印发《元宇宙产业创新发展三年行动计划（2023—2025 年）》，计划指出："元宇宙是数字与物理世界融通作用的沉浸式互联空间，是新一代信息技术集成创新和应用的未来产业，是数字经济与实体经济融合的高级形态，有望通过虚实互促引领下一代互联网发展，加速制造业高端化、智能化、绿色化升级，支撑建设现代化产业体系。"[②]

数智时代下，元宇宙的发展正重构数字化发展新形态，吸引着社会各界的广泛关注。因此，为了元宇宙的可持续发展，北京市有必要对其面临的问题采取相应的可行性治理举措。同时，北京市作为政治、经济与科技重镇，其举措的贯彻落实也会对其他地区形成示范效应。调研显示，北京民众期待政府对于元宇宙领域采取如下治理措施。

首先，据 2277 位受访者的回答分析，58.10% 的受访者突出强调，面对隐私与安全性威胁，元宇宙相关产业应强化隐私与数据保护（见表 7）。北京市相关部门不仅应通过立法加强个人信息保护，防止数据泄露和滥用，更需要推动技术和安全标准制定，参与制定元宇宙技术和安全的国际标准，加强国际交流合作，与其他国家共同应对元宇宙的全球性挑战，最终实现在强化隐私与数据保护过程中搭建起元宇宙内容提供者、用户群体与政府相关部门等不同

[①] 《2022 年我国数字经济规模达 50.2 万亿元》，中国政府网，2023 年 4 月 28 日，https：//www.gov.cn/yaowen/2023-04/28/content_5753561.htm。

[②] 《工业和信息化部办公厅 教育部办公厅 文化和旅游部办公厅 国务院国资委办公厅 广电总局办公厅关于印发〈元宇宙产业创新发展三年行动计划（2023—2025 年）〉的通知》，中国政府网，2023 年 8 月 29 日，https：//www.gov.cn/zhengce/zheng ceku/202309/content_6903023.htm。

主体之间的良性互动平台，培植数字信任，构建可持续化的元宇宙发展体系。

其次，北京市政府作为元宇宙产业的主要监管主体，一方面，应加大法律法规更新力度，评估和更新相关法律法规，与时俱进适应元宇宙发展的新需求，化解新风险；另一方面，应着重设立与完善独立的监管机构，确保严格审查元宇宙产业运营过程中的信息数据收集、共享、分析、清理工作，保障知识产权和打击虚假信息，监管和指导虚拟经济，规范虚拟经济活动。

再次，面对元宇宙领域的挑战，北京市政府部门与相关产业应设立专项基金和支持研发，支持元宇宙技术的安全研究和创新发展，着手推动隐私增强技术等新型技术的研发推广。同时，促进各领域与各群体公平接入与数字平等，提供技术和网络接入支持，缩小"数字鸿沟"。

表 7　受访者对元宇宙领域风险的治理期待的多重响应频率分析

单位：%

面对"元宇宙"领域的风险及挑战,您认为政府最应该采取哪些治理措施?	N(计数)	响应率	普及率
强化隐私与数据保护	1323	25.52	58.10
促进公平接入与数字平等	700	13.50	30.74
监管和指导虚拟经济	1022	19.71	44.88
保障知识产权和打击虚假信息	842	16.24	36.98
提升公众尤其是青少年的网络素养	637	12.29	27.98
加强国际交流合作	243	4.69	10.67
推动技术和安全标准制定	196	3.78	8.61
设立专项基金和支持研发	37	0.72	1.62
评估和更新相关法律法规	126	2.43	5.53
鼓励社会参与和公众教育	58	1.12	2.55
其他	0	0	0
总计	5184	100.00	227.67

最后，应鼓励社会参与和公众教育，通过公众教育提高社会对元宇宙风险的认知度，鼓励公众参与治理讨论。由于青少年是元宇宙领域的特殊参与群体，需针对这一特殊人群推广数字素养教育，提升公众尤其是青少年的网络素养。

三 北京民众对元宇宙相关的网络游戏产业的参与情况与认知

元宇宙的出现意味着一场元技术意义上的技术革命，它创造了一个在技术基础之上的三元世界——数字社会①，其"具有不可替代和无限的项目和角色，不受传统物理的限制和约束"②。元宇宙的原型最先随着魔兽世界、第二人生、Project Entropia 和 Sociotron 等虚拟环境的出现而产生③，因此元宇宙相关的网络游戏产业作为元宇宙领域的代表性产业最先为北京民众所熟知。本次调查显示，北京民众对元宇宙相关的网络游戏产业的参与情况与认知如下。

（一）北京民众参与元宇宙相关的网络游戏的现状特点分析

元宇宙相关的网络游戏产业作为新型技术驱动型产业，为高质量数字经济发展注入活力。元宇宙相关的网络游戏的出现为游戏产业发展提供了新机遇，促进了产业的演进与升级。元宇宙技术体系的成熟对于游戏技术、游戏机制、游戏模式均能产生变革性影响，使游戏产业发展步入新的阶段。④ 本次调查研究对北京民众关于元宇宙相关的网络游戏产业的认知态度与参与情况进行问卷分析，发现大多数受访者均参与过元宇宙相关的网络游戏且参与频率相对较高，64.52%的受访者表示愿意为相关网络游戏付费。

1. 大多数受访者参与过元宇宙相关的网络游戏且频率相对较高

调查表明，仅有7.73%的受访者表示未玩过相关网络游戏，其余受访者皆参与过元宇宙相关的网络游戏，由此可见元宇宙相关的网络游戏的普及

① 吴江、曹喆、陈佩、贺超城、柯丹：《元宇宙视域下的用户信息行为：框架与展望》，《信息资源管理学报》2021年第1期。
② 华子荀、黄慕雄：《教育元宇宙的教学场域架构、关键技术与实验研究》，《现代远程教育研究》2021年第6期。
③ S. Cacciaguerra, "On Guaranteeing Equity to Mobile Players in a Metaverse," Braunschweig: 7th International Conference on Intelligent Games and Simulation, TU Braunschweig, 2006.
④ 宋丕丞：《元宇宙游戏产业的演进逻辑——基于扎根理论的框架分析》，《北京文化创意》2023年第5期。

率和参与率之高。此外，在玩游戏时用户使用的硬件设备多为智能手机或平板电脑等移动设备与虚拟现实（VR）头戴设备。部分受访者使用如PlayStation、Xbox、Nintendo Switch 等游戏控制台与个人计算机等（见表8）。

表8 受访者参与元宇宙相关的网络游戏的设备使用情况的多重响应频率分析

单位：%

您通常通过哪些硬件设备参与元宇宙相关的网络游戏？	N（计数）	响应率	普及率
个人计算机	640	16.43	28.11
移动设备	1159	29.76	50.90
游戏控制台	760	19.51	33.38
虚拟现实(VR)头戴设备	1160	29.78	50.94
未玩过相关网络游戏	176	4.52	7.73
其他	0	0	0
总计	3895	100.00	171.06

对受访者参与元宇宙相关的网络游戏的频率进行系统分析，有助于更加了解元宇宙相关的网络游戏在民众中的普及程度与民众参与程度。据参与元宇宙相关的网络游戏的频率相关统计，58.15%的受访者选择"每周几次"，21.52%的受访者选择"每月几次"，6.63%的受访者选择"偶尔玩，没有固定频率"，约8.39%的受访者选择"几乎不玩"（见表9）。在家玩游戏成为当代年轻人闲余时间主要休闲娱乐项目之一。

表9 受访者参与元宇宙相关的网络游戏的频率统计

单位：人，%

您参与元宇宙相关的网络游戏的频率？	人数	比例
每天都玩	121	5.31
每周几次	1324	58.15
每月几次	490	21.52
偶尔玩，没有固定频率	151	6.63
几乎不玩	191	8.39
总计	2277	100.00

2. 受访者参与元宇宙相关的网络游戏所用软件平台与游戏类型多元化

调查显示,受访者多通过游戏应用商店(17.48%)或直接通过游戏客户端或软件(13.18%)参与到元宇宙相关的网络游戏过程中。就参与游戏的类型而言,54.77%的受访者参与过虚拟现实(VR)游戏,利用VR设备获得高度沉浸式游戏体验,如虚拟旅游、模拟飞行等;48.97%的受访者参与过角色扮演(RPG)游戏,在此类游戏中,玩家可以深入体验虚拟世界,扮演具体角色,进行探索、任务和冒险类活动;21.08%的受访者参与过增强现实(AR)游戏(如虚拟旅游、模拟飞行等);16.91%的受访者参与过社交和交互游戏(如虚拟聚会、在线合作任务等),这是结合现实世界环境的游戏,如通过手机摄像头捕捉周围环境并添加虚拟元素;13.44%的受访者参与过竞技和电子竞技游戏,如虚拟赛车、射击游戏等。而极少数受访者参与过探索和冒险游戏(在虚拟世界中探索未知领域,解谜和经历冒险)、创意和建造游戏(玩家可创作自己的游戏世界或物品,如沙盒游戏等)、音乐和节奏游戏(如跳舞、演奏乐器等)、教育和培训游戏(结合教育内容的游戏,旨在提供知识学习和技能培养的同时带来乐趣)(见表10)。

表10 受访者参与元宇宙相关的网络游戏的类型的多重响应频率分析

单位:%

您参与过以下哪个类型的 与元宇宙相关的网络游戏?	N(计数)	响应率	普及率
角色扮演(RPG)游戏	1115	28.95	48.97
虚拟现实(VR)游戏	1247	32.38	54.77
增强现实(AR)游戏	480	12.46	21.08
社交和交互游戏	385	10.00	16.91
策略和模拟游戏	100	2.60	4.39
竞技和电子竞技游戏	306	7.95	13.44
创意和建造游戏	57	1.48	2.50
探索和冒险游戏	89	2.31	3.91
音乐和节奏游戏	52	1.35	2.28
教育和培训游戏	20	0.52	0.88
其他类型游戏	0	0	0
总计	3851	100.00	169.13

3.64.52%的受访者表示非常愿意或比较愿意为元宇宙相关的网络游戏付费

元宇宙相关的网络游戏在运行过程中往往会有大量的真实货币与虚拟世界货币之间的交易。参与元宇宙相关的网络游戏的用户会购买和销售虚拟物品、虚拟财产、虚拟服务和其他感兴趣的产品。① 关于北京民众是否愿意为参与元宇宙相关的网络游戏付费问题，64.52%的受访者表示非常愿意或者比较愿意为元宇宙相关的网络游戏付费，21.47%的受访者对此表示比较不愿意或者非常不愿意，而对此态度较为模糊者为3.12%（见表11）。网络游戏质量是吸引消费者付费的关键所在。就付费金额而言，76.55%的受访者每月投入金额相对集中于51~100元，仅有9.53%的受访者愿意每月为元宇宙相关的网络游戏付费500元以上，而2.81%的受访者则明确表示不愿为此付费（见表12），这也反映了受访者对在虚拟世界中进行真实货币交易的审慎态度。

表11　受访者参与元宇宙相关的网络游戏的付费意愿统计

单位：人，%

您是否愿意为参与元宇宙相关的网络游戏付费？	人数	比例
非常愿意	188	8.26
比较愿意	1281	56.26
一般	248	10.89
比较不愿意	256	11.24
非常不愿意	233	10.23
说不清	71	3.12
总计	2277	100.00

---

① M. Nazir, J. Hamilton, S. W. Tee, "Real Money Trading in Virtual Worlds," in Proceedings of the 17th International Conference on Electronic Business, ICEB, Dubai, UAE, December 4-8, 2017, pp. 202-207.

表 12　受访者参与元宇宙相关的网络游戏的付费金额统计

单位：人，%

您每月在相关网络游戏上大概花费多少费用?	人数	比例
1~10 元	56	2.46
11~50 元	84	3.69
51~100 元	1743	76.55
101~200 元	62	2.72
201~500 元	51	2.24
501~1000 元	26	1.14
1001~2000 元	42	1.85
2001~5000 元	51	2.24
5001~10000 元	51	2.24
10000 元以上	47	2.06
不愿意付费	64	2.81
总计	2277	100.00

近年来，这种真实的货币交易付费机制在元宇宙相关的网络游戏中盛行，一方面有助于为元宇宙相关的网络游戏产业和研发机构注入活力，带来更多商业机会；另一方面则有助于为用户带来更加多元化、个性化且新颖的游戏体验。但是用户在交易时也可能面临风险，特别是针对青少年群体而言。因此，游戏开发商与研发者应设置合理的游戏收费模式，而用户群体需保持相对理性慎重的态度。

（二）北京民众参加元宇宙相关的网络游戏的心理特征分析

元宇宙相关的网络游戏飞速发展，民众在参与元宇宙相关的网络游戏过程中，具有相应的心理动机和丰富的心理感受。从社会行为学角度分析，人类的社会行为普遍遵循"环境—心态—行为"的演化特征，了解民众相关社会行为的心理动因和特点，对于把握相关社会行为的特征和内在机理具有重要意义。因此，本次调查也重点关注了北京民众参与元宇宙相关的网络游戏的心理特征。调查显示，北京民众参与元宇宙相关的网络游戏的心理特点如下。

一是大部分受访者在参与元宇宙相关的网络游戏过程中感受到兴奋并产生了探索欲，获得了自我成就感。网络游戏的沉浸式体验对用户群体具有强大的吸引力，虚拟世界中游戏的胜利有益于缓解现实世界中的情绪压力，而游戏中的团队协作则激发了玩家的自我认同感与成就感。

二是参与元宇宙相关的网络游戏有助于获得社交满足感。数智时代形塑了线上信息交互方式，这种现代交流方式与现实社会的快节奏使现实生活中个体之间日渐疏离，缺乏情感纽带的联结。元宇宙相关的网络游戏中玩家们之间的协作配合为人们提供了虚拟陪伴感。

三是一部分受访者在参与元宇宙相关的网络游戏过程中感受到与现实的疏离感。元宇宙相关的网络游戏旨在创造一个让用户群体高度沉浸的虚拟世界，这种游戏体验感在一定程度上会对玩家心理和情感产生影响，可能会导致其对真实世界失去兴趣，引发其对现实世界的心理防御机制。

总体而言，部分受访者在参与元宇宙相关的网络游戏时感受到兴奋并产生了探索欲，获得了自我成就感与自我认同感，也获得了极大的社交满足。但也有部分受访者表示在玩元宇宙相关的网络游戏时感受到高度沉浸感，个人在游戏过程中情绪波动幅度较大，严重时会导致逃避现实。

（三）北京民众对元宇宙相关的网络游戏社会影响的认知情况分析

元宇宙产业发展的最终目的是使人的主体性延展，使人类更好地生存与发展，而非使人们的生活异化。元宇宙是社会信息化与虚拟化的必然趋势，其原动力是互联网的功用中心从信息转移到人，这种转移推动社会变革的同时塑造了全新的社会形态。[①] 元宇宙相关的网络游戏产业充分结合区块链、人工智能等前沿科技，形成了广受民众欢迎的在线互动游戏，随着数字革命重塑我们的日常生活，将对人们的成长发展产生深远影响。

[①] 方凌智、沈煌南：《技术和文明的变迁——元宇宙的概念研究》，《产业经济评论》2022年第1期。

1. 参与元宇宙相关的网络游戏时会出现过度沉迷、社交隔离、影响身心健康、经济负担等问题

针对参与元宇宙相关的网络游戏会带来的最重要的负向影响，受访者认为，参与元宇宙相关的网络游戏时会出现过度沉迷、社交隔离、影响身心健康、经济负担等问题（见表13）。相较于传统网络游戏，元宇宙相关的网络游戏的沉浸式性质更容易使玩家上瘾和在游戏内过度支出。一些玩家可能会沉迷其中，这不仅会大量耗费资金，更对其精神和身体健康产生负向影响。一方面，元宇宙相关的网络游戏具有沉浸式性质，尤其是在VR中，如果玩家忽视周围的环境，可能会导致身体不适、运动疾病和伤害。另一方面，游戏失败或网络暴力可能导致焦虑、抑郁等心理问题。此外，不合理的游戏设计和游戏内容会影响个人的价值判断和行为选择。就青少年而言，过度游戏则会影响学习成绩与身心健康成长。

表 13　受访者对元宇宙相关的网络游戏负向影响认识的多重响应频率分析

单位：%

您认为玩元宇宙相关的网络游戏带来的最重要的负向影响有哪些？	N（计数）	响应率	普及率
过度沉迷	283	23.94	12.43
社交隔离	198	16.75	8.70
睡眠质量下降	141	11.93	6.19
视力下降	146	12.35	6.41
价值观扭曲	31	2.62	1.36
身体健康问题	79	6.68	3.47
心理健康问题	111	9.39	4.87
经济负担	25	2.12	1.10
影响学业或职业发展	149	12.61	6.54
依赖性行为	19	1.61	0.83
其他（请注明）	0	0	0
总计	1182	100.00	51.90

2.参与元宇宙相关的网络游戏也可带来一些正向的心理影响，并提升参与者的社交互动与团队协作等能力

当然，我们也不能忽视元宇宙相关的网络游戏对于使用者的潜在益处，北京民众对此也有较为清晰的认识（见表14）。大部分受访者认为元宇宙相关的网络游戏能够为用户提供与全世界玩家交流的机会，有益于鼓励使用者学习如何高效地与他人合作，并促使其在参与过程中提升社交互动与团队协作能力。另一部分受访者意识到，元宇宙相关的网络游戏中面临的挑战与快节奏，不仅有助于提升使用者解决复杂问题的能力，提高其反应速度和手眼协调能力，还能使其在游戏过程中学习新知识与新技能。其余受访者则观察到参与元宇宙相关的网络游戏对玩家心理产生了积极影响。元宇宙相关的网络游戏中的成功体验和成就感有助于增强自信心，激发玩家的创造力和想象力，参与元宇宙相关的网络游戏是一种放松心情和减轻日常压力的有效方式。面对游戏挑战和失败时，用户可以保持积极应对的心态，这对个人的生活、工作与学习也会产生正向激励。

表14 受访者对元宇宙相关的网络游戏正向影响认识的多重响应频率分析

单位：%

您认为玩元宇宙相关的网络游戏带来的最重要的正向影响有哪些？	N（计数）	响应率	普及率
提高问题解决能力	487	8.98	21.39
增强手眼协调	599	11.04	26.31
促进社交互动	265	4.89	11.64
提升团队协作能力	1189	21.93	52.22
学习新知识与新技能	979	18.05	43.00
增强自信心	658	12.13	28.90
减压和放松	701	12.93	30.79
积极心态培养	97	1.79	4.26
文化交流和理解	100	1.84	4.39
创造力激发	348	6.42	15.28
其他（请注明）	0	0	0
总计	5423	100.00	238.18

3.大部分受访者认为参与元宇宙相关的网络游戏的正向影响大于负向影响

调研显示（见表15），81.90%的受访者认为玩元宇宙相关的网络游戏的正向影响大于负向影响，2.33%的受访者认为正向影响与负向影响相当，认为负向影响大于正向影响的有12.65%。总体而言，北京民众对元宇宙相关的网络游戏的社会影响持相对乐观积极的态度。因此，如何为用户提供良好的游戏体验，满足不同民众的个性化需求，推动元宇宙相关的网络游戏产业高质量发展，应成为北京市相关部门关注的重点。

表15　受访者对元宇宙相关的网络游戏影响的认知情况统计

单位：人，%

您认为玩元宇宙相关的网络游戏正向影响与负向影响哪个大？	人数	比例
正向影响远大于负向影响	1806	79.31
正向影响稍大于负向影响	59	2.59
正向影响与负向影响相当	53	2.33
负向影响稍大于正向影响	242	10.63
正向影响远大于负向影响	46	2.02
不确定	71	3.12
总计	2277	100.00

四　北京市元宇宙相关的网络游戏产业
运行风险及挑战

元宇宙相关的网络游戏产业作为代表性的新兴文化产业，引发社会各界广泛关注。系统调研分析北京民众对元宇宙及相关网络游戏的认知情况和治理期待，有助于分析研判北京市元宇宙相关的网络游戏产业运行风险及挑战，进而剖析产生相应风险的内在机理及原因，推动相关部门采取有针对性的治理措施，推动元宇宙相关的网络游戏产业的良性运行和发展。

（一）元宇宙相关的网络游戏产业社会影响日趋深化，行业发展亟须强化法律保障

元宇宙相关的网络游戏产业充分结合区块链、人工智能等前沿科技，形成了广受欢迎的在线游戏。北京民众关于元宇宙相关的网络游戏的认知调查数据显示，大多数受访者曾通过智能手机或平板电脑等移动设备与虚拟现实（VR）头戴设备参与元宇宙相关的网络游戏且频率相对较高。民众的广泛参与为元宇宙相关的网络游戏产业开辟了更为广阔的市场，游戏参与者多样化与个性化的需求也促使游戏内容愈发丰富，游戏技术不断优化。

中国游戏产业研究院、中国科学院自然科学史研究所共同发布的《游戏技术——数实融合进程中的技术新集群》指出："我们正处于互联网技术和范式变革的前夜，而虚实融合的元宇宙是大家对下一代互联网形态的概念性想象，是对未来人机交互、人人交互想象的合集。"[①] 元宇宙游戏技术已成为数实融合社会的重要底层数字技术，而元宇宙相关的网络游戏产业是一个涉及多领域的巨大产业链，在各领域得到广泛应用拓展，资本、技术、人力等多方力量介入，关涉众多。多方力量的介入必然引发重大的震荡，产生深远的社会影响。

观念、技术、资本和法律是推动元宇宙发展的四种重要动力，忽视元宇宙的法律底座建设，将成为制约元宇宙健康发展的重要因素之一。[②] 因此，新的发展阶段，要推动元宇宙相关的网络游戏产业平稳向好发展，必须健全与完善相关的法律法规，为产业发展提供良好的法治环境和稳定的市场规范，保障元宇宙相关的网络游戏产业有序健康运行。

（二）元宇宙相关的网络游戏产业运行发展蕴含系列风险挑战，需有针对性地采取治理措施

元宇宙相关的网络游戏产业快速发展的同时，也蕴含多重风险与挑

---

① 《游戏技术——数实融合进程中的技术新集群》，道克巴巴，2022 年 8 月 2 日，https：//www.doc88.com/p-94861586185409.html。

② 程金华：《元宇宙的法律底座及其建设》，《东方法学》2023 年第 6 期。

战。对此，如何有效地应对相关风险与挑战，已成为不容忽视的治理课题。调查分析显示，民众在参与相关游戏过程中不仅会出现过度沉迷、社交隔离、影响身心健康、经济负担等问题，还会面临诸如信息失真、虚拟欺诈、隐私泄露和数据安全等风险挑战。例如，近年来，元宇宙相关的网络游戏产业面临信息失真与虚拟欺诈问题，这些都是亟待关注的社会风险。

此外，对元宇宙相关的网络游戏的付费等环节的治理也亟待关注。元宇宙相关的网络游戏最先在国外兴起，早期很多游戏项目均由国外相关企业进行游戏产品的搭建，对接到世界范围的虚拟货币市场，最终吸引广大用户群体对游戏产品进行付费。基本模式为：用户群体把现金换成国外平台发行的虚拟货币，再通过虚拟货币去换取游戏内的金币和素材。[①] 这种真实的货币交易付费机制在近些年盛行，64.52%的受访者表示非常愿意或者比较愿意为元宇宙相关的网络游戏付费。伴随游戏付费机制在实践中的广泛普及，相关领域的治理问题也日益凸显，要营造安全合规的付费环境，破解包括数据安全与支付安全在内的网络安全难题，亟须健全监管体系。

（三）元宇宙相关的网络游戏产业对青少年群体的影响日益深化，相关社会风险值得关注

元宇宙虚拟空间可以跨越地域的限制与障碍，实现大规模互联互通，增强现实世界的交互性。青少年群体出生并成长于互联网飞速发展的时代，元宇宙相关的网络游戏产业等对青少年学习与生活的影响日益深化。一方面，元宇宙相关的网络游戏提高了青少年参与者的社交互动与团队协作能力，能够拓宽视野，增强创造力，促使其更加积极自由地探索未知世界。另一方面，元宇宙相关的网络游戏产业也对一些青少年参与者的身心健康产生了负向影响。

---

① 《元宇宙游戏调查：充钱就能坐享大幅增值？警惕非法集资诈骗！》，南方网，2022 年 3 月 27 日，https://finance.southcn.com/node_bd56cdafac/dd5e996dc3.shtml。

调查显示，受访者普遍表示了对青少年过度沉迷元宇宙相关的网络游戏的担忧，此外受访者还普遍担忧元宇宙相关的网络游戏引发青少年群体的信息安全、社交隔离、睡眠质量下降、视力下降、学业发展、生活失衡等问题：其一，由于青少年群体的自我控制能力与辨别能力较弱，其更容易存在个人信息泄露与过度沉迷游戏的现象；其二，青少年的世界观、人生观、价值观等正处于形塑过程中，元宇宙虚拟世界的不良信息容易对青少年群体产生负向影响；其三，元宇宙相关的网络游戏体验虽能够帮助青少年群体广泛接触外部世界，但也可能造成青少年群体对现实的疏离，降低其对现实生活与学习的投入；其四，过度沉迷游戏会对青少年的睡眠质量与视力造成危害。面对元宇宙相关的网络游戏对青少年身心健康的危害，家庭、学校、政府、游戏开发者等多方力量应协同参与，为其营造良好的游戏环境，保障青少年的信息与网络安全，正确引导青少年群体参与元宇宙相关的网络游戏。

（四）充分发挥正向效应，需具备开放包容视野和多元主体协同共治

"游戏产业为元宇宙实现数实融合提供了天然的'超级试验场'。"[1] 调查研究显示，81.90%的受访者认为参与元宇宙相关的网络游戏的正向影响大于负向影响。因此，在未来较长时间内元宇宙相关的网络游戏产业仍会对社会各领域产生不容忽视的积极影响。

元宇宙相关的网络游戏产业虽然是蓬勃兴起的新兴产业，但其发展也存在一定的瓶颈和现实挑战，例如，游戏的实质性创新难度快速增加；游戏市场趋于饱和，存量市场竞争不断加剧；游戏企业运营面临更多的"阻力"。[2] 面对元宇宙相关的网络游戏产业研发成本高昂、后续发展的动力不足、产业市场规模存量较小等问题，构建起相对完善的元宇宙相关的网络游戏产业生

---

① 李哲：《元宇宙顶层设计出炉 游戏能否借势破局?》，《中国经营报》2023 年 9 月 18 日，第 24 版。

② 宋丕丞：《元宇宙游戏产业的演进逻辑——基于扎根理论的框架分析》，《北京文化创意》2023 年第 5 期。

态，需要社会各领域广泛参与以及加强世界各国之间的技术交流与合作，共迎机遇与挑战。

<h1 style="text-align:center">五　优化北京元宇宙相关的网络游戏产业
治理措施的建议</h1>

"十三五"规划初始，党和国家便明确提出针对互联网游戏产业和人工智能等新兴技术的发展规划。2022 年 1 月，国务院发布了《"十四五"数字经济发展规划》①。伴随"十四五"规划的深入实施，中国游戏开发行业正迎来前所未有的投资机遇，规模持续增长，发展前景广阔。2023 年 5 月 27 日，在中关村论坛平行论坛"互联网 3.0：未来互联网产业发展"上，北京市科学技术委员会、中关村科技园区管理委员会发布了《北京市互联网 3.0 创新发展白皮书（2023）》（以下简称《白皮书》）。《白皮书》认为，北京在互联网 3.0 科技创新和产业发展基础等方面处于全国领先地位。当前，北京正在围绕关键技术、共性技术平台、应用场景、创新生态和监管等方面，谋划开展系列工作举措，加快推动北京建设具有国际影响力的互联网 3.0 创新高地。② 这也为元宇宙相关游戏产业的发展提供了良好机遇。

伴随互联网的飞速发展，民众对互动娱乐游戏的要求也显著提高，开始追求更多题材新颖、趣味性强的游戏。元宇宙相关的网络游戏通过技术手段连接虚拟世界与现实世界，极大地丰富了用户的感知体验，去中心化、多元互动与开放性的特点使新兴的元宇宙相关的网络游戏渐渐成为广大民众追捧的对象。但是在互联网技术领域变革和创新发展的同时，元宇宙相关的网络游戏产业发展的过程中也不可避免地蕴含相关风险与挑战。北京市作为政

---

① 《国务院关于印发"十四五"数字经济发展规划的通知》，中国政府网，2022 年 1 月 12 日，https：//www. gov. cn/zhengce/zhengceku/2022-01/12/content_5667817. htm。

② 《〈北京市互联网 3.0 创新发展白皮书（2023 年）〉重磅发布》，北京市人民政府网站，2023 年 5 月 29 日，https：//www. beijing. gov. cn/ywdt/gzdt/202305/t20230529_3116307. html。

治、经济与科技重镇，应正视元宇宙给相关网络游戏产业领域带来的机遇与风险。元宇宙产业必须在法治的框架内发展，应坚持技术向善的理念去发展元宇宙相关的网络游戏产业。北京市应积极顺应人工智能时代的新形势、新挑战，推动北京市在元宇宙相关的网络游戏产业领域提前布局、科学谋划、精准施策，实现元宇宙相关的网络游戏产业的良性健康发展。

（一）开展相关法律法规政策实施情况的跟踪评估

为推动元宇宙相关的网络游戏产业健康有序发展，不仅要健全相关法律法规政策，更要对相关法律法规政策予以跟踪评估。具体而言，一方面，顺应互联网时代的发展需要，健全相关领域法律法规政策，保障元宇宙相关的网络游戏产业在法治轨道中发展。另一方面，在发布元宇宙相关的网络游戏产业法律法规和出台相关政策后，应加强对其具体实施情况的跟踪评估，对不完善之处予以补充或纠错，为之后相关法律法规与政策的精准性、合理性与可持续性奠定基础。例如《中华人民共和国民法典》第 1032 条规定对隐私权予以保护。《中华人民共和国民法典》第 127 条规定："法律对数据、网络虚拟财产的保护有规定的，依照其规定。"[1] 这一规定明确了国家法律对数据的保护，但尚未对数据权进行明确规定。2021 年 6 月，《中华人民共和国数据安全法》对数据权进行了明确规定。[2] 元宇宙作为前沿科技，其发展速度极快，因此该领域的法律法规政策也应与时俱进，不断完善。

（二）建立健全多方参与的监管治理体系

北京市政府和相关部门需对元宇宙相关的网络游戏产业进行科学合理的监管，并且对不适宜青少年或违反防沉迷规定的游戏内容提供者进行处罚。实践中，监管不足会使元宇宙相关的网络游戏产业难以有序运行，增加风

---

[1] 《中华人民共和国民法典》，中国政府网，2020 年 6 月 1 日，https://www.gov.cn/xinwen/2020-06/01/content_5516649.htm。

[2] 《中华人民共和国数据安全法》，中国政府网，2021 年 6 月 11 日，https://www.gov.cn/xinwen/2021-06/11/content_5616919.htm。

险；而过度监管可能会使元宇宙相关的网络游戏产业失去活力，持续低迷。因此，对于元宇宙相关的网络游戏产业的治理应遵循行业的内在发展规律。

针对目前元宇宙相关的网络游戏产业领域存在的风险，北京市相关部门可通过持续强化对元宇宙相关的网络游戏产业日常监管，严格审查把好游戏入口关，依法惩处违法违规行为，引导游戏相关机构规范研发和运营。同时，在新的发展时期，北京市要大力推动凝聚各方资源力量，建立监督举报平台，广泛接受来自社会各界全方位多领域的监督。鼓励家庭、学校、社会和政府等多方力量共同参与青少年游戏行为的监管，发挥多方主体参与治理的协同效能，推动元宇宙相关的网络游戏产业合法合规且良性有序发展。

（三）重视教育课程和公众宣传并强化家长监管

当代青少年成长于数字化时代，数字智能产品已融入其学习与生活的方方面面，元宇宙相关的网络游戏产业的有序运行直接关乎青少年群体的健康成长。对此，北京市应重视教育课程和公众宣传，在学校和社区推广有关网络安全和健康游戏的教育课程，建立家庭教育协调机制，提升青少年和家长的意识。在教育课程中引导家长掌握科学的教育理念和方法，促使家长在日常生活中加强对孩子网络行为的监管与纠正，防止青少年过度沉迷游戏。此外，北京市还可提供更易于操作的家长监管工具和科学指导，帮助家长有效监督孩子的游戏行为。在使用数字智能产品时，家长应采取更加积极主动的态度和措施，引导和教育孩子合理使用相关平台和应用程序，实现青少年在元宇宙相关的网络游戏产品使用过程中探索与保护的平衡。

（四）持续完善青少年防沉迷系统

为推动元宇宙相关的网络游戏产业健康发展，营造安全的网络环境，减少潜在网络风险，北京市应积极鼓励行业自律，支持开发适合青少年的积极健康的游戏内容。同时，元宇宙相关的网络游戏研发平台与设计者应完善游戏，对青少年负责任，保障青少年健康成长。游戏研发平台和设计者需在研发过程中持续完善青少年防沉迷系统，进行积极健康的游戏的开发。此外，游戏制作和设计过程中实施严格的游戏内容分级，优化游戏内容分级制度，确保青少年接触到适龄的游戏内容。推动元宇宙相关的网络游戏产业真正实现将娱乐与教育融为一体，为青少年提供优质游戏资源，在寓教于乐中推动青少年健康成长。

（五）完善青少年心理健康支持和咨询

当代青少年群体深度介入数字化社会，元宇宙相关的网络游戏产业客观地影响着青少年的社会认同与心理健康，也引发了部分青少年虚拟成瘾与心理健康问题。"由于元宇宙场景的去中心化逻辑，青少年政治社会化过程也将面临开放空间下的政治认知混乱、自由场景下的政治秩序试探、符码式参与的政治行为失范等伦理和道德风险。"[①] 元宇宙游戏中的不良信息也易对青少年道德观念的养成与价值观的形塑造成严重的负向影响。因此，完善青少年心理健康支持和辅导咨询在当下显得尤为重要。北京市可适时增设专门针对青少年的心理健康支持服务，统一各区心理援助热线，提供游戏成瘾等问题的咨询和治疗，为青少年的心理健康成长保驾护航。

就未来而言，北京市还应积极主动开展国际合作与交流。在全球数治时代，各个国家和地区政府以不同方式深度参与元宇宙发展，各国联系日益紧密，加强国际交流与合作，与其他国家和地区交流分享治理经验，有助于持续探索、不断创新，通过科学决策与协同共治推动元宇宙相关的网络游戏产业持续良性运行发展。

---

① 张青子衿：《元宇宙技术下的青少年政治社会化》，《当代青年研究》2023 年第 2 期。

B.6
文化科技赋能北京美丽乡村建设的
路径研究

江光华 杨洋*

摘　要： 党的二十大报告提出，统筹乡村基础设施和公共服务布局，建设宜居宜业和美乡村。美丽乡村建设离不开文化科技的融合发展。文化是内容，科技是手段，文化科技融合已成为推动乡村文化事业、文化产业高质量发展的关键路径。近年来，北京在文化科技融合方面取得了可喜成绩，科技已成为文化产业发展的支撑与引擎。然而，从美丽乡村建设和乡村文化发展方面来看，北京乡村的文化科技融合还存在融合深度不够、融合效率不高、科技的支撑力不足、体制机制有待健全等问题。本报告在概括总结北京乡村文化科技融合发展的现状与特点、问题与挑战的基础上，提出以文化科技赋能美丽乡村建设的路径和对策，即加强顶层设计，完善文化科技赋能美丽乡村建设体制机制；强化布局引导，促进乡村文化资源保护与利用；创新赋能模式，促进乡村文化产业高质量发展；紧跟时代步伐，提升乡村公共文化服务效能。

关键词： 文化科技　美丽乡村　北京

---

* 江光华，博士，北京市科学技术研究院创新发展战略研究所研究员，研究方向为文化科技融合、文化产业、科技政策；杨洋，硕士，北京市科学技术研究院创新发展战略研究所助理研究员，研究方向为文化科技融合、科技政策。

一 文化科技赋能北京美丽乡村建设的必要性和重要意义

（一）文化科技赋能北京美丽乡村建设的必要性

以文化科技赋能北京美丽乡村建设，既是顺应世界文化科技日益融合发展的大势所趋，也是我国实施乡村振兴战略的必然选择，更是落实首都城市战略定位、推进乡村振兴的重要抓手。

1. 顺应世界文化科技日益融合发展的大势所趋

文化科技融合发展已经成为全球性共识，世界各国尤其是发达国家纷纷将文化科技融合作为推动文化事业、文化产业发展的重要引擎。从 20 世纪八九十年代开始，全球文化和科技一体化融合发展趋势已成为历史的必然，这种趋势使文化发展带有科技创新特性，科技发展带有文化导向特点。

一方面，科技日益成为文化发展的重要支撑。人类发展史表明，科学技术的每一次重大发明和变革，都会极大地提高文化生产力。印刷技术直接推动了欧洲资产阶级革命，促进了新的文化产品形态的出现和新的文化载体的发展，对文化产业的发展具有积极的推动作用。从广播、电影电视、网络媒体到今天的移动互联网、数字经济，都是文化载体巨大的进步与变革，其又使社会生活生产方式发生了巨大的变化。当前以人工智能、大数据技术、5G 技术、移动互联网、物联网等为代表的现代科技正在对文化发展轨迹产生重要的影响。文化亟须通过一定的物质载体（技术载体）或平台来表达其所蕴含的价值。从这个意义来说，科学技术是一个国家生产力的决定性因素，科学技术代表着先进的生产力，掌握了先进的科学技术，就会不断提高文化的生产力，进而提高整个国民经济发展水平。在数字经济已经来临的时代，需要加强数字技术和网络信息技术等现代科学技术的研发与应用，进而不断提升现代文化产品的创造力、表达力、传播力。

另一方面，文化发展对科技创新具有引领作用。文化对科技创新具有一种本质的、内在的引导作用。文化对科技的影响主要表现在影响人类的认识与看法，是一种精神层面的指引。科学技术的快速发展与文化的指引作用是分不开的。人类的物质文明与精神文明相辅相成，共同发展。近代欧洲的科技革命得益于意大利的文艺复兴，中国古代科学技术的发展也明显烙有中国文化的印记。同样，正是由于文化的包容性与多样化，美国才能够拥有来自世界各地的人才，助其成为世界科学中心，在科学技术领域的卓越成绩全球领先。这些都能说明文化是科技创新的重要基础和前提条件，对于一个国家的科学技术发展发挥着潜移默化的引领作用。

当前，文化科技融合是文化发展与科技发展的大趋势，也是现代社会进入一个新的历史阶段的显著标志。文化科技深度融合发展，无论对于促进城市的经济社会发展还是对于推进美丽乡村建设、助力乡村振兴来说，均发挥着重要的支撑与引擎作用。

2. 我国实施乡村振兴战略的必然选择

党中央高度重视推进乡村振兴战略。早在 2018 年 6 月，中共中央、国务院印发的《国家乡村振兴战略规划（2018—2022 年）》中明确提出："顺应城乡居民消费拓展升级趋势，结合各地资源禀赋，深入发掘农业农村的生态涵养、休闲观光、文化体验、健康养老等多种功能和多重价值。"党的二十大报告进一步提出，"全面推进乡村振兴"，"扎实推动乡村产业、人才、文化、生态、组织振兴"，"统筹乡村基础设施和公共服务布局，建设宜居宜业和美乡村"。2023 年中央一号文件进一步强调乡村振兴重要任务。文化科技赋能乡村振兴，推进宜居宜业和美乡村建设，是新时代赋予文化科技的重任与使命。

2022 年 4 月，文化和旅游部等六部门联合发布的《关于推动文化产业赋能乡村振兴的意见》提出，到 2025 年，文化产业赋能乡村振兴的有效机制基本建立，优秀传统乡土文化得到有效激活，乡村文化业态丰富发展，乡村人文资源和自然资源得到有效保护和利用，乡村一、二、三产业有机融合，文化产业对乡村经济社会发展的综合带动作用更加显著，对乡村文化振兴的支撑作用更加突出；同时，还要求地方各级文化和旅游、教育、自然资源、农业农村、乡村振兴部门和国家开发银行各级机构根据本地区实际情况，加强部门协同，协调各方力量，统筹各类资源，加大支持力度，扎实推进文化产业赋能乡村振兴工作。①

乡村振兴战略的实施，将培育农村产业新业态与繁荣发展乡村文化相统一，促进文化资源与现代消费需求有效对接，推动文化、旅游与其他产业深度融合、创新发展。这为新时代新征程全面推进乡村振兴、加快农业农村现代化提供了根本遵循。乡村振兴是新时代的大课题，实现乡村振兴，建设美丽乡村，首先需要在文化上找到支撑点才能破题。在文化科技日益融合的时代，以文化科技赋能美丽乡村建设，是全面实现乡村振兴的重要内容和有力支撑。对于北京来说，需要充分利用北京的文化优势和科技优势，大力推进文化科技融合，以文化科技推动乡村文化建设、促进乡村文化产业发展，不断丰富人民精神世界、增强人民精神力量，更好培育文明乡风，进而提高乡村社会文明程度、焕发乡村文明新气象。

3. 落实首都城市战略定位、推进乡村振兴的重要抓手

北京的城市战略定位是全国政治中心、文化中心、国际交往中心、科技创新中心，推进首都的乡村振兴，要以落实"四个中心"城市功能定位为依归。北京作为全国文化中心、科技创新中心，既具有先天的文化发展优势，又拥有诸多的科技创新优势，加强文化科技深度融合，充分利用北京的文化资源和科技资源，以文化科技赋能美丽乡村建设，是北京推进乡村振兴的重要抓手。

《北京市"十四五"时期乡村振兴战略实施规划》明确提出，要"牢牢把握首都城市战略定位，准确把握北京'大城市小农业''大京郊小城区'市情农情，以首都发展为统领，以大城市带动大京郊、大京郊服务大城市为发展方略……全面推进乡村振兴"，并将"培育文明乡风。践行社会主义核

---

① 《文化和旅游部 教育部 自然资源部 农业农村部 国家乡村振兴局 国家开发银行关于推动文化产业赋能乡村振兴的意见》，文化和旅游部网站，2022 年 3 月 21 日，https：//zwgk.mct.gov.cn/zfxxgkml/cyfz/202204/t20220406_932314.html。

心价值观，以传承发展中华优秀传统文化为核心，推动城乡公共文化服务体系均衡发展，增加优秀乡村文化产品和服务供给，提振农民精神面貌"作为其重要内容。①

北京既是首都，也是超大城市，集城与乡于一体、传统与现代于一身，除了具备"大城市小农业""大京郊小城区"的空间特点外，还在首都城市战略定位、超大城市发展规模、疏解非首都功能需求、首善之区建设标准等方面具有鲜明特点。在数字经济已经来临的时代，北京应当紧扣这些特征，发挥文化科技融合发展的优势，强化文化科技创新，着力推进具有首善之区特点的乡村振兴。

（二）文化科技赋能北京美丽乡村建设的重要意义

在文化科技日益融合发展的时代背景下，立足全面推进北京乡村振兴，以文化科技促进乡村文化资源的挖掘利用、提升乡村公共文化服务能力、推动乡村文化旅游产业发展，对于促进北京美丽乡村建设具有重要意义。

1. 有助于激发乡村振兴的内生动力

习近平总书记在党的二十大报告中指出，"全面建设社会主义现代化国家，最艰巨最繁重的任务仍然在农村"。推进农业农村现代化是全面建设社会主义现代化国家的重大任务，是解决发展不平衡不充分问题的重要举措，是推动农业农村高质量发展的必然选择。然而，农村地区在文化、道德和社会习惯方面依然存在一些问题，与乡村振兴战略中的"乡风文明"要求还有一定差距。

北京的乡村文化源远流长，与中国的传统文化密不可分。它包括民俗文化、自然景观、历史遗迹、传统手工艺等多个方面，其中每个方面都体现了独特的地域特色和人文精神。以文化科技促进乡村文化建设，不仅可以弘扬中华传统文化，也可以促进北京乡村文化多样性发展，同时还可以引导农村

---

① 《北京市人民政府关于印发〈北京市"十四五"时期乡村振兴战略实施规划〉的通知》，北京市人民政府网站，2021 年 8 月 12 日，https://www.beijing.gov.cn/zhengce/zhengcefagui/202108/t20210812_2467323.html。

居民积极参与农村建设，提高他们的道德觉悟和社会责任感，激发农民的文化自信心和归属感。

加强文化科技融合，以文化科技赋能美丽乡村建设是北京推动乡村振兴战略实施的内在精神动力。它既有助于明确农村地区的价值导向、实践导向和目标导向，也有助于释放出数字化、网络化、信息化、智能化在全面推进乡村振兴进程中的巨大潜能，增加人们对乡村文化的认同感，为北京农业农村加快转型升级提供重要精神动力，进而推动农业农村现代化迈向新的发展阶段。

2. 有助于提升乡村公共文化服务能力

乡村公共文化服务是乡村振兴的源头活水，提升乡村公共文化服务体系建设水平是北京"十四五"时期乡村振兴战略实施规划的重要内容之一。《北京市"十四五"时期乡村振兴战略实施规划》提出，"健全农村公共文化服务设施，增加优秀乡村文化产品和服务供给，活跃农村文化生活，为广大农民提供高质量的精神营养，不断提高公共文化服务体系建设水平"。①

加强文化科技融合，以文化科技赋能公共文化设施及公共数字文化建设，通过建设公共文化服务云系统推动交互式网络电视、移动数字终端等新型载体的应用，逐步实现城乡图书馆、乡镇文化站、村文化室等公共文化服务网络全覆盖、互联互通，有助于提升乡村公共文化产品和服务的供给水平，促进城乡基本公共文化服务均等化。

3. 有助于推动乡村文化旅游产业发展

"绿水青山就是金山银山"，随着生态文明建设的深入推进，广大乡村地区生态环境和基础设施建设持续提升，山更青，水更秀，天更蓝，良好的生态环境不仅增进了当地人民福祉，也使乡村成为生态康养、度假休闲首选目的地。越来越多的城里人希望通过旅游体验田园生活。根据农业农村部印发的《全国乡村产业发展规划（2020—2025年）》，到2025年，乡村旅游

---

① 《北京市人民政府关于印发〈北京市"十四五"时期乡村振兴战略实施规划〉的通知》，北京市人民政府网站，2021年8月12日，https：//www. beijing. gov. cn/zhengce/zhengcefagui/202108/t20210812_2467323. html。

年接待游客人数将超过 40 亿人次。这将为乡村产业带来庞大的市场机遇，应围绕满足人民群众旅游消费需求，不断深化文旅融合，丰富以生态旅游、乡村旅游、健康旅游为代表的旅游产品供给，并把乡村民宿建设作为推进乡村旅游转型升级、丰富住宿供给的重要领域。习近平总书记指出，"要把产业振兴作为乡村振兴的重中之重，积极延伸和拓展农业产业链，培育发展农村新产业新业态，不断拓宽农民增收致富渠道"[1]，"发展乡村旅游、休闲农业、文化体验、健康养老、电子商务等新产业新业态，既要有速度，更要高质量，实现健康可持续"[2]。北京作为全国文化中心，拥有非常丰富的乡村文化旅游资源，如何挖掘利用好这些资源以培育文化新业态，是北京推进乡村振兴面临的现实问题。

当前，随着文化旅游产业的快速发展，越来越多的城里人选择走出城市，到乡村体验自然风光和人文风情。促进乡村文化振兴，开发丰富多样的乡村文化旅游产品，可以吸引更多的游客前来进行文化旅游消费，既能推动本土特色文化产业的发展，也能为乡村带来新的经济增长点，提高乡村居民的生活水平。

在数字经济时代，文化科技赋能乡村文化振兴的作用更为突出。应用互联网信息技术，通过搭建新媒体等载体与平台，能够促进网络新媒体文化与乡村特色文化、文创产业深度融合，不仅能够因地制宜地开发利用乡村文化资源，为乡村文化产业发展注入新动力，助推乡村文化产业发展，而且能够丰富乡村文化意蕴和内涵，向外界展示富有乡村特色的文化形象，增强村民对自身乡土文化的认同感和自豪感。同时，大数据技术、网络信息技术和新媒体平台还能为乡村文化与其他产业的全面融合发展提供新机遇。通过利用大数据等技术与平台，可以加大乡村文化的宣传力度，提高乡村特色文化旅游产品的影响力，不断推进北京农业农村现代化迈向新征程。

---

① 《习近平论把产业振兴作为乡村振兴的重中之重》，搜狐网，2023 年 3 月 13 日，http：//news. sohu. com/a/653638858_121106884。

② 习近平：《论"三农"工作》，中央文献出版社，2022，第 11 页。

4. 有助于建设宜居宜业和美乡村

党的二十大报告强调"建设宜居宜业和美乡村"。建设宜居宜业和美乡村是全面建设社会主义现代化国家的重要内容，涉及农村生产生活生态各个方面，涵盖物质文明和精神文明各个领域，既包括"物"的现代化，也包括"人"的现代化，还包括乡村治理体系和治理能力的现代化。对于北京来说，建设宜居宜业和美乡村，需要大力发挥文化和科技的资源优势，以文化科技赋能美丽乡村建设。

建设宜居宜业和美乡村，需要发挥文化科技的支撑和引擎作用，推进乡村文化建设，培育文明乡风。文明乡风是维系乡愁的重要纽带，是传承历史文化的载体，也是推进美丽乡村建设的动力。通过应用"互联网+"、大数据、云计算、5G、AR/VR、AI 识别、新媒体等高新技术推进乡村文化建设，培育文明乡风，传播乡村文化，既有利于提高乡村社会的文明程度，形成团结、互助、平等、友爱的人际关系，构建温馨、和谐、美好的文明村镇；也有利于发挥以文育人的重要作用，开展形式多样、内容丰富的文化活动，引导农民积极践行社会主义核心价值观，增强社会治理意识，培育乡村生态文明新风尚，共建生态美好、社会和谐的美丽乡村；还有利于发掘当地的历史文化遗产和自然景观，构建乡村文化景观体系，促进乡村文化与自然环境相互融合，推进宜居宜业和美乡村建设。

二 文化科技赋能北京美丽乡村建设的相关理论研究

（一）相关概念内涵

1. 文化科技的概念内涵

自从党的十八大报告提出"促进文化和科技融合"以来，文化科技融合、文化科技受到广泛关注。2020 年，习近平总书记指出："文化和科技融合，既催生了新的文化业态、延伸了文化产业链，又集聚了大量创新人才，是朝阳产业，大有前途"。① 文化和科技相伴相生、相辅相成，科技是催生文化新业态，促进文化产业高质量发展的重要引擎。

目前来看，关于文化科技融合、文化科技，还没有统一的说法。我们认为，文化科技就是应用于文化事业、文化产业领域的科技，即以移动互联网、大数据、云计算、AR/VR、3D打印、人工智能、区块链等先进的科技手段为支撑，针对文化领域的各个环节进行深度创新与转化应用。

文化科技的特征主要体现在两个方面：一是科技驱动，文化科技以先进科技为核心动力，致力于文化产业的创作、生产、制造、传播、消费等环节，既催生文化新业态，又促进传统文化产业改造升级；二是文化创新，文化科技借助科技手段进行文化创新，不断推动文化产品创新与服务模式创新，丰富文化产品内容。因此，文化科技不仅可以作用于文化产业的创作、生产、制造、传播、消费等环节，而且可以通过商业模式的调整提升文化产业的生产管理效率，进而不断促进文化事业、文化产业迈向更高质量发展。

2.美丽乡村的概念内涵

美丽乡村提出的背景先于乡村振兴战略。自从国家把生态文明放在突出的地位，提出建设美丽中国开始，美丽乡村就是美丽中国的重要组成部分。党的十八大报告提出"努力建设美丽中国"以来，党中央一直高度重视和持续推进美丽乡村建设。党的十九大报告首次提出"实施乡村振兴战略"，将"产业兴旺、生态宜居、乡风文明、治理有效、生活富裕"作为乡村振兴的总要求。② 党的二十大报告明确强调"全面推进乡村振兴""建设宜居宜业和美乡村"，提出要"扎实推动乡村产业、人才、文化、生态、组织振兴"。③ 这为推进乡村振兴、建设美丽乡村提供了方向指引。

---

① 《习近平：在推动高质量发展上闯出新路子 谱写新时代中国特色社会主义湖南新篇章》，湖南省人民政府网站，2020年9月18日，http://www.hunan.gov.cn/topic/ljzt/tt/202009/t20200918_13761314.html。

② 习近平：《决胜全面建成小康社会 夺取新时代中国特色社会主义伟大胜利——在中国共产党第十九次全国代表大会上的报告》，人民出版社，2017，第32页。

③ 习近平：《高举中国特色社会主义伟大旗帜 为全面建设社会主义现代化国家而团结奋斗——在中国共产党第二十次全国代表大会上的报告》，人民出版社，2022，第30、31页。

美丽乡村可谓美丽中国的农村版。目前来看，对于美丽乡村尚无准确定义。2015年4月，国家质量监督检验检疫总局、中国国家标准化管理委员会发布《美丽乡村建设指南》（GB/T 32000—2015），对美丽乡村的村庄规划和建设、生态环境、经济发展、公共服务、乡风文明、基层组织、长效管理等建设要求进行了规定。[1] 2018年12月，国家标准《美丽乡村建设评价》（GB/T 37072—2018）在《美丽乡村建设指南》的基础上，将美丽乡村的定义调整为"经济、政治、文化、社会、生态文明建设协调发展，规划科学、产业兴旺、生态宜居、乡风文明、治理有效、生活富裕的可持续发展乡村（包括建制村和自然村）"[2]，美丽乡村的定义进一步得到明确。2022年中央一号文件提出了美丽乡村的创建要求，即"持续推进农村一二三产业融合发展。鼓励各地拓展农业多种功能、挖掘乡村多元价值，重点发展农产品加工、乡村休闲旅游、农村电商等产业"。[3]

综合来看，美丽乡村不等于"漂亮乡村"或者"好看乡村"，美丽乡村不仅要有外在美，让村容村貌干净、生活生态环境优美；而且要有内在美，要让村民切实获得精神文化需求的满足感。

（二）文化科技赋能美丽乡村建设的作用机理与模式分类

1. 文化科技赋能美丽乡村建设的作用机理

文化是灵魂，科技是手段，乡村是载体，建设美丽乡村需要深度文化科技赋能，利用文化科技创新乡村文化的内容和形式，利用现代科技满足人民群众对高品质文化产品的需求。文化科技赋能美丽乡村建设主要体现在三个方面（见图1）。

---

① 《美丽乡村建设指南》，百度百科，https://baike.baidu.com/item/%E7%BE%8E%E4%B8%BD%E4%B9%A1%E6%9D%91%E5%BB%BA%E8%AE%BE%E6%8C%87%E5%8D%97/17625199？fr=ge_ala。

② 《美丽乡村建设评价国家标准（GB/T 37072—2018）》，原创力文档，2019年3月1日，https://max.book118.com/html/2019/0301/5330331300002013.shtm。

③ 《中共中央 国务院关于做好2022年全面推进乡村振兴重点工作的意见》，中国政府网，2013年2月22日，https://www.gov.cn/zhengce/2022-02/22/content_5675035.htm。

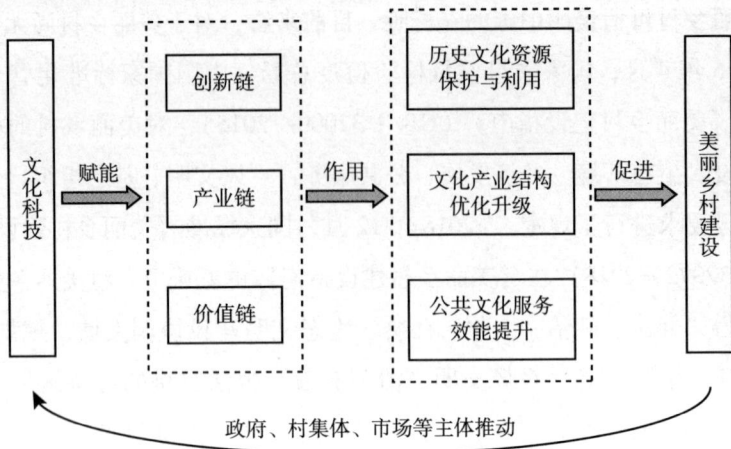

图 1　文化科技赋能美丽乡村的作用机理

（1）文化科技赋能创新链，促进历史文化资源保护与利用

创新链是美丽乡村建设的动力。文化科技的创新与应用，既能不断推动科技和文化的融合，也能不断创新乡村文化产品的内容和形式，具有强大的创新驱动力和支撑力。其一，文化科技能够促进传统村落、物质文化遗产和非物质文化遗产等文化资源的保护、传承和利用。乡村拥有丰富的文化资源，其中既包括古村落、文物古迹、古建筑等物质文化遗产，也包括民族传统、民俗风情、传统手工艺等非物质文化遗产。在移动互联网、大数据、新媒体、虚拟现实、增强现实、人工智能等高新技术的推动下，文化遗产的保护与传承方式会发生巨大变化，其可以为当今文化遗产等资源的保护与利用提供更丰富的表现形式、更广阔的发展空间。其二，大数据、云计算、物联网等技术的创新与应用，能更好地整合乡村的历史文化遗产、文学艺术创造、传统习俗、文化活动以及其他各类文化资源，推动乡村的新产业和新业态不断出现，创造更为丰富的文化产品，打造具有乡村特色的地方 IP。由此可见，通过文化科技融合创新，将文化资源、科技资源、人才的智力资源融合在一起，有助于促进乡村文化资源进行创造性开发和转化。

（2）文化科技赋能产业链，促进文化产业结构优化升级

产业链是美丽乡村建设的核心。文化科技赋能产业链，主要体现在三个方面。一是文化科技促进文化资源产业化。基于乡村的文化资源和持续发展的潜力，将文化资源和乡村发展有机结合起来，以美丽乡村建设为目标，以文化科技融合创新为动力，促进乡村文化资源的转化利用，让乡村文化资源成为乡村发展的支撑。二是文化科技促进文化产业结构优化升级。在数字经济时代，数字技术能够为乡村经济发展提供新活力，促进文化要素和科技要素的有效结合，不断促进传统文化产业的数字化。三是文化科技催生新的文化业态。通过科技和文化各要素的深度融合，特别是互联网技术、AR技术、信息技术、人工智能技术等与乡村文化资源、旅游产业等相互渗透，促进乡村文化旅游产业内部衍生整合，催生和丰富乡村文化旅游的内容体系。由此可见，整合利用现有的文化和科技资源，通过文化的创新转化和科技的创新应用，打造独具乡村特色的文化旅游产品，走出一条科技含量高、文化气息浓、经济效益好、资源消耗低、环境污染少的乡村文化旅游产业发展之路，是当前我国乡村"文化+旅游"产业发展的重要模式之一。

（3）文化科技赋能价值链，促进公共文化服务效能提升

价值链是美丽乡村建设的关键。文化科技赋能价值链，既能促进乡村文化产业发展，还能提升乡村公共文化服务效能。这主要体现在以下三个方面。一是文化科技赋能公共文化建设。通过移动互联网、大数据、云计算等数字技术，链接乡村文化服务站、农家书屋、乡镇图书站乃至省市图书馆，可以形成层级化的数字资源共享系统，借助"云平台""数字阅读终端"等，可以打破公共文化服务机构间的信息隔阂，让乡村民众打破地域限制，足不出户就能共享"云"端数字文化资源，随时随地借助数字文化资源共享系统查询书籍、阅读书籍。二是文化科技赋能文化产业。通过搭建数字服务平台，助力文化资源优势转化为产业优势，创造更加丰富多样的产品和服务，不断培育和拓展新的市场需求，延长文化产业链，创造新的文化价值。三是搭建文化科技融合平台。举办乡村文化产品博览会、展销会等方式有助于培育一批有知名度、市场竞争力的乡村文化品牌，促进乡村文化建设的合作共享、互

利共赢,提升乡村文化的品牌影响力。可见,文化科技的创新与运用,不仅能够突破地域限制,解决乡村农家书屋资源不足的问题,而且有助于推进文化产业迈向更高质量发展,不断提升乡村文化的品牌影响力和传播力。

2. 文化科技赋能美丽乡村建设的模式分类

文化科技赋能美丽乡村建设,从不同的视角看,可以分为不同的模式。从文化科技的驱动要素视角来看,可以分为文化主导型、科技主导型、文化科技并重型三种;从文化科技赋能美丽乡村建设的开发主体视角来看,结合开发主体和政府的参与程度,大体可以分为政府主导型、村集体主导型、市场主导型以及多主体合作型四种。

(1)从文化科技的驱动要素视角来看

文化科技的创新与运用,需要文化和科技两方面的资源要素相互作用、相辅相成。根据文化与科技两类资源在赋能中的主导因素可分为三类。

一是文化主导型的文化科技赋能模式,指以文化创意为核心,借助现代技术手段,提升文化产品或服务的技术含量,促进传统文化产业的转型与升级。

二是科技主导型的文化科技赋能模式,指以科技创新为主要动力引擎,在科技创新的推动下,促进乡村文化的发展与传播。

三是文化科技并重型的文化科技赋能模式,指以文化创意和科技创新并重发展为特征,通过文化创意与科技创新的互动互促,不断催生文化科技融合新业态,进而促进美丽乡村的文化事业、文化产业迈向更高质量发展。

(2)从文化科技赋能美丽乡村建设的开发主体视角来看

政府、村集体、市场主体是美丽乡村建设的主体。结合主体推动文化科技赋能美丽乡村建设的实际工作来看,可以分为四种模式。

一是政府主导型,指充分利用政府的宏观调控作用,通过制定相关政策、法规标准等措施,整合利用各种文化和科技优势资源,积极引导和规范村集体、企业等各类开发主体进行运营管理,其资金主要来源于财政拨款,具有公益性强、覆盖面广等特点。

二是村集体主导型,指依靠村集体推进文化科技赋能美丽乡村建设,其资金主要来源于村集体经济，其受益群体主要是村集体成员。

三是市场主体主导型，指依靠村民、企业等市场主体促进文化科技赋能美丽乡村建设，它与市场的关联度高，政府干预程度低，具有非公益性和较强的排他性。

四是多主体合作型，指由政府、村集体、市场主体等多种主体对同一乡村的文化资源进行投资开发并共享利益的开发模式，其主体包括当地政府、村集体和市场主体等，既可以是政府和市场主体联合，也可以是村集体和市场主体联合，还可以是政府资助村集体进行投资开发。

此四种模式各有侧重，由于文化科技赋能美丽乡村建设涉及文化基础设施、数字文化平台、文化数据的安全与应用等多个方面，还需要发挥多方主体的协同作用，加强政府、村集体与企业等主体的联动协作，以此协同推进文化科技赋能美丽乡村建设。

三　文化科技赋能北京美丽乡村建设的现状与特点、问题与挑战

（一）文化科技赋能北京美丽乡村建设的现状与特点

文化科技是美丽乡村建设的重要引擎。近年来，文化科技推动北京美丽乡村建设取得明显进展，政策支持体系不断完善、历史文化资源保护利用水平明显提高、乡村文化产业结构持续优化升级、公共文化服务效能日益凸显，进而促进乡村社会文明程度全面提升，焕发乡村文明新气象。

1.政策支持体系不断完善

近年来，北京高度重视文化科技融合发展，注重以文化科技促进美丽乡村建设和乡村全面振兴。《北京城市总体规划（2016年—2035年）》明确要求"将乡村旅游培育成为北京郊区的支柱产业和惠及全市人民的现代服务业，将乡村地区建设成为提高市民幸福指数的首选休闲度假区域"，提出要"推进新型农村社区建设，打造美丽乡村"，包括"以传统村落保护为重

点，传承历史文化和地域文化，优化乡村空间布局""完善美丽乡村规划建设管理机制，实现现代化生活与传统文化相得益彰"等。①

2018 年，北京市人民政府办公厅印发了《关于加强传统村落保护发展的指导意见》，明确将"加强展示利用和弘扬传统文化"作为重点任务，提出"推动传统村落乡情村史陈列室和数字博物馆建设，使其成为展示本市优秀传统村落的平台""系统整理民间文学、传统技艺、民俗等各类非物质文化资源，深入挖掘内涵，讲好村落故事，促进文化传承"。②

2020 年，北京市农业农村局与北京市财政局联合印发《北京市休闲农业"十百千万"畅游行动实施意见》，明确提出"到 2025 年，基本形成布局合理、业态丰富、功能完善、特色鲜明的休闲农业'十百千万'发展格局"，相关部门会"加强规划引领，优化产业布局""加大支持力度，强化政策集成""搭建服务平台，加大宣传推介""整合各方资源，加强人才支撑"，进而实施好休闲农业"十百千万"畅游行动。③

2021 年，北京市人民政府印发了《北京市"十四五"时期乡村振兴战略实施规划》，提出"到 2025 年，乡村振兴取得重要阶段性成果，制度框架和政策体系基本健全，城乡融合发展取得突破性进展。……科技支撑农业高质量发展能力显著提升"的发展目标，并将"培育文明乡风"作为重点内容，提出要"践行社会主义核心价值观，以传承发展中华优秀传统文化为核心，推动城乡公共文化服务体系均衡发展，增加优秀乡村文化产品和服务供给，提振农民精神面貌"。④

---

① 《北京城市总体规划（2016 年—2035 年）》，北京市人民政府网站，2017 年 9 月 29 日，https：//www. beijing. gov. cn/gongkai/guihua/wngh/cqgh/201907/t20190701_100008. html。

② 《北京市人民政府办公厅关于加强传统村落保护发展的指导意见》，北京市人民政府网站，2018 年 3 月 16 日，https：//www. beijing. gov. cn/zhengce/zhengcefagui/201905/t20190522_60969. html。

③ 《北京市休闲农业"十百千万"畅游行动实施意见》，北京市人民政府网站，2020 年 5 月 29 日，https：//nyncj. beijing. gov. cn/nyj/zwgk/jcgk/jcjg95/10914736/index. html。

④ 《北京市人民政府关于印发〈北京市"十四五"时期乡村振兴战略实施规划〉的通知》，北京市人民政府网站，2021 年 8 月 12 日，https：//www. beijing. gov. cn/zhengce/zhengcefagui/202108/t20210812_2467323. html。

2022 年 9 月，北京市农业农村局、中共北京市委网络安全和信息化委员会办公室印发《北京市加快推进数字农业农村发展行动计划（2022—2025）》，明确将"推进乡村特色产业数字化发展""加强乡村文化资源数字化保护、传承和利用"① 列为重要内容。

2023 年 4 月，北京市委办公厅、市人民政府办公厅印发《北京市乡村建设行动实施方案》，明确将"实施数字乡村建设发展工程""深入推进农村精神文明建设"作为其重要内容，并提出通过"创新乡村建设推进机制""强化政策支持和要素保障"等手段推进乡村振兴，建设宜居宜业和美乡村。② 同年 9 月，北京市文化和旅游局会同市农业农村局、市发展改革委、市财政局、市规划自然资源委、市交通委、市园林绿化局等部门联合印发《乡村旅游提质升级行动方案（2023—2025 年）》，提出市文化和旅游局将会同有关部门实施文化内涵提升、科技创新赋能、"乡村民宿+"等三大工程，延伸乡村旅游产业链条，培育乡村旅游发展新动能。③

综合来看，近年来出台的一系列政策有效激发了北京文化科技赋能美丽乡村建设的积极性、主动性、自觉性，对于推进北京乡村文化建设提供了强有力的制度保障与清晰的方向指引。

2.历史文化资源保护利用水平明显提高

文化科技关乎历史文化资源的保护与利用。当前，文化科技融合早已成为大势所趋，科技为文化赋能，文化为科技铸魂。近年来，在文化科技融合的驱动下，北京的传统村落人居环境得到明显改善，文化遗产的保护利用水

---

① 《北京市农业农村局 中共北京市委网络安全和信息化委员会办公室关于印发〈北京市加快推进数字农业农村发展行动计划（2022—2025）〉的通知》，北京市农业农村局网站，2022 年 9 月 20 日，https：//nyncj. beijing. gov. cn/nyj/zwgk/zcgk/zcwj3149/436435669/index. html。

② 《中共北京市委办公厅 北京市人民政府办公厅关于印发〈北京市乡村建设行动实施方案〉的通知》，北京市人民政府网站，2023 年 4 月 6 日，https：//www. beijing. gov. cn/zhengce/zhengcefagui/202304/t20230406_2989835. html。

③ 《北京乡村旅游发展进入提质升级新阶段——乡村旅游提质升级现场会召开》，北京市文化和旅游局网站，2023 年 9 月 13 日，https：//whlyj. beijing. gov. cn/zwgk/xwzx/gzdt/202309/t20230913_3258945. html。

平也在持续提高。

（1）传统村落焕发生机与活力

传统村落是农民生产生活的聚落空间，承载着大量历史文化信息，集聚着很多珍贵的文化遗产，也是不可再生的历史文化资源。近年来，国家高度重视传统村落的保护和开发工作，积极将优秀传统村落纳入保护名录，实施重点保护。从2012年启动实施传统村落保护工程以来，到2023年总共公布了6批中国传统村落名录村落名单，目前中国传统村落总数有8155个。[①]目前来看，北京共有26个村被列入中国传统村落名录，分别是南窖乡水峪村、南窖乡南窖村、蒲洼乡宝水村、佛子庄乡黑龙关村、龙泉镇琉璃渠村、龙泉镇三家店村、斋堂镇爨底下村、斋堂镇黄岭西村、斋堂镇灵水村、雁翅镇苇子水村、大台街道千军台村、斋堂镇马栏村、雁翅镇碣石村、斋堂镇沿河城村、斋堂镇西胡林村、王平镇东石古岩村、龙湾屯镇焦庄户村、八达岭镇岔道村、流村镇长峪城村、古北口镇古北口村、新城子镇吉家营村、太师屯镇令公村[②]以及史家营乡柳林水村、古北口镇潮关村、古北口镇河西村、大城子镇墙子路村[③]。

科技是促进传统村落文化资源开发利用的重要手段。近年来，北京充分利用现代科技手段，挖掘传统村落的文化资源优势，把传统村落当"传家宝"来保护和利用，通过实施基础设施补短板工程，推动美好环境与幸福生活共同缔造，深入挖掘当地建筑文化、民俗文化、乡愁文化等文化资源，在保护传统村落与推进乡村振兴上双向发力，坚持在保护中发展，在发展中保护，切实加强传统村落保护利用工作，传承和弘扬中华优秀传统文化。

---

① 《中国传统村落总数有多少个？中国已发布6批传统村落名单！》，土流网，2023年4月21日，https：//www.tuliu.com/read-142649.html。

② 《中国传统村落（北京篇）｜北京市共有22个村被列入传统村落名录》，"一篇闲话"百家号，2021年12月23日，https：//baijiahao.baidu.com/s？id=1719912693842158054&wfr=spider&for=pc。

③ 《1336个村落被列入第六批中国传统村落名录，其中北京4个》，《新京报》百家号，2023年3月21日，https：//baijiahao.baidu.com/s？id=1760980665320513485&wfr=spider&for=pc。

案例1：门头沟区斋堂镇爨底下村多措并举促进历史文化资源的保护与利用

爨底下村位于北京市门头沟区斋堂镇，始建于明永乐年间（1403～1424），因在爨里安口（当地人称爨头）下方而得名。2003年，爨底下村被列入首批中国历史文化名村；2012年，爨底下村被住房和城乡建设部等部门列入第一批"中国传统村落"名录。爨底下村古军道、古商道和传统民居建筑充分展示了京西古村的文化魅力，是北京热门传统村落旅游景点，每年国内外游客超20万人次。① 爨底下村的历史文化资源之所以能得到有效的保存与利用，离不开文化科技的创新与应用，具体做法如下。

一是坚持保护第一，严控古建风貌。其一，整体修缮村落古建。在各级政府拨付专项资金的支持下，爨底下村根据村内民居院落的破损程度，采用重点修缮、一般修缮和保护性修缮的方式，分类修缮加固，使村落传统风貌更加协调。其二，还原古建风貌。该村强调原工艺的古建修缮手法，要求使用当地建筑石材，并且通过特殊的做旧处理，确保瓦片或砖块的颜色和质地与原始样式接近一致，从而还原传统民居的历史风貌。其三，严格限制民居翻建。该村要求翻建民居所用材料、色彩、风格必须统一标准，并配有固定的测量队伍和施工队伍，保证民居的建筑风格相协调。

二是整合文旅资源，布局全域旅游规划。按照"传承历史文脉、建设斋堂古镇"的工作思路和功能定位，门头沟区斋堂镇依托历史文化名村爨底下村，联合青龙涧村、柏峪村、双石头村、黄岭西村、柏峪台村5个具有百年历史的古村落，对爨柏沟峪的文旅资源进行整体开发，并根据各村环境特色，规划了沟峪经济发展的产业布局。此举充分发挥了爨底下村的旅游强村优势，带动了周边村落的协同发展，将爨柏沟峪建成了集生态旅游、民俗旅游、休闲旅游等旅游产业于一体的旅游沟峪带，有效促进了区域经济增长。

---

① 《北京爨底下村：保护和发展京西古驿道上的文化明珠｜历史文化保护与传承示范案例》，"新华每日电讯"百家号，2023年10月15日，https：//baijiahao. baidu. com/s？id＝1779790116036299 752&wfr＝spider&for＝pc。

三是利用数字技术促进文化资源的保护与利用。据悉，爨底下村通过利用数字技术实现了"永生"，在"门头沟区传统村落文化遗产数字平台"上，爨底下村的 600 余间传统建筑清晰可见，精度达到 2 厘米。[①] 通过采用无人机倾斜摄影、三维激光扫描等方式，对村落的整体风貌、院落建筑细部等信息进行全方位采集，以数字化方式呈现了十分逼真的爨底下村传统村落。从爨底下村的数字化模型中可以看出，整个村庄依山而建，高低错落的院落像扇面一样展开，古代的建筑智慧、浓厚的生活气息扑面而来。

四是引入社会资本，促进提质增效。爨底下村一直致力于吸纳社会资本和旅游企业。2009 年，斋堂镇成立了爨柏景区管理中心，并由政府担保从银行贷款与社会资本一起成立爨柏景区投资运营公司，共同开发经营与管理爨柏沟峪。其中，北京中坤投资集团有限公司以资金入股，为包括爨底下村在内的爨柏沟峪提供了强力资金支持，一部分用于基础设施和旅游配套设施的规范设置，另一部分用于传统民居修缮和改造。此外，爨底下村积极向社会资本推介村庄闲置资源发展精品民宿，促进了爨底下村经济实力提升与文旅深度融合。

综合来看，爨底下村主要是采用多主体合作模式对历史文化资源进行保护与开发利用。此种模式主要体现在：政府发挥引导和支持作用，大力支持爨底下村修缮村落等基础设施建设；积极引导门头沟区斋堂镇依托历史文化名村爨底下村，整合自身文旅资源，带动周边村落的协同发展；通过利用数字技术、搭建数字化平台，促进传统村落文化资源的保护与利用；同时注重引入社会资本，致力于吸纳社会资本和旅游企业，进而促进爨底下村的文化旅游产业提质增效。

（2）以非遗的传承与利用助力乡村振兴

乡村非物质文化遗产要实现保护与传承，不能仅靠公益性和政策性输

---

① 《为传统村落搭建"数字化未来"》，"光明网"百家号，2023 年 9 月 12 日，https：//baijia hao. baidu. com/s? id＝1776823872714175382&wfr＝spider&for＝pc。

血，关键还在于建立持续的自我造血机制，发挥文化科技融合的赋能作用。2023 年 1 月，北京市人民政府办公厅印发了《北京市关于进一步加强非物质文化遗产保护工作的实施意见》，明确提出要"加大非物质文化遗产保护力度，助推北京中轴线申报世界文化遗产，助力乡村振兴、城市更新，服务首都功能核心区建设""用好非物质文化遗产资源，融入国家文化数字化战略"。① 这为乡村非物质文化遗产资源的保护与利用提供了指引。

同时，北京市郊区政府重视挖掘和传承乡村非遗资源，为乡村振兴注入源源不断的文化活力。比如，怀柔区政府通过建立非遗宣传展示基地，完善农村非物质文化遗产代表性项目申报及代表性传承人管理体系，加强对本区琉璃庙镇敛巧饭习俗、杨宋镇年丰庄善缘老会、渤海镇沙峪村竹马、长哨营满族乡满族食俗、喇叭沟门满族乡帽山村二魁摔跤等一批国家级、市级非遗项目的动态传承、保护、开发与利用。为更好地传承弘扬中华优秀传统文化，怀柔区于 2023 年在桥梓镇设立了全区首个非遗宣传展示基地。该基地占地面积 20000 余平方米，内设浸烙葫芦、京绣、阮氏沙燕、绳编、陶艺等非遗项目，陈列红色教育、木画、农耕等系列展品 300 余件。现有能容纳 500 人的研学教室 6 间，非遗传承工作室 5 间，爱国教育展厅 1 处，落户非遗传承人 4 人。② 今后，怀柔区将会根据时代需求，创新非遗保护与传承方式，让非遗这一优秀传统文化更好地促进乡村振兴。

3. 乡村文化产业结构持续优化升级

近年来，北京市深入贯彻落实乡村振兴战略，文化产业和休闲农业、乡村旅游业"三产"融合得到较快发展，文化产业、休闲农业、乡村旅游业及民宿经济等特色产业持续壮大，利益联结机制不断完善，取得显著成效。

---

① 《北京市关于进一步加强非物质文化遗产保护工作的实施意见》，北京市文化和旅游局网站，2023 年 1 月 16 日，https://whlyj.beijing.gov.cn/zwgk/zcfg/2021sjbmwj/202305/t20230519_3107674.html。
② 《怀柔首家非物质文化遗产宣传展示基地揭牌》，"金台资讯"百家号，2023 年 6 月 6 日，https://baijiahao.baidu.com/s? id=1767917719598675770&wfr=spider&for=pc。

（1）乡村文化旅游业取得显著成效

乡村文化旅游业是乡村振兴的重要组成部分。近年来，北京乡村文化旅游业取得可喜的成绩。据统计，2022年，北京市休闲农业和乡村旅游接待1787.8万人次，营业收入32.13亿元，人均消费达到179.7元，同比增长39%，比2019年增长65.3%；北京市休闲农业带动农产品销售9.29亿元，带动4万农村居民就业，辐射带动10万农户通过休闲农业增收。①

2020年，北京市开始推动实施休闲农业"十百千万"畅游行动，致力于打造十余条休闲农业精品线路、创建百余个美丽休闲乡村、提升千余个休闲农业园、改造近万家民宿接待户。截至2023年4月，北京延庆、怀柔、门头沟、密云4个区获评全国休闲农业重点区，北京市已经有76个市级以上美丽休闲乡村、224个市级以上星级休闲农业园区、5169家乡村民宿，涌现出晓月丰花、妫水农耕、京制暖阳、桃醉平谷等一批极具特色的区级休闲农业品牌。②

2023年9月，农业农村部官网公布2023年中国美丽休闲乡村名单，共256个村落入选2023年中国美丽休闲乡村，其中北京市4个乡村榜上有名，分别为房山区张坊镇大峪沟村、怀柔区怀北镇河防口村、密云区冯家峪镇西白莲峪村和延庆区张山营镇后黑龙庙村。北京市中国美丽休闲乡村总数达48个。③

2023年10月，文化和旅游部办公厅、教育部办公厅、自然资源部办公厅、农业农村部办公厅发布《关于公布首批文化产业赋能乡村振兴试点名单的通知》，确定了首批63个全国文化产业赋能乡村振兴试点名单，其中北京市的平谷区、门头沟区两个区入选。④

---

① 《北京休闲农业和乡村旅游年接待近1800万人次》，《新京报》百家号，2023年4月7日，https：//baijiahao. baidu. com/s？id＝1762515277769110495&wfr＝spider&for＝pc。

② 《北京休闲农业和乡村旅游年接待近1800万人次》，《新京报》百家号，2023年4月7日，https：//baijiahao. baidu. com/s？id＝1762515277769110495&wfr＝spider&for＝pc。

③ 《北京再添4个，2023年中国美丽休闲乡村名单出炉》，《新京报》百家号，2023年9月26日，https：//baijiahao. baidu. com/s？id＝1778102069280967085&wfr＝spider&for＝pc。

④ 《文化和旅游部办公厅 教育部办公厅 自然资源部办公厅 农业农村部办公厅关于公布首批文化产业赋能乡村振兴试点名单的通知》，文化和旅游部网站，2023年10月27日，https：//zwgk. mct. gov. cn/zfxxgkml/cyfz/202310/t20231026_949341. html。

未来，随着北京市休闲农业"十百千万"畅游行动的持续推进，产业不断优化升级，乡村建设逐步完善，基础设施、人居环境、公共服务等的短板加快补齐，人才、资本等更多要素资源进入农业、投入农村，将为北京乡村休闲旅游提供更广阔的舞台。

（2）乡村文化旅游新业态新模式不断涌现

在文化科技创新与应用的推动下，乡村文化旅游融合发展的新业态不断涌现，融合形式也更趋多元化。北京拥有丰富的传统村落、文化遗产、农耕文化、自然风景等资源，在文化科技融合创新的驱动下，集休闲旅游、美丽乡村观光、农事农耕体验、健康颐养、科普教育等多功能于一体的复合型文旅业态获得快速发展。

案例 2：平谷区东樊各庄村——农文旅融合新业态不断涌现

东樊各庄村位于平谷区峪口镇西部，村域面积 7.9 平方公里，常住户数 846 户，居住人口 2460 人，昌金路从村北而过，村庄地势北高南低，村南是小龙河，村庄北倚低山，面临平原，呈东西延展矩形，海拔 36~44 米。村域北侧山区有大片一般生态公益林，村域北依横龙山脉，东临凤凰山，小珠山落中而成，形成了龙凤戏珠的自然景观。东樊各庄村先后获得全国"一村一品"示范村、中国贡椿第一村、北京市社会大课堂资源单位、中国儿基会学农劳动教育实践基地及平谷区中医药文化旅游基地、北京市级美丽乡村示范村等荣誉称号。

东樊各庄村之所以取得如此成效，与其注重挖掘利用农业、文化、旅游资源，不断创新农文旅融合新业态新模式密切相关。主要体现在以下三个方面。

一是以"互联网+"促进乡村文化传播。东樊各庄村利用顺丰、京东、淘宝等超级电商平台和抖音等直播平台，将农产品、旅游、文化与互联网进行深度融合，大力发展网络经济，形成了村内人人为主播、个个为店主的电商兴旺发展局面，促使其"御用"贡品——"贡椿"享誉京内京外，吸引许多食客不辞远路来采购。

二是以"民俗旅游＋美食＋特色文化"演绎浓郁风情。利用东樊各庄村丰厚的文化底蕴和万樊路沿线优势旅游资源，碰撞出文化旅游资源，将全长5.6公里的万樊路打造成集"吃、住、游、购、娱"于一体的休闲观光旅游带。休闲观光旅游带将明代建造、至今保存完好的烈虎桥，清朝允祉三王爷陵，横龙山，小龙河等人文、自然景观进行串联的同时，增加集科普、体验于一体的太空桑蚕文化园景点，增强游客参与感、体验感、归属感。

三是以"林下经济＋体验＋学农教育"促进乡村振兴。近年来，东樊各庄村实行农户订单生产模式，创新林药、林蜂、"林花＋林旅"和"林经＋林旅＋学农"的发展思路。在第一产业现有基础上融合发展，多渠道壮大集体经济，让村民从土地流转收益、闲置劳动力用工收益、产业红利分配收益等多方面实现增收，极大提升了村民的生活幸福指数，以实际行动当起了乡村振兴的排头兵。2021年，东樊各庄村以党组织为核心，构建了"党总支＋公司＋合作社＋农户"四位一体发展模式。东樊各庄贡椿产销专业合作社带动农户积极发展订单农业的同时推动"股份分红＋保底收益"模式，增加农户和村集体收入，让农民收益与产业效益直接挂钩，农民获得资产收益、入股分红、务工薪金和产业经营等多方面收益。

从文化科技赋能模式来看，东樊各庄村主要采用市场主体运营模式促进农文旅多元融合。北京本草神谷康养产业有限公司结合东樊各庄村林下经济重点试点村项目，与东樊各庄村以"党建＋企业＋村民"三位一体模式，大力发展林下中草药种植，以宜药、宜花、宜景的发展思路，利用现代数字技术促进林旅产业发展，从而壮大集体经济和促进村民增收，进而带动一、二、三产业融合创新发展。①

案例3：大兴区半壁店村——打造"民宿＋沉浸剧"新模式

半壁店村位于北京市大兴区魏善庄镇南部，在北京市南中轴延长线上，

---

① 《平谷：农文旅融合赋能乡村振兴》，《新京报》2022年11月28日，https：//www. bjnews. com. cn/detail/166961823214445. html。

是大兴区的中心位置。村庄现有居民 210 户，总人口 620 人，其中，农业人口 470 人，非农业人口 150 人。村庄占地面积 350 亩，村域总面积 1900 余亩，其中农用耕地面积 1500 亩，生态防护林面积 50 亩。半壁店村获得 2015~2016 年度"北京最美的乡村"称号，并于 2019 年 12 月被评为国家森林乡村。①

注重村企合作。自 2021 年开始，半壁店村就与半壁丰华公司合作，成立村企联营公司，为乡村振兴注入可持续发展力量。村企联营公司租用村内闲置的民宅，发展特色剧本杀沉浸剧项目。目前，已签约 22 户的闲置房屋，先期改造了 10 套民宅，以打造主题民宿+剧本杀沉浸剧。

注重打造沉浸式场景。来这里的游客可以有多种选择。如大主题"晨曦"，这是以北平解放为主题的红色沉浸剧，有 1 条主线、8 条支线，可容纳 60 人同时参与，依托故事背景，打造包括吃、住、娱、购的立体文化名片，北平商会、警署、报社、茶铺等民国设置也是沉浸剧的场景，让游客有互动沉浸式游娱体验的同时，也进行了红色爱国主义教育。同时，其他主题民宿有地中海风格、中式风格、唐风院落以及亲子互动场景等，每个院落都可以供 8~12 人居住，是家庭聚会、朋友聚餐的不二之选，可以满足"80后""90后""00后"的多种选择。②

综合来看，半壁店村采用"公司+村集体"经营模式，通过文化科技融合创新，整合优势资源，将 IP 场景化和游戏功能相结合，与众多文化符号做串联，重磅推出系列产品与服务，打造"有情怀、有故事、有文化"的精品民宿，进而不断推动农文旅深度融合发展。

4. 公共文化服务效能日益凸显

北京作为全国文化中心，是全国率先建成市、区县、街道（乡镇）、社

---

① 半壁店村，百度百科，https://bkso.baidu.com/item/%E5%8D%8A%E5%A3%81%E5%BA%97%E6%9D%91/20443100。
② 《民宿+沉浸剧 大兴打造文旅农发展新模式》中国新闻网·北京，2022 年 8 月 11 日，https://www.bj.chinanews.com.cn/news/2022/0811/87462.html。

区（行政村）四级公共文化服务体系和网络的城市。近年来，北京市乡村公共文化设施和空间建设在制度完善、软硬件建设、线上线下协同以及文化产业发展等方面取得明显进展，乡村公共文化服务效能显著提升，数字化日益成为乡村公共文化设施和空间建设的重要内容。

（1）乡村公共文化政策体系日渐完善

加强乡村公共文化服务体系建设，是实现好、维护好、发展好农民群众基本文化权益的主要途径，是繁荣社会主义新农村文化、让亿万农民共享文化改革发展的成果、补齐农村发展"文化短板"的重要举措。

近年来，北京高度重视乡村公共文化服务体系建设。北京市人民政府印发的《北京市"十四五"时期乡村振兴战略实施规划》明确提出，"健全农村公共文化服务设施，增加优秀乡村文化产品和服务供给，活跃农村文化生活，为广大农民提供高质量的精神营养，不断提高公共文化服务体系建设水平"。① 《北京市"十四五"时期文化和旅游发展规划》明确将"织密基层公共文化设施网络""拓展新型公共文化服务空间""丰富高质量公共文化产品""推进公共文化设施智能化升级""推进公共文化服务数字化建设"作为其重要内容，到2025年实现区区建有数字图书馆、数字文化馆。②

2022年9月，北京市第十五届人民代表大会常务委员会审议通过了《北京市公共文化服务保障条例》，明确提出"合理确定公共文化设施种类、数量、规模和布局，统筹规划、建设公共文化设施，形成覆盖城乡的公共文化设施网络""鼓励和支持公共文化设施管理单位加强数字化建设，丰富公共数字文化资源供给；鼓励和支持公民、法人和其他组织开发数字文化产品，搭建数字化文化体验线下场景"，③ 为乡村公共文化服务体系建设提供

---

① 《北京市人民政府关于印发〈北京市"十四五"时期乡村振兴战略实施规划〉的通知》，北京市人民政府网站，2021年8月12日，https：//www.beijing.gov.cn/zhengce/zhengcefagui/202108/t20210812_2467323.html。

② 《北京市"十四五"时期文化和旅游发展规划》，北京市发展和改革委员会网站，2021年9月8日，https：//fgw.beijing.gov.cn/fgwzwgk/zcgk/ghjhwb/wnjh/202205/t20220517_2711983.htm。

③ 《北京市公共文化服务保障条例》，北京市人民政府网站，2022年9月23日，https：//www.beijing.gov.cn/zhengce/dfxfg/202210/t20221012_2833474.html。

了方向指引。

为完善政府购买公共文化服务机制，鼓励社会力量参与公共文化服务，推动公共文化服务社会化创新发展，北京市文化和旅游局于 2023 年 12 月制定印发了《政府购买公共文化服务项目绩效评价实施办法（试行）》，[1] 这对于促进乡村公共文化设施建设和产品供给具有重要作用。

（2）乡村公共文化服务设施持续完善

公共文化基础设施建设和公共文化服务建设是实现乡村文化振兴、建设美丽乡村的关键所在。据统计，截至 2022 年末，北京共有公共图书馆 21 个，总流通 769.5 万人次；国家档案馆 18 家，馆藏纸质档案 1049.5 万卷件；备案博物馆 210 家，其中免费开放 100 家；群众艺术馆、文化馆 18 个。[2]

2013 年以来，北京市陆续在农村地区开展乡情村史陈列室建设。截至 2022 年 7 月，全市已建成乡情村史陈列室约 400 个，[3] 其成为留住乡愁、凝聚人心、传承文明的重要窗口。2021 年 11 月，北京市文物局发布的《北京市"十四五"时期文物博物馆事业发展规划》明确强调，"将乡情村史馆等具有博物馆功能但尚不符合博物馆备案要求的类博物馆纳入行业指导范畴"。[4] 至此，北京乡情村史陈列室建设已正式纳入"博物馆之城"建设体系。

据悉，通州区漷县镇漷县村村史陈列馆经过一年多的改造，成为城市副中心第一个升级为类博物馆的村史馆。馆内藏有实物 300 余件，资料图片

---

① 《北京市文化和旅游局关于印发〈政府购买公共文化服务项目绩效评价实施办法（试行）〉的通知》，北京市人民政府网站，2023 年 12 月 22 日，https：//www.beijing.gov.cn/zhengce/zhengcefagui/202401/t20240112_3534432.html。

② 《北京市 2022 年国民经济和社会发展统计公报》，北京市统计局、国家统计局北京调查总队网站，2023 年 3 月 21 日，https：//tjj.beijing.gov.cn/tjsj_31433/sjjd_31444/202303/t20230320_2940009.html。

③ 《乡情村史陈列室助力北京"博物馆之城"建设》，三亚市博物馆网站，2022 年 7 月 26 日，http：//www.sanyamuseum.com/a/chenliexuanjiao/2022/0726/1103.html。

④ 《北京市文物局关于印发〈北京市"十四五"时期文物博物馆事业发展规划〉的通知》，北京市人民政府网站，2021 年 11 月 25 日，https：//www.beijing.gov.cn/zhengce/zhengcefagui/202111/t20211126_2546690.html。

100 余件，全方位展示了近代以来特别是党领导下的潞县村的历史变迁和发展面貌。近年来，潞县村利用村史馆广泛开展群众性主题教育活动，将其发展成爱党爱国爱家园的教育基地、新时代文明实践的宣传阵地和弘扬正能量的园地。接下来，潞县村将以此为契机，进一步深挖村庄文化资源，深入做好文化传承和保护工作，助力潞县镇文化健康小镇建设。①

（3）乡村公共文化服务效能显著提升

在数字技术的推动下，北京的公共文化服务效能显著提升。据悉，北京市公共文化服务设施网络已基本形成，市、区、街道（乡镇）、社区（行政村）四级公共文化设施基本实现全覆盖，四级公共文化设施 7110 处，覆盖率超过 99%，人均公共文化服务设施建筑面积 0.384 平方米；数读公共文化服务建设成效凸显，北京公共图书馆"一卡通"成员馆 457 家，街道（乡镇）建有率达到 100%；2022 年"一卡通"办理读者卡 46.4 万个，文献外借 710.1 万册次、89.6 万人次，归还图书 671.8 万册。②

2022 年 4 月，中央宣传部、文化和旅游部、国家广播电视总局公布了第九届全国服务农民、服务基层文化建设先进集体名单，346 家单位荣获此称号。北京市密云区文化馆、北京市延庆区图书馆、北京万兴演艺有限公司、北京市凤翔艺术团、北京市朝阳区文化市场综合执法大队、北京市房山区文化活动中心公益电影放映服务队、北京市顺义区电影发行放映服务中心、北京歌华有线数字媒体有限公司、北京市昌平区融媒体中心、北京市新华书店连锁有限责任公司河滩书店、北京市委宣传部文艺处等 11 家单位入选。③

---

① 《潞县村村史陈列馆升级类博物馆》，2023 年 10 月 31 日，北京通州文明网，http：//bj. wenming. cn/tzh/wmcj/wmcztz/202311/t20231102_6692551. shtml。

② 《首都公共文化服务遍城乡，公共文化服务设施网络基本形成》，"北京日报客户端"百家号，2023 年 9 月 12 日，https：//baijiahao. baidu. com/s？id＝1776788986610613493&wfr＝spider&for＝pc。

③ 《北京市 11 家入选！中宣部等评选表彰第九届全国服务农民、服务基层文化建设先进集体》，北京市文化和旅游局网站，2022 年 4 月 7 日，https：//whlyj. beijing. gov. cn/zwgk/xwzx/hycz/202204/t20220407_2668653. html。

美丽乡村建设离不开乡村文化振兴。让村民在走上富裕道路后享受到与市民一样的公共文化服务，是一件难事，也是在"文化共富"道路上必须做的事。在数字经济已经来临的时代，需要推进文化科技深度融合，提升乡村公共文化服务能力，赋能乡村文化振兴。昌平区融媒体中心便是一个成功的典范。

案例4：昌平区融媒体中心——利用融媒体优势为乡村振兴赋能

北京市昌平区融媒体中心成立于2017年7月31日，在合并区广电中心、新闻中心及网管办部分职能基础上组建，是国内首批、北京首个建成的融媒体中心。2022年，入选第九届全国服务农民、服务基层文化建设先进集体名单。昌平区融媒体中心注重释放融媒传播效能为乡村振兴有效赋能，其主要做法如下。

一是实施立体传播。通过"北京昌平"新媒体矩阵、昌平电视台、昌平人民广播电台、《昌平报》进行多渠道内容分发，形成"一次采集、多种生成、多元传播、全域覆盖"良好局面。围绕产业发展、重点项目推进、乡风文明等方面，借力《古今昌平》等品牌栏目制作专题节目20期，创新推出"记者镇街行"等专栏，策划"悦读书屋"等专版。各平台播放内容350余条，展现了全区乡村建设新图景。

二是创新表达形式。推出移动直播、动漫、H5、短视频等形式丰富、具有原创性的作品，生动展示乡村文化生活。依托昌平"三条文化带"建设和优秀历史文化资源，制作《昌平非遗文化》《长城脚下是我家》等短视频近10部。推出"融媒助力乡村振兴"系列直播10余场，推荐昌平农副产品和乡村旅游打卡点，第一视角展示新农村建设成效。

三是优化叙事结构。加大选题策划力度，在叙事风格上注重带泥土、冒热气，推出系列短视频《美翻了我的村》、系列栏目《支部书记冲冲冲》、短视频《漫游村史博物馆》，全面记录了昌平区新型农村新面貌和新时代农民的幸福生活。

综合来看，昌平区融媒体中心高度重视媒体融合发展，充分利用文化和科技资源打造全媒体传播矩阵，采用"媒体+"的发展模式，推出移动直播、动漫、H5、短视频等形式丰富、具有原创性的作品，生动展示乡村文化生活，并加大对乡村文化的宣传力度，让乡村搭乘媒体融合的快车，"奔"进人们的视野，提升其知名度和影响力，使其成为大家耳熟能详的休闲新去处，推动乡村振兴驶入"快车道"。

（二）文化科技赋能北京美丽乡村建设面临的问题与挑战

1.政策支持体系有待进一步完善

政府政策对于推动文化科技创新、助力美丽乡村建设具有重要的推动作用。以文化科技赋能美丽乡村建设、助力乡村全面振兴，既需要充分挖掘利用乡村文化资源，又需要推动现代科技和乡村文化的深度融合发展。北京虽然出台了《北京市"十四五"时期乡村振兴战略实施规划》《关于加强传统村落保护发展的指导意见》《北京市休闲农业"十百千万"畅游行动实施意见》《北京市乡村建设行动实施方案》《北京市加快推进数字农业农村发展行动计划（2022—2025）》《乡村旅游提质升级行动方案（2023—2025年）》等系列政策文件，对促进乡村振兴、乡村文化旅游发展等较为重视，但从目前来看，尚无专门针对乡村文化科技融合的政策文件，存在对文化科技赋能乡村振兴的支持力度不够等问题。

2.历史文化资源保护开发存在不足

乡村历史文化资源是北京历史文化资源的重要组成部分。保护开发好乡村历史文化资源不仅是对历史文化遗产的传承，更是促进乡村经济社会发展的动力。北京乡村的文化遗产资源品类众多，但目前来看，与北京乡村文化遗产相关的历史文献并未得到充分发掘和整理，历史文化资源的开发利用率并不高，研究还不够深入，宣传传播力度不足。究其原因，存在没有充分发挥文化科技的赋能作用问题，文化遗产资源保护及呈现方式与互联网、大数据、AR/VR、人工智能等高新技术的融合不足，表现形式不够立体鲜活，形成的文化产品形态较为单一，功能也较为单调，缺乏市场感染力及吸引力，这致使乡村文化遗产资源没能较好地转化为文化资本，巨大的文化价值没有得到充分释放。

3. 文化产业发展水平总体不高

近年来，在实施乡村振兴战略的推动下，北京的乡村文化产业发展虽然取得了可喜成绩，但与城市文化产业发展相比，乡村文化产业产值在北京地区生产总值中占比很小，发展水平还有待提高。这主要体现在：一是文化资源挖掘整合利用不足，基础设施不够完善，产业业态丰富度不够，乡村文化缺乏新意，由于乡镇地理位置大多数比较偏远，外来投资及旅游服务人才依旧匮乏，乡村文化旅游产业有待进一步做大做强；二是内在动力不足，与城市文化企业相比，乡村文化企业存在小、散、弱和集约化程度较低等问题，产业发展缺乏创新动力，对于推进文化科技融合的意识较为薄弱，都市化、同质化、短期化、低层次化等问题在乡村文化旅游项目中较为突出，乡村文化旅游产业的发展与运营水平有待提高；三是乡村文化产业还没有形成产业链条，文化科技在品牌策划、产品创意、营销推广等环节中利用不足，需要加强乡村文化产业功能区建设，推动文化产业迈向更高水平发展。

4. 公共文化服务效能有待提升

乡村公共文化服务是美丽乡村建设的重要环节，既是乡村文明建设的重要指标，也是乡村文化振兴的重要内容，在全面推进乡村建设中具有举足轻重的地位。近年来，北京的公共文化服务已遍布城乡，市、区、街道（乡镇）、社区（行政村）四级公共文化服务设施网络已基本形成。然而，与当前经济社会发展水平和人民对美好生活的需求相比，与基本建成公共文化服务体系的目标要求相比，北京的乡村公共文化服务体系建设还存在以下不平衡不充分的问题：一是文化基础设施尚不健全，由于历史文化及区域经济发展水平的差异，乡村公共文化空间建设存在文化资源利用不足、空间配置不均衡等问题；二是公共文化服务内容供需不够匹配，在"互联网+"的时代背景下，传统的公共文化服务供给模式（如纸质图书等）与居民的文化需求出现了结构性失衡，传统农村公共文化空间（如农村书屋）呈现边缘化、被动化趋势，出现对社会主义核心价值观、民情、市情的关注度不高等问题；三是公共文化数字化建设滞后，在数字经济已经来临的时代，乡村居民对数字化文化的需求与日俱增，但与城市相比，乡村公共文化数字化建设依然相对滞后，存在公共电子阅览室、数字图书馆、数字化服务平台建设不足等问题，同时，还存在乡村数字化人才不够、公共文化数字化服务水平有待提高等问题。

四 文化科技赋能北京美丽乡村建设的路径与对策

（一）加强顶层设计，完善文化科技赋能美丽乡村建设体制机制

1. 出台北京文化科技赋能乡村振兴的专项政策

北京作为全国文化中心、科技创新中心，拥有文化科技融合发展的资源优势。在文化科技日益融合的数字经济时代，应抓住时代机遇，加大对文化科技赋能北京乡村振兴的支持力度，明确乡村文化振兴、美丽乡村建设的战略定位和发展方向，促进现代科技与乡村文化的深度融合，提出一系列推进举措和重点工作。

2. 建立乡村文化科技跨部门协调机制

发挥农村管理部门统筹协调作用，与文化管理部门、科技管理部门等相关单位加强合作，借力全国文化中心建设和科技创新中心建设优势力量，解决文化科技融合政策执行中的问题，推动文化科技赋能乡村振兴。各级政府、村集体、企业、创业者等乡创产业主体协调配合，整合各方资源，构建包括研发与技术支撑体系、生产销售服务体系、宣传推广服务体系、金融服务体系、人才孵化体系等产业服务平台，推动产业融合发展。

3. 完善乡村文化资金投入机制

加强财政、税收、金融等手段的综合运用，引导资金有序进入乡村文化科技产业。加大对乡村文化服务平台、文化数字化平台建设等方面的财政支

持力度；设立乡村文化专项基金，鼓励企业提高对乡村文化科技的研发投入；完善乡村文化产业金融产品，在乡村保险、风险投资、基金投资和直接融资等方面提供支持。同时，通过出台一些税收优惠或财政补贴政策，吸引投资者将资金投入乡村文化旅游产业并给予一定的回报，以此来吸引更多投资者。

4. 健全人才引进和配套服务机制

政府部门要加大对乡村人才政策的倾斜力度，以信息技术、文化创意、媒体电商等领域为重点，通过出台乡村人才政策，大力培养和引进文化、科技、管理等各类人才，着力打好乡村人才"引、育、留、用"组合拳，建立涵盖人才引进、培养孵化、激励保障等的人才体系。建立乡村文创学院等培训机构，通过与城市优质教育资源合作开设乡创专业、订单式培养等多种方式，有针对性地进行培训，培育新型职业农民、新型农业经营主体，提高他们的信息技术水平、文化创意水平、内容传播水平等。针对返乡人才建立返乡人才创业服务平台，提供金融、信息、技术等多种服务，同时通过项目支持、奖励、补贴等多种方式支持大学生、农民工返乡创新创业。重点加强乡村文化旅游经营主体带头人培育，着力育好用好乡土人才，盘活农村存量人力资源，为文化科技赋能美丽乡村建设厚植人才动力，构筑起支撑乡村文化振兴的"人才矩阵"。

（二）强化布局引导，促进乡村文化资源保护与利用

1. 开展乡村文化资源摸底调查

摸底调查是促进乡村文化资源保护利用的前提和基础。习近平总书记指出，"保护生态环境首先要摸清家底、掌握动态"。① 对于促进乡村文化资源的保护利用、建设美丽乡村来说，"摸清家底、掌握动态"也是首先需要解决的问题。结合《国务院关于开展第四次全国文物普查的通知》《历史文化名城名镇名村保护条例》《重要农业文化遗产管理办法》等相关政策文件，

---

① 《三江源头的新时代交响——沿着总书记的足迹之青海篇》，司法部网站，2022 年 6 月 28 日，https://www.moj.gov.cn/gwxw/ttxw/202206/t20220628_458603.html。

根据北京乡村实际情况制定《北京乡村文化遗产普查审批办法》，明确乡村文化遗产的普查标准和程序，针对乡村文化遗产的类型、数目、保护利用现状等情况，做好乡村文化遗产资源的普查工作。在对历史文化资源摸底调查基础上，鼓励各区根据不同类型乡村历史文化遗产进行资源整合、协同，实行适度规模集中连片、整体开发等方式，促进乡村文化遗产资源的融合互通、优势互补、市场联动，合力打造一批主题鲜明的文化线路、文化产业特色镇、文化产业特色村。

2. 加强乡村文化遗产数据库建设

利用数字技术建立乡村文化遗产数据库。鼓励各区乡村文化遗产管理部门积极同有关科研部门、企业及村民进行紧密合作，广泛开展乡村文化遗产摸底调查，召集专家学者开展乡村古村落和乡村文化遗产的综合资料收集、认定、归类和评级工作，充分运用互联网、大数据、云计算、人工智能等数字技术构建起乡村文化遗产的数据库系统，持续收集与更新文化遗产的种类、数量、分布状况、权属用途、保护利用现状、面临问题等相关数据信息，以便有效地提升乡村文化遗产的保护、传承和活化利用效率。

3. 推进乡村文化数字平台建设

加大对乡村文化遗产保护和利用的支持力度，以数字技术和先进理念促进乡村文化遗产保护传承与创新发展。补齐农村信息化基础设施建设短板，推动农村千兆光网、5G网络、移动物联网等信息基础设施与城市同步规划建设，进一步提升农村通信网络质量和覆盖水平。鼓励各区充分发挥自身的文化遗产资源优势，加强文化科技融合创新，进一步推动与乡村文化遗产保护传承利用密切相关的互联网、大数据、云计算、AR/VR、人工智能等先进技术的研发应用，创新和丰富符合乡村文化遗产特质的载体平台，推动乡村历史文化资源与数字技术深度融合。比如，借助AR/VR、3D全息影像、三维全景等先进技术手段，并添加适当的文字、图标、颜色等元素，以便更加清晰地展示乡村的历史建筑、非物质文化遗产、民俗活动等，进而不断提升乡村文化的影响力和传播力。

（三）创新赋能模式，促进乡村文化产业高质量发展

1. 促进"文化+科技"双向赋能

文化与科技是实现乡村振兴的两翼。党的二十大报告明确指出，要"加快建设农业强国，扎实推动乡村产业、人才、文化、生态、组织振兴"。[1] 文化和旅游部等六部门联合印发的《关于推动文化产业赋能乡村振兴的意见》明确将"文化引领、产业带动"作为其基本原则之一，提出要"充分发挥文化赋能作用，推动文化产业人才、资金、项目、消费下乡，促进创意、设计、音乐、美术、动漫、科技等融入乡村经济社会发展"。[2] 文化是根本，科技是关键。中国科协、国家乡村振兴局联合印发的《关于实施"科技助力乡村振兴行动"的意见》提出要"坚持科技赋能、深化智志双扶，团结动员广大科技工作者大力开展'科技助力乡村振兴行动'"。[3] 可见，文化与科技是促进乡村振兴的两个重要路径和手段。

在文化科技日益融合的数字经济时代，需要实施国家文化数字化战略，引导支持乡村"文化+科技"双向赋能，以文化为引领，以科技为驱动，统筹利用文化和科技两大领域的资源要素。既要加大对乡村优秀传统文化文物资源的挖掘、保护、传承与利用，培育文明乡风、良好家风、淳朴民风，吸引更多村民参与文化科技创新；又要借助互联网、大数据、虚拟现实、云计算、人工智能等数字技术，在保护传承乡村优秀传统文化的基础上，实现创造性转化，以文化科技融合助推乡村文化产业迈向更高质量发展。

2. 以多主体合作模式促进乡村文化产业发展

美丽乡村建设的参与者包括市场主体、村集体、政府，推进文化科技赋能

---

[1] 习近平:《高举中国特色社会主义伟大旗帜 为全面建设社会主义现代化国家而团结奋斗——在中国共产党第二十次全国代表大会上的报告》，人民出版社，2022，第31页。

[2] 《文化和旅游部 教育部 自然资源部 农业农村部 国家乡村振兴局 国家开发银行关于推动文化产业赋能乡村振兴的意见》，文化和旅游部网站，2022年3月21日，https://zwgk.mct.gov.cn/zfxxgkml/cyfz/202204/t20220406_932314.html。

[3] 《中国科协 国家乡村振兴局关于实施"科技助力乡村振兴行动"的意见》，道克巴巴，2022年8月3日，https://www.doc88.com/p-58147034107924.html? r=1。

乡村文化产业发展，既需要三者的参与，又需要充分发挥三者的作用，更需要推动三者之间的合作，打造多主体合作模式，形成合作合力。在促进乡村文化产业发展过程中，多主体合作模式就是充分发挥政府的引领作用，以制度创新促进村企合作。政府可以通过制定乡村文化产业专项支持政策，在项目建设、投融资体制、特色文化产品推广、文化旅游产业融合发展等方面制定招商优惠政策，引导企业踊跃参与乡村文化建设，促进资金、技术、人才等资源要素汇聚到乡村，推动乡村文化产业持续健康发展，支持乡村文化企业做大做强。

一是培育优质市场主体。发挥北京信息技术、文化创意、金融投资等方面的头部企业集聚优势，通过项目支持、金融扶持、税收返还、空间优惠等政策手段，以都市农业、乡村文创、媒体电商、乡村旅游等行业为重点，引导头部企业布局乡村产业。支持社会资本投资乡村文化旅游产业，培育一批本土乡村文化旅游小微企业。鼓励企业发挥"文化+科技"赋能作用，提高组织化程度，延伸产业链条，推进文化产业规模化、专业化、信息化、品牌化，提高文化产业的社会效益和经济效益。

二是创新文化产业经营模式。坚持农民在乡村文化旅游发展中的主体地位，推广"企业+农户""合作社+农户""企业+村集体""村集体+企业+农户"等合作经营模式，激发乡村内生动力。鼓励村民利用自有房屋、院落或者其他场所依法从事文化旅游经营，支持各类农民合作社、协作体和产业联盟在整合资源、搭建平台等方面发挥积极作用，提升乡村文化产业发展效能。发挥政府、龙头企业的行业引导和资源整合功能，聚合相关产业资源，推动产业间交叉融合发展。

3. 促进乡村文化业态丰富发展

《关于推动文化产业赋能乡村振兴的意见》将"乡村文化业态丰富发展"作为其目标之一，明确提出从创意设计、演出产业、音乐产业、美术产业、手工艺、数字文化、其他文化产业和文旅融合等八个重点领域赋能乡村振兴。[1] 可

---

[1] 《文化和旅游部 教育部 自然资源部 农业农村部 国家乡村振兴局 国家开发银行关于推动文化产业赋能乡村振兴的意见》，文化和旅游部网站，2022 年 3 月 21 日，https：//zwgk. mct. gov. cn/zfxxgkml/cyfz/202204/t20220406_932314. html。

见，为实现乡村文化产业高质量发展，需要因地制宜、突出特色、改革创新，不断丰富发展乡村文化业态。

一要注重打造富有乡村区域特色的文化 IP。加强对乡村文化资源的挖掘与淬炼，利用科技在保存、研究、整理、呈现文化内容方面的关键作用，打造差异化、特色化、精品化的乡村文化 IP。以乡村文化 IP 为核心，按照"资源—产品—企业—产业"的发展思路，集聚整合乡创产业资源要素，构建和发展具有区域特色的乡创产业链条。鼓励文化资源丰富的村镇因地制宜发展特色文化产业，将特色文化内涵和地域元素融入乡村旅游项目全过程、旅游消费各环节，建设一村一品、一村一景、一村一韵的魅力村庄，推动旅游村庄点线面聚合发展，建设一批乡村文化旅游名镇、乡村文化旅游重点村。

二要创新丰富文化产品及业态。鼓励乡村聚焦乡村青年人、城里人等多层次文化需求，丰富文化旅游产品和服务供给，更好地满足游客多层次、个性化需求。支持乡村应用先进科技成果，推进文化遗产保护和利用，提升文化体验感；积极实施"文化+""互联网+"行动，加快数字化、信息化、智能化等前沿技术的创新应用和成果转化；实施乡村农文旅深度融合工程，利用文化科技手段推进文化与旅游、体育、康养、农业等产业深度融合，培育文化旅游、生态旅游、森林康养、休闲露营等新业态，推进乡村民宿规范发展、提升品质，提高乡村文化科技含量和产业附加值。

（四）紧跟时代步伐，提升乡村公共文化服务效能

1. 推进乡村公共文化服务设施数字化建设

党的二十大报告明确提出"健全现代公共文化服务体系"。[①] 公共文化服务设施作为公共文化服务体系的重要组成部分，是乡村文化建设的物质基础，对于促进乡村文化产业发展、提高乡村综合承载能力、建设美丽乡村具

---

① 习近平：《高举中国特色社会主义伟大旗帜 为全面建设社会主义现代化国家而团结奋斗——在中国共产党第二十次全国代表大会上的报告》，人民出版社，2022，第45页。

有重要作用。在数字化时代，提升乡村公共文化服务效能，首先需要提高公共文化服务设施的信息化、网络化、智能化水平。加强乡村图书馆（室）、文化馆（站）、美术馆、博物馆、艺术馆等公共文化机构的数字化、智能化设施设备配备，优化业务管理系统，提升公共文化服务设施信息化水平。加强乡村数字图书馆、数字文化馆、数字美术馆、数字博物馆、数字艺术馆建设，加大乡村"互联网+"基础设施建设力度，从网络软硬件设备和标准接口设备等方面推进图书馆（室）、文化馆（站）、美术馆、博物馆、艺术馆等公共文化服务机构"互联网+"基础设施建设。

2. 提升乡村公共文化服务与管理水平

持续实施数字乡村发展行动，鼓励各区统筹建设农文旅大数据平台，打造一站式文旅公共服务管理平台，推动文旅公共服务全民共享，缩小城乡"数字鸿沟"。一是推动有条件的区县加快升级文旅云平台，打造集活动点单、活动预约、场馆预订、空间展示、资源共享、信息查询、社团招募、景区查询、智能搜索等功能于一体的城乡文旅公共服务管理平台。完善乡村文旅云功能，强化大数据分析决策支撑功能，构建基于用户情景的公共文化精准服务推荐系统。二是注重乡村文化站（室）与各级平台的对接，加快与国家公共文化云、北京群众文化云、北京旅游网等平台的对接，以及与各镇街、村居微信公众号的对接。三是加强公共文化数字化服务专业化建设，积极推进文化资源数字化加工的标准规范建设，加强对相关专业人才队伍的培训。四是加大公共文化服务的数字治理投入力度，通过大数据、云计算、人工智能等技术赋能乡村公共文化服务体系建设，促进服务效能的提升。

3. 扩大乡村文化传播力影响力

党的二十大报告明确指出"增强中华文明传播力影响力"。[①] 乡村文化是中国文化的重要组成部分，也是中华民族现代文明的重要基石。为此，需要发挥文化科技赋能作用，不断提高公共文化服务水平，繁荣发展乡村文化

---

① 习近平：《高举中国特色社会主义伟大旗帜 为全面建设社会主义现代化国家而团结奋斗——在中国共产党第二十次全国代表大会上的报告》，人民出版社，2022，第45页。

事业和文化产业。

一是优化乡村公共文化服务供给，提升乡村文化传播力。优化乡村公共文化服务供给，有助于乡村培育和践行社会主义核心价值观，传承弘扬"源远流长的古都文化、丰富厚重的红色文化、特色鲜明的京味文化、蓬勃兴起的创新文化"①，提升北京公共文化品牌影响力。在科技日新月异的时代，公共文化服务主体在生产和供给文化产品时要更加注重用户需求，提供更加有内涵、表现形式更有创意、传播渠道更加丰富多样的文化产品和服务。为提高乡村文化的传播力与影响力，需要利用互联网、新媒体、社交媒体等平台，加强乡村历史文化资源的数字化产品开发和展示，并结合最新的VR/AR等高新技术打造沉浸式体验场景和文化产品，将乡村文化以更生动、更有趣的形式展示给世人。

二是组织开展乡村文化活动，打造乡村特色文化品牌。其一，创新实施文化惠民活动。依托乡村文化站（室）等文化阵地，围绕"三八""五一""六一""七一""十一"等重要节日，明确文化活动主题，开展唱响主旋律、弘扬正能量的乡村文化活动，打造接地气、叫得响的乡村文明实践活动品牌。其二，组织开展民俗文化活动。乡村文化站（室）等公共文化服务机构要围绕春节、元宵节、端午节、中秋节等中国传统节日，组织开展乡村庙会、灯会、龙舟会、花会等特色民俗活动，助力打造富有地域特色、融合农文旅体的乡村文化旅游节等节庆活动品牌。其三，鼓励各区围绕本区的乡村文化特色节庆，如大兴的西瓜节、平谷的桃花节、昌平的草莓节、密云的西红柿节、延庆的杏花节等，组织开展丰富多彩的文化活动，打响叫亮乡村特色文化品牌。其四，引导群众自办文化活动。提升公共文化服务效能，对于乡村文化站（室）来说，除了需要在歌舞编排、骨干培训、场地利用、器材配备上提供服务之外，还需要引导农民充分发挥主体作用，在乡村文化生活中当主角、唱大戏。

---

① 《北京市推进全国文化中心建设中长期规划（2019年—2035年）》，北京市人民政府网站，2020年4月9日，https://www.beijing.gov.cn/zhengce/zhengcefagui/202004/t20200409_1798426.html。

　　三是加强乡村文化品牌宣传推广，提高乡村文化影响力。在推进乡村公共文化服务体系建设、提升公共文化服务效能过程中，需要及时总结乡村文化建设的经验做法，推选一批典型案例，充分利用抖音、微信、微博、快手等网络服务平台加大宣传力度，形成全社会支持乡村公共文化服务体系创新发展的良好氛围。鼓励乡村积极参与北京市乃至全国举办的相关展会、文化交流活动等，与其他地区进行合作与交流，不断扩大和提升乡村文化品牌的影响范围及知名度。

附 录
2023年北京地区文化科技融合发展
大事记

杨 丽*

1月

1月5日 全国文物局局长会议召开。国家文物局表示，2023年将筹备启动第四次全国文物普查，计划用3~4年的时间全面掌握不可移动文物的数量、分布、特征、保存现状、环境状况等情况，建立国家不可移动文物总目录，为系统廓清我国文物资源家底、准确判断文物保护形势、科学制定文物保护政策提供依据。

1月5日 由中宣部进出口管理局、中国音像与数字出版协会指导，中国音像与数字出版协会出版融合工作委员会、中国音像与数字出版协会数字阅读工作委员会等单位联合承办的"第二届出版融合发展国际化论坛"在京以线上线下结合的形式举行。论坛锚定文化强国和出版强国建设目标，聚焦新时代网络文学"走出去"主题，总结成功经验、分享成功案例，共同探索出版融合发展国际化之路。

1月6日 由北京市国有文化资产管理中心主办，北京市文化产业促进

---

* 杨丽，北京市科学技术研究院创新发展战略研究所助理研究员，研究方向为文化科技融合、科技管理。

中心、北京歌华传媒集团有限责任公司承办的"奋进新时代 创意赢未来"第六届北京文化创意大赛总决赛路演在京开启。150 个项目分别在文化创意项目、文化内容生产、文创产品开发、文化 IP 创意、创意设计服务、原创剧本创作共 6 条赛道路演竞秀，角逐 54 个专业赛道获奖席位。大赛聚焦古都文化、红色文化、京味文化、创新文化，助力城市更新及中轴线申遗保护，打造国际消费中心城市和国际数字经济标杆城市，广泛挖掘具有成长性的企业和项目，动员和吸引北京市属和中央在京的重点机构、大型企业参赛，体现"北京文创"的高起点、高标准、高品质。

1 月 7 日 第二十届中国文化产业新年论坛正式开幕。此届新年论坛聚焦"中国式现代化与文化新辉煌"核心主旨，包括主论坛、主题论坛、创意管理峰会、智库对话、青年学者研讨会等六大类十场主题活动。

1 月 7 日 由海淀区委宣传部、北京大学艺术学院共同主办，海淀区文化发展促进中心、北京大学文化产业研究院承办的第二十届中国文化产业新年论坛海淀文化产业对话会在大有书馆成功举办。会上发布了《海淀文化消费研究报告》，报告建议海淀区打造"一道二带三核"的文化消费空间布局。

1 月 9 日 国家文化产业创新实验区发展论坛在京成功举办。国家文化产业创新实验区作为文化和旅游部同北京市采取部市合作形式共同推动的唯一国家级文化产业创新"试验田"，先行先试、大胆探索，积极搭建行业交流对话平台。文化产业领域知名专家学者、行业组织代表、重点园区及企业代表等 100 人出席论坛。

1 月 10 日 北京文化产业园区协会第一届会员大会第二次会议召开，100 多家文化产业"政产学研资"机构代表通过线下线上联动方式，共同探讨北京文化产业园区高质量发展之策，谋划 2023 年转型之路。

1 月 10~11 日 东城区召开 2022—2023 年"故宫以东"合作项目评审会暨品牌分享会，星级酒店、文化科技企业、文创企业、旅行社、剧院剧场和文博企业等共同展开头脑风暴，畅谈与"故宫以东"合作共创的经验和未来规划，为新一年的创意寻找合作伙伴，助力高质量发展。

1 月 11 日 由北京市科学技术协会、西城区科学技术协会、西城区什刹海街道主办的"科学引领，点亮文化"2023年西城区科普跨年夜活动在西城区什刹海文化展示中心成功举办。

1月16日　北京市人民政府办公厅发布《北京市关于进一步加强非物质文化遗产保护工作的实施意见》。实施意见共19条，由总体要求、主要任务、保障措施三部分构成。

1月17日　文化和旅游部发布《关于规范网络演出剧（节）目经营活动　推动行业健康有序发展的通知》，以进一步规范市场秩序，引导新业态健康有序发展。

1月17日　北京市东城区建设国家服务业扩大开放综合示范区领导小组办公室发布《隆福寺园区发展建设三年行动方案（2023—2025年）》。方案旨在提升隆福寺园区产业融合度、文化引领度、开放活跃度，推动园区高质量发展。

1月18日　中国民营文化产业商会联合中国人民大学文化产业研究院、腾讯文旅共同发布《2022年中国文化产业发展概况回望报告》。

1月19日　"只此东方色"数字沉浸展在北京工艺美术博物馆开幕，该展览以中国传统色"红、黄、蓝、白、绿"为主题，展现中国工艺品的文化内涵和独有的艺术魅力，彰显了中华民族的文化自信。

1月24日　中国科协科学技术传播中心与中国科技馆联合主办的"遇见未来"主题展免费对公众开放。主题展布展面积2000平方米，以科技、文化、艺术、教育融合为策展理念，共有18个展项，旨在从"遇见"出发，进而探索、破困、畅游、追寻"未来"生活，将科学家与艺术家对未来世界的科学畅想与价值观念融入其中。

1月30日　在北京市国有文化资产管理中心的指导下，北京市电子竞技产业发展协会、企鹅有调、《电子竞技》杂志联合研究并发布了《2022北京电竞发展与未来趋势研究报告》。报告从四个角度梳理了北京电竞产业近三年来的发展变化情况，对未来的机遇与挑战作出前瞻性预测，为"电竞北京"系列的发展提供思考和建议。

2月

2月13日 北京市经信局在北京人工智能产业创新发展大会上正式发布《2022年北京人工智能产业发展白皮书》。北京市将全面夯实人工智能产业发展底座,支持头部企业打造对标ChatGPT的大模型,着力构建开源框架和通用大模型的应用生态;加强人工智能算力基础设施布局;加速人工智能基础数据供给。截至2022年10月,北京拥有人工智能核心企业1048家,占我国人工智能企业总量的29%,位列全国第一。

2月16日 第十二届中国数字出版博览会在北京市首钢园区开幕。数博会以"再出发 创未来"为主题,通过报告发布、展览展示、集中采选、论坛会议、推介洽谈等活动,集中呈现融合发展新进展新成效。论坛发布了《2021~2022年中国数字出版产业年度报告》。

2月18日 由故宫博物院和科技日报社联合主办的第六届全国青少年创·造实践活动暨第三届青少年文化科技论坛在故宫博物院成功举办。

2月24日 第二十届中国企业发展论坛暨首届中国数字文化产业投资高峰论坛启动仪式在国家对外文化贸易基地(北京)举行。同期,北文美术馆艺术品交易服务平台、北文中心数字版权资产发行平台启动仪式也如期举办。

2月24日 由中国科技馆、清华大学美术学院和宝马中国联合主办的"文化、艺术与科学的融合"创新发展论坛暨"非遗保护创新成果展"开幕活动举办。

2月26日 北京市通州区人民政府办公室发布《北京城市副中心文化旅游区发展建设三年行动计划(2023—2025年)》,提出了主题旅游赋能行动、重点项目带动行动、产业发展融合行动、多元联动协同行动等六项重点任务。

3月

3月2日 中国互联网络信息中心（CNNIC）发布第51次《中国互联网络发展状况统计报告》。报告指出，我国网民规模在2022年12月突破10亿人，达到10.67亿人，较2021年同期增长3549万人。

3月6日 第六届北京文化创意大赛举行盛大颁奖典礼。54个优秀项目获得专业赛道奖项，20个优秀团队获得"文化创客团队奖"。

3月8日 文化和旅游部办公厅发布《关于开展智慧旅游沉浸式体验新空间推荐遴选暨培育试点工作的通知》，推进智慧旅游融合创新发展。

3月24日 文化和旅游部市场管理司发布《关于推动在线旅游市场高质量发展的意见》，提出推动在线旅游经营者深度应用5G、人工智能、大数据、云计算、区块链等新技术，以科技引领行业创新发展。

3月29日 由中国网络视听节目服务协会完成的《中国网络视听发展研究报告（2023）》在第十届中国网络视听大会上正式发布。

3月29日 中关村科技园区东城园管理委员会发布《东城区加快元宇宙产业高质量发展行动计划（2023—2025年）》，将"提升元宇宙产业规模，促进元宇宙与文化科技产业相互融合""形成一批应用示范场景"等列为其重要目标。

3月29日 由北京市科学技术协会、北京市东城区委宣传部主办，首开文投新华（北京）文化发展有限公司承办的"科技赋能·数智引领"首届新视听产业创新融合发展论坛在北京·禄米仓新视听产业园举办。

3月30日 中国人民大学文化产业研究院发布"2022中国省市文化产业发展指数"，北京连续七年保持首位。

4月

4月2日 北京中轴线文化遗产传承与创新大赛2022颁奖暨2023启动

仪式举办。

4月6日 北京城市副中心元宇宙应用创新中心正式投用，张家湾设计小镇一层的元宇宙展示体验馆投入运营。

4月6日 工业和信息化部、文化和旅游部联合印发《关于加强5G+智慧旅游协同创新发展的通知》，提出持续加强5G网络建设、5G+智慧旅游应用场景逐步丰富以及智慧旅游产业生态环境初步形成的总体目标。

4月12日 由中国传媒大学媒体融合与传播国家重点实验室主办、中国传媒大学中国网络视频研究中心承办的"推进媒体深度融合，共创主流舆论新格局——媒体融合创新发展研讨会"在北京召开。来自高校、行业、媒体等嘉宾围绕媒体融合发展趋势、视听平台传播特性、融媒创新典型案例等议题展开探讨。

4月18日 第二十九届中国国际广播电视信息网络展览会（CCBN2023）主题报告会在北京首钢会展中心举行。

4月19日 北京市东城区对首批演艺新空间进行授牌，包含77剧场、颜料会馆、大麦新空间当然有戏沉浸式剧场、笑果工厂隆福寺店以及南阳·共享际等5家演艺新空间。

4月20日 工信部、中央网信办、国家发展改革委、教育部等部门联合印发《关于推进IPv6技术演进和应用创新发展的实施意见》。意见提出，到2025年底，IPv6技术演进和应用创新取得显著成效，网络技术创新能力明显增强，"IPv6+"等创新技术应用范围进一步扩大，重点行业"IPv6+"融合应用水平大幅提升；并在技术创新取得显著突破、产业支撑能力大幅提升、基础设施能力持续增强、重点行业应用成效凸显、安全保障能力显著提升等方面明确了具体发展目标。

4月22~29日 第十三届北京国际电影节在北京举办，电影节保留了"云上北影节"的展映、互动、点播、市场展会等网络服务项目。

4月25日 北京市推进全国文化中心建设领导小组会议召开。会议强调，要激发文化产业活力，积极拓展文化消费新场景，大力培育文化产业新业态、新模式。深入推进"文化+"，加快传统文化业态数字化升级，促进大数据、人工智能、元宇宙等在文化领域转化运用和项目落地。

4月25日 第十三届北京国际电影节游戏动漫电影单元开幕，将游戏、动漫与电影以更紧密的方式呈现在观众面前，开创了游戏、动漫、电影产业之间联动的全新模式。

4月25日 第十三届北京国际电影节专题论坛——第三届中国影都发展论坛在北京电影学院怀柔校区黑匣子剧场举办，论坛以"聚力科影融合 建设中国影都"为主题，旨在打造行业内首屈一指的"科学家+艺术家"对话论坛，为影视行业高质量发展不断提出"怀柔举措"、传递"影都之声"。

4月27日 国家电视广播总局发布《2022年全国广播电视行业统计公报》。

4月27日 北京市科学技术研究院、北京市国有文化资产管理中心与社会科学文献出版社联合发布《北京文化科技融合发展报告（2021~2022）》。

4月30日 第十届"动漫北京"启动。"动漫北京"是北京动漫游戏产业的重要品牌，为企业发展搭建了交流、展示、交易的优质平台。

5月

5月5日 由中关村东城园管委会主办，北京市东城区高新技术企业协会、中关村雍和航星科技园承办的"《东城区加快元宇宙产业高质量发展行动计划》发布暨东城区元宇宙产业联盟成立大会"在航星园举办。

5月10日 中国数字文化集团迁址挂牌暨国家文化大数据体系建设成果展示中心揭牌仪式在北京经济技术开发区举行。中国数字文化集团与中国歌剧舞剧院、中国东方演艺集团有限公司、中国交响乐团、中国煤矿文工团、无锡市人民政府、北京经济技术开发区管委会、内蒙古自治区扎鲁特旗人民政府、北京经开投资开发股份有限公司等签订了战略合作协议。

5月11日 以"新时代 新直播 新舞台"为主题的"2023中国网络表演（直播与短视频）行业年会"在北京举行。会上发布《中国网络表演（直播与短视频）行业发展报告（2022—2023）》。报告公布我国网络表演

（直播与短视频）行业最新数据：网络直播账号超 1.5 亿个、内容创作者账号超 10 亿个、市场营收近 2000 亿元，网络直播用户规模达 7.51 亿人。

5 月 18 日 故宫博物院向社会全新发布 2 万件院藏文物高清数字影像，"数字文物库"文物总数超过 10 万件，公众可通过故宫博物院官网进入浏览。

5 月 21 日 北京市人民政府印发《北京市加快建设具有全球影响力的人工智能创新策源地实施方案（2023—2025 年）》。

5 月 23 日 2023 年"文科汇"文化科技融合系列活动正式启动。活动聚焦"数字赋能中轴文化传承创新""数智新媒介、融合新视听""沉浸式数字文化新消费场景创建""云上园区与线下文化科技的虚实共生"四期主题持续开展，吸引了来自政府部门、文化产业园、市属国有文化企业、文化科技企业及新闻媒体等百余人参加。

5 月 23 日 国家互联网信息办公室发布《数字中国发展报告（2022 年）》。报告显示，2022 年数字中国建设取得显著成效，数字基础设施规模能级大幅提升。2023 年将进一步夯实数字中国建设基础，打通数字基础设施大动脉，畅通数据资源大循环。

5 月 24 日 2023 北京文博创意设计大赛启动。大赛在延续"文博文创衍生品设计""二十四节气文化创意设计""革命文物文创设计"3 个主题赛道的基础上，以北京建都 870 周年为契机，特别设置"北京建都 870 周年文物创意设计主题"创新赛道。

5 月 26 日 由北京市科学技术委员会、中关村科技园区管委会、北京市贸促会、北京市科学技术协会指导，北京数字创意产业协会主办的第一届"数创未来　虚实互融"主题会议在中关村论坛举办。北京数字创意产业协会与临空元宇宙研究所共同发布"LINKING 元宇宙创新联合体暨数创智库"。

5 月 26~30 日 首都文化科技融合发展成果展在 2023 中关村论坛展览（科博会）举办，展览主题为"科技让文化更精彩"，聚焦人工智能、大数据、VR/AR/MR、虚拟数字人、数字孪生、5G+8K 等前沿信息和数字技术在文化领域的新场景应用，打造可观赏、可互动、沉浸式文化科技体验展区。

5月27日　北京市科学技术委员会、中关村科技园区管理委员会发布《北京市互联网3.0创新发展白皮书（2023）》，提出当前北京互联网3.0产业发展在技术和人才支撑能力、产业链完整性、法律规范等方面仍面临挑战。下一步北京将加强政策支持与组织保障，加快技术攻关与共性平台搭建，推动"互联网3.0+"应用场景建设，做好风险监管工作，为北京互联网3.0创新发展营造良好生态环境。

5月28日　2023中关村数字文化市集在海淀公园露天剧场成功举办，通过数字科技与文化的结合，展示全球科技成果、前沿热点科技产品，并为文化产业与科技创新搭建思想交流、技术展示的新场景。

5月30日　北京市政府办公厅正式发布《北京市促进通用人工智能创新发展的若干措施》，针对提升算力资源统筹供给能力、提升高质量数据要素供给能力、系统构建大模型等通用人工智能技术体系、推动通用人工智能技术创新场景应用、探索营造包容审慎的监管环境五大方向，提出21项具体措施。

6月

6月2日　中共中央总书记、国家主席、中央军委主席习近平在北京出席文化传承发展座谈会并发表重要讲话。他强调，在新的起点上继续推动文化繁荣、建设文化强国、建设中华民族现代文明，是我们在新时代新的文化使命。要坚定文化自信、担当使命、奋发有为，共同努力创造属于我们这个时代的新文化，建设中华民族现代文明。

6月3日　由国家电影局、中国作家协会指导，中国科学技术协会、北京市人民政府主办的中国科幻大会"构建中国科幻文化产业融合新格局论坛"在北京举办，来自各行业的70余位嘉宾共话科幻文化创新发展之道。

6月7日　第十五届"全国文化企业30强"及提名名单公布。来自北京的完美世界、保利文化获评"30强"，咪咕文化、北京工美集团和歌华传媒获评"30强"提名。入选京企各具特色，集中反映出北京积极推动文化产业高质量发展过程中，文化与科技高度融合、文化新业态蓬勃发展、原创内容生产百花齐放的特点。

6月12日 中关村中恒文化科技创新服务联盟发布 T/CTSA 0016—2023《文化和科技融合特色产业集聚公共服务平台技术要求第1部分：建设指南》，团体标准遵循开放、公平、透明、协商一致、促进贸易和交流的原则，按照全国团体标准信息平台公布的《标准制定程序文件_ CTSA》制定。

6月16日 第十一届北京惠民文化消费季在位于四惠的文化产业园区——伊莎文化广场开启2023数智消费市集。

6月18日 第二十九届北京国际图书博览会在京落下帷幕。该届图博会为期4天，吸引2500多家中外展商携20多万种图书踊跃参展，其中1500多家中外出版及相关机构实现了线下参展，展期举办1000多场专业大众文化活动。

6月20日 朝阳区发布《促进文化产业高质量发展的若干措施》，聚焦存量增量并举、产业融合发展、园区品质提升，持续打造文化产业政策"高地"。

6月21日 "探元计划2023"在北京腾讯总部大楼正式启动。此次计划联动联合国教科文组织（UNESCO）、中国文物信息咨询中心（国家文物局数据中心）、中国文化遗产研究院，促进文化技术解决方案的交流互动，共同推动低资源地区的技术平权与文化内容普惠发展。

6月21日 2023中关村留学人员企业精品项目推介会（三三会）文化科技融合专场在中国人民大学文化科技园举办。此次推介会征集了文化创意、生物科技、人工智能等领域的24个高成长性创业项目编制成册，遴选出5个优质项目参与现场路演。

6月29日 国家统计局发布《2022年全国文化及相关产业发展情况报告》，国家统计局首次以报告形式发布我国文化及相关产业年度统计数据。2022年，我国文化产业实现营业收入165502亿元，比上年增长1.0%。截至2022年末，我国文化产业资产规模超过31万亿元。其中，文化核心领域实现营业收入 103403 亿元，比上年增长 1.1%。以数字化、网络化、智能化为主要特征的文化新业态行业快速发展，营业收入占全部文化产业营业收入的 30.3%，占比首次突破 30%，比上年提高 1.6 个百分点。

6 月 30 日　"2023 中国文旅夜游大会"在北京召开。大会以"溯光笃行　创变新生"为主题，会上发布了《促进夜间文旅产业高质量发展倡议书》，同时正式启动"数字夜游策划师"职业技能等级认证培训项目。

7月

7 月 4~7 日　2023 全球数字经济大会在北京国家会议中心举办。大会以"数据驱动发展，智能引领未来"为主题，旨在为全面提升我国数字经济实力，构建引领全球数字经济发展体系，展示全球数字经济标杆城市建设新成就，提升国际数字经济参与度与国家战略支撑度贡献力量。

7 月 6 日　北京区块链技术应用协会与社会科学文献出版社共同发布《中国区块链发展报告（2023）》。蓝皮书归纳梳理了 2022 年区块链产业发展现状及趋势，并结合行业热点 Web 3.0、AIGC 探讨我国区块链发展的热点话题、核心技术以及未来趋势。

7 月 15 日　以"点亮童心　塑造未来"为主题的第十二届中国儿童戏剧节在北京中国儿童艺术剧院开幕。戏剧节历时 37 天，采用多省市联动办节以及线上线下融合、演出演播并举的方式。

7 月 20 日　工业和信息化部办公厅等五部门印发通知，公开征集虚拟现实先锋应用案例。

7 月 26 日　2022 北京文化论坛"文化与科技融合发展分论坛"发布由市文资中心组织编纂的《北京文化产业发展白皮书（2022）》。白皮书盘点了北京文化产业发展的总体情况、重要进展和特色亮点。

7 月 27 日　2023 年"京·彩"北京文化网络传播活动暨网络文明宣传季启动，15 项网络文化产品、20 余项活动陆续与广大网民见面，各区和 30 家属地网站平台开展了丰富多彩的主题活动。

8月

8月3日 文化和旅游部公布第一批全国智慧旅游沉浸式体验新空间培育试点名单。该名单根据《文化和旅游部办公厅关于开展智慧旅游沉浸式体验新空间推荐遴选暨培育试点工作的通知》，在自愿申报、省级文化和旅游行政部门推荐的基础上，经专家评审、向社会公示后确定。北京地区入选项目包括中国共产党历史展览馆（"长征"沉浸体验、飞越影院）智慧旅游沉浸式体验新空间、teamLab 无相艺术智慧旅游沉浸式体验新空间、亮马河国际风情水岸智慧旅游沉浸式体验新空间。

8月26日 文化和旅游部印发《关于公布首批文化和旅游部技术创新中心建设名单的通知》，明确启动首批 12 个文化和旅游部技术创新中心建设工作。

8月28日 中国互联网络信息中心（CNNIC）在京发布第 52 次《中国互联网络发展状况统计报告》。报告显示，截至 2023 年 6 月，我国网民规模达 10.79 亿人，较 2022 年 12 月增长 1109 万人，互联网普及率达 76.4%。即时通信、网络视频、短视频用户规模分别达 10.47 亿人、10.44 亿人和 10.26 亿人，用户使用率分别为 97.1%、96.8% 和 95.2%。

8月28日 文化和旅游部在中国工艺美术馆·中国非物质文化遗产馆召开的媒体通气会上表示，我国首个非物质文化遗产领域的文化行业系列标准《非物质文化遗产数字化保护 数字资源采集和著录》由文化和旅游部批准发布，将于 9 月 29 日起实施。

8月29日 2023 北京大兴文化产业推介会在北京市文化产业促进中心展馆序厅举办。活动现场设置体验式主题展，展示大兴区在数字文化高质量发展、文化融合新业态等方面的发展成果。

8月29日 工业和信息化部办公厅、教育部办公厅、文化和旅游部办公厅、国务院国资委办公厅、国家广播电视总局办公厅联合印发《元宇宙产业创新发展三年行动计划（2023—2025 年）》，从构建先进元宇宙技术和产业体系、培育三维交互的工业元宇宙、打造沉浸交互数字生活应用、构建系统完备产业支撑、构建安全可信产业治理体系等 5 个方面提出了 14 条重点任务。

9月

9 月 2 日　2023 年中国国际服务贸易交易会在北京开幕。国家主席习近平在北京向 2023 年中国国际服务贸易交易会全球服务贸易峰会发表视频致辞。

9 月 2 日　2023 年服贸会文旅服务专题在首钢园精彩亮相。文旅服务专题以"科技赋能新文旅，创意引领新消费"为展览主题，共有 817 家企业参展。同时，还举办了文艺演出、讲座沙龙、互动体验等现场活动近 200 场，展示北京建设全国文化中心最新成就和文化产业高质量发展生动实践。

9 月 5 日　北京市文化和旅游局发布 2023 年北京市文化和旅游科技创新应用场景十佳案例。这些案例基于 5G、人工智能、VR、AR 等信息技术在文旅领域的创新应用，体现了技术与文旅元素的完美融合。

9 月 7 日　由丝路规划研究中心、北京市海淀区人民政府、中国国际商会、中国科学技术大学、中国社会科学院大学、中国艺术科技研究所联合主办的首届文化科技融合发展大会在京召开。此次大会作为 2023 中关村论坛系列活动之一，围绕文物数字化保护新模式、科学技术赋能文化"走出去"、科技支撑数字文化产业发展、新媒体时代下中华文化海外传播新思路等方面进行了深入研讨。

9 月 7~9 日　"文化传承发展中的网络文学与数智人文"学术论坛在京举行。论坛围绕弘扬中华优秀传统文化这一核心议题，探讨网络文学与数智人文的发展。

9 月 8 日　北京市人民政府办公厅印发《北京市促进未来产业创新发展实施方案》，将"元宇宙"列为未来产业，提出聚焦突破纳米结构超透镜、虚拟化身、真 3D 显示、高性能算力芯片、虚拟现实操作系统等元宇宙前沿底层技术，确定互联网 3.0 发展路线。

9 月 8 日 "中华古籍资源库"古籍数字资源暨"民族文字古籍特藏"专题库发布座谈会在国家图书馆召开。

9 月 14~15 日 由中共中央宣传部和北京市委、市政府共同主办的 2023 北京文化论坛在京举办，论坛以"传承·创新·互鉴"为永久主题，以"传承优秀文化 促进交流合作"为年度主题。国家主席习近平向 2023 北京文化论坛致贺信。

9 月 15 日 北京市文化和旅游局会同市农业农村局、市发展改革委、市财政局、市规划自然资源委、市交通委、市园林绿化局等部门联合印发《乡村旅游提质升级行动方案（2023—2025 年）》，提出市文化和旅游局将会同有关部门实施文化内涵提升、科技创新赋能、"乡村民宿+"等三大工程，延伸乡村旅游产业链条，培育乡村旅游发展新动能。

9 月 19 日 文化和旅游部办公厅公布 2023 年文化和旅游数字化创新示范案例。其中，北京的国家图书馆数字赋能古籍活化等 5 个案例入选数字化创新示范十佳案例，中国国家话剧院线下演出、线上演播"双演融合"模式等 12 个案例入选数字化创新示范优秀案例。

9 月 20 日 抖音生活官方发布《抖音生活服务图文运营手册》。数据显示，抖音生活服务图文日均用户阅读量已高达 30 亿。

9 月 21 日 中国计量科学研究院联合中国质量认证中心、中国海关科学技术研究中心等多家单位共同发布《直播电商行业高质量发展报告（2022—2023 年度）》。

9 月 28 日 北京石景山智能算力中心签约及建设启动仪式举行，北京重型电机厂、企商在线现场签约，将始建于 1958 年的老厂房改造为智能算力中心。中心项目算力规模将达 610PFlops，为区内 AI、虚拟现实（VR）、游戏等区域产业提供更高性能、更低成本的 AI 算力能力，成为科技石景山的重要生产工具和新一代科技基础设施生产力。

10月

10月17日　百度世界大会2023在京召开。百度创始人、董事长兼首席执行官李彦宏正式发布文心大模型4.0，同步开始邀测，并带来全线重构的新搜索等十余款AI原生应用。

10月18日　文旅中国元宇宙第二届生态大会在京开幕，中国文化传媒集团发布《文旅中国®元宇宙白皮书2.0》。

10月22日　全球元宇宙教育大会—北京站暨首届元宇宙产教融合高质量发展论坛在雁栖湖国际会都举办。

10月22日　创意城市发展论坛暨蓝皮书发布会在京举行，会上发布了《北京文化创意产业发展报告（2023）》。报告显示，2022年，北京市文化产业发展呈现出强大韧性和良好态势；2023年上半年，北京市文化产业复苏加快，呈现良好态势。

10月24日　由北京市石景山区人民政府支持、北京市国有文化资产管理中心主办的"北京电竞创新发展大会"在首钢园成功举办。

10月26日　中央宣传部、文化和旅游部、国家文物局、中央组织部、中央编办、国家发展改革委、教育部、科技部、工业和信息化部、公安部、财政部、人力资源和社会保障部、市场监管总局等13个部门联合印发《关于加强文物科技创新的意见》，共分为总体要求、优化文物科技创新布局、建强文物科技创新平台、壮大文物科技创新人才队伍、完善文物科技创新激励机制、实施保障等6个部分，旨在破解制约文物科技创新的体制机制问题，补强文物科技短板，支撑引领文物事业可持续发展。

10月26日　由北京市国有文化资产管理中心主办，北京市文化产业促进中心、北京歌华传媒集团有限责任公司承办的第七届北京文化创意大赛正式启动。

10月28日　全国通用人工智能行业产教融合共同体成立大会暨人工智能产业人才培养论坛在北京市门头沟区京西智谷·智能文创园召开。全国通用人工智能行业产教融合共同体由中关村科技园区门头沟园管理委员会、北京航空航天大学、中国电子技术标准化研究院、北京工业职业技术学院等单位联合发起成立，共有 25 个省份超过 200 个机构参加。

11月

11 月 1 日　第三届丝绸之路国际博物馆联盟大会在中国国家博物馆举办。来自 24 个国家的 25 家联盟成员单位代表、联合国教科文组织代表，以及塞尔维亚等 10 个国家的驻华使节出席。围绕"共话丝路，共谋发展"主题，从"博物馆弘扬全人类共同价值""博物馆与文明传承和创新""博物馆的资源转化与活化利用"等方面进行交流研讨。

11 月 21 日　2023 中国 5G+工业互联网大会"中国广电 5G+文化数字化"平行会议上，国家文化大数据华中区域中心平台正式上线。平台正式运营后，将为各类文化单位提供数据采集加工、交易分发、传输存储及数据治理等服务，通过各类数字化服务产品，形成线上线下融合互动、立体覆盖的文化服务供给体系，发展数字化文化消费新场景，增强公共文化数字内容的供给能力，提升公共文化服务数字化水平。

11 月 29 日　北京市科学技术委员会、中关村科技园区管理委员会在 AICC 2023 人工智能计算大会上发布《北京市人工智能行业大模型创新应用白皮书（2023 年）》。从大模型全球发展态势、国内外行业应用概述、北京应用情况和发展建议等方面进行了系统分析和阐述。

12月

12 月 15 日　工业和信息化部、教育部、商务部、文化和旅游部、国家广播电视总局、国家知识产权局、中央广播电视总台联合发布《关于加快推进视听电子产业高质量发展的指导意见》。意见提出发展智慧生活视听系统、发展智慧商用显示系统、发展沉浸车载视听系统、发展高品质音视频制播系统、发展教育与会议视听系统、发展智能音视频采集系统、发展数字舞台和智慧文博视听系统、发展近眼显示和激光显示系统等八大任务。

12月16日 "首届鸟巢数字体验暨元宇宙节"在国家体育场正式开启。围绕元宇宙主题，以数字科技体验为主，展示 VR/AR、MR、AIGC、数字人、数字孪生、裸眼 3D、NFT 等数字文化消费级别的元宇宙最新成果，探索元宇宙新体验的无限可能。

12月22日 国内首个官方"大模型标准符合性评测"结果公布，首批仅 360 智脑、百度文心一言、腾讯混元大模型、阿里巴巴通义千问通过。该测试由中国电子技术标准化研究院发起，评测围绕多领域多维度模型评测框架与指标体系，从大模型的通用性、智能性、安全性等维度展开，涵盖语言、语音、视觉等多模态领域，旨在建立大模型标准符合性名录，引领人工智能产业健康有序发展。

12月22日 国家新闻出版署发布《网络游戏管理办法（草案征求意见稿）》，向社会公开征求意见。草案共计八章，内容涉及网络游戏出版经营单位的设立与管理、网络游戏的出版经营、未成年人保护等。

12月23日 2023 中关村论坛系列活动 CMC 2023 中国元宇宙大会在首钢园冰壶馆举办。国内首个光场共性技术平台示范基地——MAC 元宇宙演艺制播科技中心正式揭牌。

Abstract

Since the 18th National Congress of the Communist Party of China (CPC), the CPC Central Committee with Comrade Xi Jinping at its core has attached great importance to the development and prosperity of cultural industry. General Secretary Xi Jinping pointed out that culture is essential to promote high-quality development. Vigorously developing cultural industry and continuously stimulating the cultural innovation and creativity of the entire nation provide key supports for improving culture as soft power of our country and the influence of Chinese culture. It has far-reaching historical significance for building a modern socialist country and promoting the great rejuvenation of the Chinese nation in all respects.

Currently, digital technologies such as artificial intelligence, virtual reality, 5G, and big data are developing rapidly, which will exert a profound impact on the development of cultural industry. Since 2023, the digitalization of cultural industry has received widespread attention from governments around the world. The development of the Metaverse has gradually became a reality, and digital technologies such as artificial intelligence have increasingly become an important engine for cultural industry. China has further strengthened its top-level design for the integration of culture and technology, and promoting the implementation of cultural digitization has become a national strategy. In 2023, Beijing built a policy system for promoting technological innovation in cultural industry, using new information technologies such as 5G, VR, and Metaverse to keep expanding new cultural carriers and communication channels and enhance the innovative development of cultural industry, which has achieved remarkable results.

Based on the regional culture and technology integrated development evaluation index framework (version 4.0), which has established in the *Annual Report on Beijing's Culture and Technology Integrated Development* (*2022-2023*), this book calculates the index about the integrated development of culture and technology in Beijing from 2014 to 2021 and the index about the integration of culture and technology in relevant provinces and cities in 2021. Results show that Beijing has outstanding overall advantages and promising development trend in the integration of culture and technology; technology is developing rapidly, while there is still room for improvement in cultural venues and facilities; investment in this integration has been quite small in the past two years, especially in the cultural manufacturing sector; output continues to grow, with quite obvious advantages in talents and technology; environment is gradually improving, while also facing challenges brought by regional competition.

Since 2023, Beijing has achieved rapid development in key service areas such as Internet information, creative performance, digital content, and tour service in scenic spots. In terms of Internet information services, precise supervision has effectively promoted the development of cultural industry. In terms of creative performance services, based on the construction of "the City of Performing Arts" and the creation of a diverse new space, "Performing Arts +", digital IP, and immersive experience are becoming new engines for industrial development. In terms of digital content services, with the help of digitalization and continuous innovation of application scenarios, digital brands have gradually become large-scale. In terms of tour service in scenic spots, based on digitalization, we started to develop online and offline channels, provide innovative tour service through night tours and short videos, build micro-vacation destinations and clarify the main cultural path of scenic spots, helping to create a high-quality tourism system in the capital.

In the future, Beijing will further promote the high-quality development of cultural industry through the integration of culture and technology. The first is to strengthen policy guidance to vigorously promote the construction of cultural digitalization; the second is to enhance innovation for strengthening the integrated development effect of culture and technology; the third is to strengthen scientific and technological empowerment to promote the upgrading of key cultural industry; and the fourth is to give full play to the advantages of the capital to enhance the influence of cultural and technological brands.

Keywords: Culture and Technology Integration; Cultural Industry; Digital Technology; Beijing

Contents

I   General Report

Abstract：Combining the overall trend in the integrated development of global culture and technology with the policy orientation and industrial development in the integration of domestic culture and technology, this report focuses on the policy environment, industry trends, current status and characteristics of technology innovation in the industry and the problems and challenges faced by the industry in the integrated development of culture and technology in Beijing. Driven by technological innovation, cultural industry in Beijing has grown steadily, its structure being continuously optimized and upgraded, and market entities increasingly stronger. Key cultural industry such as Internet information services, creative performance services, digital content services, and tour service in scenic spots have achieved gratifying results. In the meantime, Beijing is also faced with problems such as the lack of supporting policies related to the integration of culture and technology, and the integration still needs to be further enhanced. In the future, Beijing still needs to strengthen policy guidance to vigorously promote the construction of cultural digitalization; enhance innovation for strengthening the integrated development effect of culture and technology; strengthen scientific and technological empowerment to promote the upgrading of key cultural industry; give full play to the advantages of the capital to enhance the influence of cultural and technological brands.

Keywords: Culture and Technology Integration; Cultural Industry; Digital Technology; Beijing

Ⅱ　Evaluation Report

B.2　Evaluation Report on Beijing's Culture and Technology Integrated Development (2023–2024)

Zhang Guohui，Wang Haifeng and Yi Tong / 054

Abstract: Based on the regional culture and technology integration evaluation index framework (version 4.0), which has established in the *Annual Report on Beijing's Culture and Technology Integrated Development(2022–2023)*, this report conducts an evaluation about the integrated development of culture and technology in Beijing from 2014 to 2021. Results show that the index about the integrated development of culture and technology in Beijing in 2021 reached 202.5, an increase of 43.1 compared with that of 2020, and an increase of 102.5 compared with the base period index in 2014. In terms of different fields, the three major indexes in the integration of culture and technology, integration output and environment have generally maintained a rapid growth; the integration investment index has seen a relatively obvious decline in the years of 2020, 2021. Evaluating the integration of culture and technology in ten provinces and cities in 2021 including Beijing, Tianjin, Hebei, Shanghai, Jiangsu, Zhejiang, Anhui, Guangdong, Chongqing, and Sichan shows that among them, Beijing rank among the best. A comprehensive analysis shows that Beijing's integrated development of culture and technology has outstanding overall advantages, especially in the cultural service industry's high-quality talents, and technology. However, R&D investment in the cultural manufacturing industry has been significantly suppressed, and there is still room for improvement in the construction of cultural facilities, its consumption capacity being surpassed by excellent province. In the future, Beijing should pay attention to the creation of social and cultural atmosphere and the construction of cultural facilities, give more support and development space to the cultural high-end manufacturing industry, strive to promote the resource planning, coordinated development and cross-regional collaboration in cultural industry, and further enhance the core competitiveness of the capital's cultural industry.

Keywords: Culture and Technology Integration; Integrated Development Index; Beijing

III Industry Report

B.3   Report on Development of Science and Technology
Innovation in Beijing's Cultural Industries (2023－2024)

Liu Bing, He Xueping, Wang Jingran, Liu Xiaopeng,

Huang Qing and He Yiming / 096

Abstract: Within the national cultural industry classification framework, this report selects key industries such as Internet information service, creative performance service, digital content service, and tour service in scenic spots, and elaborates on the development of science and technology in these industries as well as how science and technology promotes the development of new business models. In 2023, Beijing's leading Internet enterprises demonstrated more significant agglomeration and spillover effects, and continuously improved the industrial ecosystem, live streaming and generative artificial intelligence provided new opportunities and challenges for industrial development. In the Internet information services sector, Beijing has strengthened international communication and precise regulation to effectively promote the industry's in-depth sound development; In the future, it should smooth policy channels, accelerate the layout of large models, live streaming, and the construction and innovation of new media communication matrices. In the creative performance services sector, Beijing, based on the construction of the City of Performing Arts, has promoted the normalization of online performances, created diverse new spaces, and "performance+", digital IP, and immersive experiences have become important new engines for industrial development. In the future, it should actively layout "performance +", digital IP, and immersive business models to further enhance its domestic and international influence. In the digital content services sector, Beijing has continuously innovated application scenarios by leveraging its digital advantages, accelerating in areas such as educational equity and reading popularization, with digital brands gradually becoming substantial. In the future, it should actively develop digital collectibles, media convergence +AI based on the Internet 3.0 high ground, and enhance its international communication capabilities. In the tour service in scenic spots sector, Beijing has embarked on online and offline dual channels based on digitalization and created a tourism product system. In the future, it should actively develop immersive night tours, short videos, innovate scenic area tour service models, and actively expand the construction of micro-vacation destination scenic areas.

Keywords: Culture and Technology Integration; Internet Information Service; Creative Performance Service; Digital Content Service; Tour Service in Scenic Spots; Beijing

Ⅳ   Case Report

B.4   Report on Typical Cases of Beijing's Culture and
Technology Integrated Development

Liu Bing, He Xueping, Wang Jingran, Liu Xiaopeng,
Huang Qing and He Yiming / 135

Abstract: This report selects 16 cases in Beijing in key fields about the integration of culture and technology such as Internet information services, creative performance service, digital content service, and tour service in scenic spots to explain the supporting role of technology in cultural industry. In terms of Internet information service, large models have become an important engine for industrial development, which have continued to develop in the fields of search, e-commerce, network security, and new formats of short videos; in terms of creative performance service, digital people and immersive technology have accelerated the integration of culture and technology as well as the integration of technological installations and art so as to broaden the cross-border dimension; in terms of digital content service, integrated media and cloud games have become important paths and carriers for industrial transformation and upgrading; in terms of tour service in scenic spots, smart maps, digital tickets, online scenic spots, etc. promote the digital upgrading of tour service in scenic spots.

Keywords: Internet Information Service; Creative Performance Service; Digital Content Service; Tour Service in Scenic Spots; Beijing

V Special Reports

B . 5 Report on the Social Cognitive Status and Governance of Beijing's Emerging Cultural Industry in the Context of the Chiebukuro Metaverse

—*A Case Study of the Online Game Industry*

Huang Lin , Wang Kai and Zhang Jiajie / 182

Abstract: Among the various emerging cultural industries in Beijing, the online game industry related to the metaverse has strong representativeness and is currently the focus of government governance. Considering Beijing's actual situation, the research team conducted a questionnaire survey on the public's cognition of the metaverse and related online games, as well as their expectations for governance. This article analyzes the risks and challenges faced by the Beijing metaverse related online game industry from the aspects of lack of legal protection risks, operational development risks, affecting the youth group risks, open and inclusive perspectives, and challenges of multi-party collaborative governance. It proposes measures and suggestions such as tracking and evaluating the implementation of relevant laws, regulations, and policies, establishing a sound regulatory governance system with multi-party participation, attaching importance to educational courses and public propaganda, strengthening parental supervision, continuously improving the youth anti addiction system, optimizing youth mental health support and consultation.

Keywords: Metaverse; Online Game Industry; Beijing

B. 6　Report on the Path of Empowering Beijing's Beautiful

Rural Construction with Culture and Technology

Jiang Guanghua, Yang Yang / 216

Abstract: The report of the 20th National Congress of the Communist Party of China proposed coordinating the layout of rural infrastructure and public services, and building livable and beautiful villages. The construction of beautiful villages cannot be separated from the integration and development of culture and technology. Culture is the content, and technology is the means. The integration of culture and technology has become a key path to promote the high-quality development of rural cultural undertakings and cultural industries. In recent years, Beijing has made gratifying achievements in the integration of culture and technology, and technology has become a support and engine for the development of the cultural industry. However, from the perspective of beautiful village construction and rural cultural development, the integration of culture and technology in Beijing's rural areas still faces problems such as insufficient depth of integration, low efficiency of integration, insufficient technological support, and the need to improve systems and mechanisms. Based on summarizing the current status, characteristics, and challenges of the integration and development of rural culture and technology in Beijing, this report proposes paths and countermeasures for cultural and technological empowerment of beautiful village construction, namely: Strengthening top-level design and improving the systems and mechanisms for cultural and technological empowerment for beautiful village construction; enhancing layout guidance and promoting the protection and utilization of rural cultural resources; innovating empowerment models and promoting the high-quality development of rural cultural industries; keeping pace with the times and improving the efficacy of rural public cultural services.

Keywords: Culture and Technology; Beautiful Countryside; Beijing

皮 书

智库成果出版与传播平台

❖ 皮书定义 ❖

皮书是对中国与世界发展状况和热点问题进行年度监测，以专业的角度、专家的视野和实证研究方法，针对某一领域或区域现状与发展态势展开分析和预测，具备前沿性、原创性、实证性、连续性、时效性等特点的公开出版物，由一系列权威研究报告组成。

❖ 皮书作者 ❖

皮书系列报告作者以国内外一流研究机构、知名高校等重点智库的研究人员为主，多为相关领域一流专家学者，他们的观点代表了当下学界对中国与世界的现实和未来最高水平的解读与分析。

❖ 皮书荣誉 ❖

皮书作为中国社会科学院基础理论研究与应用对策研究融合发展的代表性成果，不仅是哲学社会科学工作者服务中国特色社会主义现代化建设的重要成果，更是助力中国特色新型智库建设、构建中国特色哲学社会科学"三大体系"的重要平台。皮书系列先后被列入"十二五""十三五""十四五"时期国家重点出版物出版专项规划项目；自2013年起，重点皮书被列入中国社会科学院国家哲学社会科学创新工程项目。

皮书网

（网址：www.pishu.cn）

发布皮书研创资讯，传播皮书精彩内容
引领皮书出版潮流，打造皮书服务平台

栏目设置

◆**关于皮书**

何谓皮书、皮书分类、皮书大事记、
皮书荣誉、皮书出版第一人、皮书编辑部

◆**最新资讯**

通知公告、新闻动态、媒体聚焦、
网站专题、视频直播、下载专区

◆**皮书研创**

皮书规范、皮书出版、
皮书研究、研创团队

◆**皮书评奖评价**

指标体系、皮书评价、皮书评奖

所获荣誉

◆2008 年、2011 年、2014 年，皮书网均
在全国新闻出版业网站荣誉评选中获得
"最具商业价值网站"称号；

◆2012 年,获得"出版业网站百强"称号。

网库合一

2014年，皮书网与皮书数据库端口合
一，实现资源共享，搭建智库成果融合创
新平台。

皮书网

"皮书说"
微信公众号

权威报告·连续出版·独家资源

皮书数据库
ANNUAL REPORT(YEARBOOK)
DATABASE

分析解读当下中国发展变迁的高端智库平台

所获荣誉

- 2022年，入选技术赋能"新闻+"推荐案例
- 2020年，入选全国新闻出版深度融合发展创新案例
- 2019年，入选国家新闻出版署数字出版精品遴选推荐计划
- 2016年，入选"十三五"国家重点电子出版物出版规划骨干工程
- 2013年，荣获"中国出版政府奖·网络出版物奖"提名奖

皮书数据库　　　"社科数托邦"
　　　　　　　　微信公众号

成为用户

　　登录网址www.pishu.com.cn访问皮书数据库网站或下载皮书数据库APP，通过手机号码验证或邮箱验证即可成为皮书数据库用户。

用户福利

- 已注册用户购书后可免费获赠100元皮书数据库充值卡。刮开充值卡涂层获取充值密码，登录并进入"会员中心"—"在线充值"—"充值卡充值"，充值成功即可购买和查看数据库内容。
- 用户福利最终解释权归社会科学文献出版社所有。

社会科学文献出版社　皮书系列
SOCIAL SCIENCES ACADEMIC PRESS (CHINA)

卡号：637391179672
密码：

数据库服务热线：010-59367265
数据库服务QQ：2475522410
数据库服务邮箱：database@ssap.cn
图书销售热线：010-59367070/7028
图书服务QQ：1265056568
图书服务邮箱：duzhe@ssap.cn

S 基本子库
SUB DATABASE

中国社会发展数据库（下设 12 个专题子库）

紧扣人口、政治、外交、法律、教育、医疗卫生、资源环境等 12 个社会发展领域的前沿和热点，全面整合专业著作、智库报告、学术资讯、调研数据等类型资源，帮助用户追踪中国社会发展动态、研究社会发展战略与政策、了解社会热点问题、分析社会发展趋势。

中国经济发展数据库（下设 12 专题子库）

内容涵盖宏观经济、产业经济、工业经济、农业经济、财政金融、房地产经济、城市经济、商业贸易等 12 个重点经济领域，为把握经济运行态势、洞察经济发展规律、研判经济发展趋势、进行经济调控决策提供参考和依据。

中国行业发展数据库（下设 17 个专题子库）

以中国国民经济行业分类为依据，覆盖金融业、旅游业、交通运输业、能源矿产业、制造业等 100 多个行业，跟踪分析国民经济相关行业市场运行状况和政策导向，汇集行业发展前沿资讯，为投资、从业及各种经济决策提供理论支撑和实践指导。

中国区域发展数据库（下设 4 个专题子库）

对中国特定区域内的经济、社会、文化等领域现状与发展情况进行深度分析和预测，涉及省级行政区、城市群、城市、农村等不同维度，研究层级至县及县以下行政区，为学者研究地方经济社会宏观态势、经验模式、发展案例提供支撑，为地方政府决策提供参考。

中国文化传媒数据库（下设 18 个专题子库）

内容覆盖文化产业、新闻传播、电影娱乐、文学艺术、群众文化、图书情报等 18 个重点研究领域，聚焦文化传媒领域发展前沿、热点话题、行业实践，服务用户的教学科研、文化投资、企业规划等需要。

世界经济与国际关系数据库（下设 6 个专题子库）

整合世界经济、国际政治、世界文化与科技、全球性问题、国际组织与国际法、区域研究 6 大领域研究成果，对世界经济形势、国际形势进行连续性深度分析，对年度热点问题进行专题解读，为研判全球发展趋势提供事实和数据支持。

法律声明

"皮书系列"（含蓝皮书、绿皮书、黄皮书）之品牌由社会科学文献出版社最早使用并持续至今，现已被中国图书行业所熟知。"皮书系列"的相关商标已在国家商标管理部门商标局注册，包括但不限于LOGO（▨）、皮书、Pishu、经济蓝皮书、社会蓝皮书等。"皮书系列"图书的注册商标专用权及封面设计、版式设计的著作权均为社会科学文献出版社所有。未经社会科学文献出版社书面授权许可，任何使用与"皮书系列"图书注册商标、封面设计、版式设计相同或者近似的文字、图形或其组合的行为均系侵权行为。

经作者授权，本书的专有出版权及信息网络传播权等为社会科学文献出版社享有。未经社会科学文献出版社书面授权许可，任何就本书内容的复制、发行或以数字形式进行网络传播的行为均系侵权行为。

社会科学文献出版社将通过法律途径追究上述侵权行为的法律责任，维护自身合法权益。

欢迎社会各界人士对侵犯社会科学文献出版社上述权利的侵权行为进行举报。电话：010-59367121，电子邮箱：fawubu@ssap.cn。

社会科学文献出版社